KB084109

2021 무적 전산세무 2급

이론요약 + 기출문제

2021 무적 전산세무 2급 [이론요약 + 기출문제]

초판 1쇄 인쇄 2021년 03월 15일
초판 1쇄 발행 2021년 03월 25일

지은이 아이콕스 세무회계연구소
펴낸이 한준희
펴낸곳 (주)아이콕스

기획/편집 아이콕스 기획팀
표지디자인 김보라
내지디자인 이지선
영업지원 김진아, 손옥희
영업 김남권, 조용훈, 문성빈

주소 경기도 부천시 조마루로385번길 122 삼보테크노타워 2002호
홈페이지 http://www.icoxpublish.com
전화 032-674-5685
팩스 032-676-5685
등록 2015년 7월 9일 제 386-251002015000034호
ISBN 979-11-6426-169-7
979-11-6426-167-3 [세트]

※ 정가는 뒤표지에 있습니다.
※ 잘못된 책은 구입하신 서점에서 교환해드립니다.

[해당 교재는 한국세무사회자격시험이 출제한 기출문제(2007년 이후 출제 내용) 및 회계기준원의 기업회계기준서와 기획재정부의 법령을 기반으로 쓰여졌습니다.]

전산 세무 2급

이론요약 + 기출문제

저자소개

저자 아이콕스 세무회계연구소

도서출판 아이콕스의 세무회계 분야 전문 연구소

저서

2017 무적 전산회계 2급

2016, 2017, 2018, 2019 2020 무적 전산회계 1급

2016, 2017, 2018, 2019, 2020 무적 전산세무 2급

2017, 2018, 2019, 2020 무적 전산세무 1급

2016 무적 FAT 회계정보처리 1급

2017, 2018 스피드 전산회계 1급

2017, 2018 스피드 전산세무 2급

머리말

이 책은 전산세무회계의 실무처리능력을 보유한 전문인력을 양성할 수 있는 한국세무사회가 주관하고 있는 국가공인 자격시험인 전산세무회계시험에 합격할 수 있도록 제작한 수험서입니다. 한권으로 회계 및 세법에 대한 요약 이론과 부족한 분개를 위해서는 실기시험 유형별 분개하기를 통하여 능력을 향상시킬 수 있으며, 최신 기출문제 분석을 통하여 실무처리능력을 습득하여 보다 빠르게 자격증을 취득할 수 있도록 구성하였습니다.

본 교재의 주요 내용을 요약하면 다음과 같습니다.

첫째, 필수 핵심 정리는 누구나가 어렵다고 생각하는 회계 및 세법을 전문인력으로 성장할 수 있는 실무처리능력에 필요한 필요지식을 이해하기 쉽도록 핵심적인 내용을 요약하여 이론시험에 대비하였습니다.

둘째, 최근 자주 출제되는 경향이 있는 실기시험을 유형별로 분개연습을 통하여 실기시험에 대비하였습니다.

셋째, 최근 출제되는 기출문제를 완벽하게 분석하여 시험에 합격할 수 있도록 문제에 대한 해설을 자세히 설명해 놓았습니다.

넷째, 기출문제 백데이터는 도서출판 아이콕스(http://icoxpublish.com)사이트에서 다운로드하여 활용할 수 있도록 하였습니다.

본 교재를 통하여 모든 독자들이 시험에 합격하여 자격증 취득의 결실이 맺어지기를 진심으로 바라며 향후 미흡한 부분은 지속적으로 개선해 나갈 것을 약속드립니다. 끝으로 본 교재를 만들기 위해 힘써주신 (주)아이콕스의 임직원과 교재 집필, 감수에 힘써주신 모든분들께 감사한 마음을 전합니다.

저자 드림

국가공인 전산세무회계 시험 안내

목적

전산세무회계의 실무처리능력을 보유한 전문인력을 양성할 수 있도록 조세의 최고전문가인 1만여명 세무사로 구성된 한국세무사회가 엄격하고 공정하게 자격시험을 실시하여 그 능력을 등급으로 부여함으로써, 학교의 세무회계 교육방향을 제시하여 인재를 양성시키도록 하고 기업체에는 실무능력을 갖춘 인재를 공급하여 취업의 기회를 부여하며, 평생교육을 통한 우수한 전문인력 양성으로 국가발전에 기여하고자 함.

시험 과목 및 검정 방법

종목 및 등급	시험 방법	시험과목(평가범위 요약)	비율	제한 시간
전산세무 2급	이론 시험 (30%)	**재무회계** : 당좌, 재고, 유·무형자산, 유가증권과 투자유가증권, 부채, 자본금, 잉여금, 수익과 비용	10%	60분
		원가회계 : 원가의 개념, 요소별·부문별 원가계산, 개별·종합(단일, 공정별, 조별, 등급별)원가계산	10%	
		세무회계 : 부가가치세법, 소득세법(종합소득세액의 계산 및 원천징수부분에 한함)	10%	
	실무 시험 (70%)	**재무회계 원가회계** : 초기이월, 거래자료 입력, 결산자료 입력	35%	
		부가가치세 : 매입·매출거래자료 입력, 부가가치세 신고서의 작성	20%	
		원천제세 : 원천징수와 연말정산 기초	15%	

- 세무 및 회계의 이론과 실무지식을 갖춘 자가 30%의 비중으로 출제되는 이론시험문제(4지선다형, 객관식)와 70%의 비중으로 출제되는 실무시험문제(컴퓨터에 설치된 전산세무회계프로그램을 활용함)를 동시에 푸는 방식
- 답안매체로는 문제 USB메모리가 주어지며, 이 USB메모리에는 전산세무회계 실무과정을 폭넓게 평가하기 위하여 회계처리대상회사의 기초등록사항 및 1년간의 거래자료가 전산수록되어 있음
- 답안수록은 문제 USB메모리의 기본 DATA를 이용하여 수험프로그램상에서 주어진 문제의 해답을 입력하고 USB메모리에 일괄 수록(저장)하면 됨

합격 기준

100점 만점에 70점 이상이면 합격

자격우대사항

(1) 공무원 및 기술행정병

- 경찰청 경찰공무원 : 임용시험시 전산세무 1 · 2급과 회계 1급에 가산점 2점 인정
- 해양경찰청 경찰공무원 : 임용시험시 전산세무 1 · 2급 2점, 회계 1 · 2급 가산점 1점 인정

(2) 학점은행제 학점인정

- 국가공인 전산세무1급 : 16학점 (2009년 이전 취득자는 24학점)
- 국가공인 전산세무2급 : 10학점 (2009년 이전 취득자는 12학점)
- 국가공인 전산회계1급 : 4학점 (2011년 이전 취득자는 해당 없음)

(3) 다수의 공공기관(공기업, 준정부기관, 기타공공기관), 지방 공기업, 대학교, 기업 등에서 자격 우대

응시자격 기준

응시자격은 제한이 없다. 다만, 부정행위자는 해당 시험을 중지 또는 무효로 하며 이후 2년간 시험에 응시할 수 없다.

응시원서 접수방법

각 회차별 접수기간 중 한국세무사회 홈페이지(http://license.kacpta.or.kr)로 접속하여 단체 및 개인별 접수(회원가입 및 사진등록)

합격자 발표

합격자 발표일에 한국세무사회 홈페이지와 자동응답전화(ARS 060-700-1921)를 통해 확인할 수 있음, 자격증은 홈페이지의 [자격증발급] 메뉴에서 신청 가능

2021년 시험 일정

종목 및 등급	회차	원서접수	장소공고	시험일자	발표
전산세무 1 · 2급 전산회계 1 · 2급	제94회	~~01.07 ~ 01.13~~ 01.20 ~ 01.26	~~02.01 ~ 02.07~~ 02.15 ~ 02.21	~~02.07(일)~~ 02.21(일)	~~02.26(금)~~ 03.09(화)
	제95회	~~03.04 ~ 03.10~~ 03.11 ~ 03.17	~~03.29 ~ 04.03~~ 04.05 ~ 04.11	~~04.03(토)~~ 04.11(일)	~~04.22(목)~~ 04.27(화)
	제96회	04.29 ~ 05.06	05.31 ~ 06.05	06.05(토)	06.24(목)
	제97회	07.08 ~ 07.14	08.02 ~ 08.07	08.07(토)	08.26(목)
	제98회	09.01 ~ 09.07	09.27 ~ 10.03	10.03(일)	10.21(목)
	제99회	11.04 ~ 11.10	11.29 ~ 12.04	12.04(토)	12.22(수)

문의

궁금한 사항은 홈페이지(http://license.kacpta.or.kr)를 참고하거나 아래 전화로 문의

▶ 시험 관련 문의 : TEL (02) 521-8398, FAX (02) 521-8396

CONTENTS

국가공인 전산세무회계 시험 안내 006

제1부 필수 핵심 정리

제1장 전산세무2급 이론 요약 010
- 제1절 재무회계 010
- 제2절 원가회계 024
- 제3절 부가가치세 신고 030
- 제4절 소득세 신고 039

제2장 실기시험 유형별 분개하기 047
- 제1절 일반전표 분개하기 047
- 제2절 매입매출전표 분개하기 060
- 제3절 결산정리사항 분개하기 067
- 정답 및 해설 072

제3장 실기시험 부가가치세 가산세 연습하기 086

제4장 실기시험 연말정산 자료 093

제2부 최근 기출 문제

- 82회 100
- 83회 110
- 84회 120
- 85회 130
- 86회 139
- 87회 151
- 88회 161
- 90회 172
- 91회 182
- 92회 193
- 정답 및 해설 204

NCS 국가직무능력표준
National Competency Standards

제 1 부

필수 핵심 정리

제 1 장

전산세무2급 이론 요약

제 1 절

재무회계

01-1 재무회계의 기본개념

1. 재무제표의 기본가정(회계공준)

기업실체(경제적 실체)의 가정, 계속기업의 가정, 기간별 보고의 가정

2. 회계정보의 질적특성

(1) 근본적 질적특성

① 목적적합성

- 예측가치 : 정보이용자가 미래의 재무상태, 경영성과, 순현금흐름 등을 예측하는 데에 그 정보가 활용될 수 있는 특성
- 피드백가치 : 과거의 기대치 또는 예측치를 확인 또는 수정함으로 정보이용자의 의사결정에 영향을 미칠 수 있는 정보의 특성
- 적시성 : 회계정보가 정보로서의 가치가 상실되기 전에 정보이용자에게 제공되어야 한다는 정보의 특성

② 신뢰성

- 표현의 충실성 : 회계정보의 측정치는 표현하고자 하는 거래와 경제적 사건을 그대로 왜곡됨 없이 충실하게 표현해야 한다는 정보의 특성
- 검증가능성 : 다수의 서로 다른 측정자들이 동일한 경제적 사건이나 거래를 동일한 측정방법으로 측정할 경우 유사한 결론에 도달할 수 있어야 한다는 정보의 특성
- 중립성 : 미리 의도된 결과나 성과를 유도할 목적으로 재무제표상의 특정정보를 표시함으로 정보이용자의 의사결정이나 판단에 영향을 미치지 않아야 하는 정보적 특성

(2) 보강적 질적특성

① 비교가능성

정보이용자가 항목간의 유사점과 차이점을 식별하고 이해할 수 있게 하는 특성

② 이해가능성

정보를 명확하고 간결하게 분류하고 특징을 지어 표시하면 이해가능한 정보라 하는 특성

구 분	목적적합성	신뢰성
자산평가방법	시가법(현행가치, 공정가치)	원가법(과거원가, 역사적원가)
수익인식방법	진행기준	완성기준
손익인식방법	발생주의	현금주의
재무보고	중간보고(반기 재무제표)	연차보고(결산 재무제표)

(3) 질적특성의 제약요인

① 비용과 효익간의 균형

특정정보에서 기대되는 효익은 그 정보를 제공하기 위하여 소요되는 비용보다 커야 함

② 중요성

금액의 크기나 관계없이 성격자체만으로 중요한 정보가 될 수 있음 (예 : 소모품비와 같은 소액의 비용을 자산으로 처리하지 않고 발생 즉시 비용으로 처리하는 것은 중요성 때문이다.)

③ 질적특성간의 균형(상충관계)

회계정보의 질적특성은 서로 상충될 수 있음 (예 : 유형자산을 역사적원가로 평가하면 일반적으로 검증가능성이 높으므로 측정의 신뢰성은 제고되나 목적적합성은 저하될 수 있다. 또한, 정보를 적시에 제공하기 위해 거래나 사건의 모든 내용이 확정되기 전에 보고하는 경우 목적적합성은 향상되나 신뢰성은 저하될 수 있다.)

(4) 보수주의 회계처리

재무적 기초를 견고히 하는 관점에서 이익을 낮게 보고하는 회계처리

(5) 발생주의 회계처리

수익과 비용을 현금 유·출입이 있는 기간이 아니라 당해 거래 또는 사건이 발생한 기간에 인식하는 것

3. 재무제표 작성과 표시

① 재무제표 측정기준

취득원가(역사적원가), 공정가액(현행원가, 현행유출가치), 기업특유가치(사용가치), 순실현가능가치(이행가액)

② 재무상태표 작성기준

구분표시, 총액표시(자산항목과 부채 또는 자본항목을 상계처리 및 제외하여서는 안됨), 1년 기준, 유동성배열법, 잉여금의 구분, 미결산 항목 및 과목비망계정의 표시금지

③ 손익계산서 작성기준

발생기준, 실현주의, 수익·비용대응의 원칙, 총액주의, 구분계산의 원칙(손익은 매출총손익, 영업손익, 법인세비용차감전순손익, 당기순손익, 주당순손익으로 구분하여 표시)

문제 1 다음에서 설명하는 내용이 맞으면 'O', 틀리면 '×' 하시오.

1. 적시에 제공되지 않은 정보는 주어진 의사결정에 이용할 수 없으므로 그 정보는 목적적합성이 증가한다. (   )
2. 상품매출시 수익의 인식을 인도기준으로 처리하는 경우를 발생주의에 따른 회계처리한다. (   )
3. 회계상 보수주의 개념은 연구개발과정의 경제적효익이 불확실한 것은 개발비보다 연구비로 인식하는 것이다. (   )

4. 재무제표의 종류는 재무상태표, 손익계산서, 이익잉여금처분계산서, 자본변동표, 주석이다. (   )

5. 재무제표의 작성과 표시에 대한 책임은 경영진에 있다. (   )

6. 재무제표 작성시 적은 금액의 자산과 부채는 서로 상계하여 표시한다. (   )

7. 질적특성간의 상충관계란 자산의 평가기준을 역사적원가 대신 현행원가(시가)를 선택하는 경우이다. (   )

8. 재무제표는 특정기업실체에 관한 정보를 제공하며, 산업 또는 경제 전반에 관한 정보는 제공하지 않는 것을 질적특성의 제약이라 한다. (   )

정답 1× 2○ 3○ 4× 5○ 6× 7○ 8×

01-2 회계상거래 계정과목별 분류하기

1. 당좌자산

(1) 현금성자산

취득 당시 만기(또는 상환일)가 3개월 이내에 도래하는 정용화된 금융상품

(2) 매출채권의 대손

① 매출채권의 대손처리

- 대손충당금이 충분한 경우 :
  (차) 대손충당금 (대) 외상매출금
- 대손충당금이 없거나 부족한 경우 :
  (차) 대손충당금 (대) 외상매출금
  대손상각비

※ 일반채권인 대여금, 미수금의 대손시 기타의대손상각비(영업외비용) 계정으로 처리

② 대손처리한 채권 회수시

(차) 현금등 (대) 대손충당금

③ 결산시 대손예상액 계상(보충법)

대손예상액 설정 = 결산일 채권잔액 × 설정률 - 대손충당금 잔액

- 대손예상액 > 대손충당금잔액(차액만 추가설정)
  (차) 대손상각비 (대) 대손충당금
- 대손예상액 < 대손충당금 잔액(초과되는 잔액만큼 환입)
  (차) 대손충당금 (대) 대손충당금환입(판관비)

※ 일반채권인 대여금, 미수금의 대손충당금 환입시 대손충당금환입(영업외수익) 계정으로 처리

④ 대손 추산 방법

- 개별채권 분석법 : 채권을 거래처별로 분석하여 회수가능성을 판단하는 방법
- 과거경험률에 의한 분석법 : 매출액기준법, 채권잔액비례법, 연령분석법

문제 2 다음 물음에 알맞은 답을 구하시오.

1. 큰 거래비용 없이 현금으로 전환이 용이하고 이자율 변동에 따른 가치변동의 위험이 중요하지 않은 금융상품으로 3개월 이내의 환매조건인 환매체를 분류할 수 있는 계정과목은?

2. 다음은 대손충당금과 관련된 내용이다. 당기 대손충당금으로 설정될 금액을 구하시오.

- 기초 수정 전 매출채권 잔액은 300,000원이고 대손충당금 잔액은 18,000원이다.
- 당기 외상매출금 중에 15,000원이 대손확정되었다.
- 전기 대손 처리한 매출채권 중 10,000원이 회수되었다.
- 당기말 대손충당금 잔액은 21,000원이다.

3. 기말 매출채권 50,000,000원에 연령분석법과 채권잔액비례법에 의해 대손충당금으로 설정될 금액을 구하시오.

- 결산전 대손충당금 잔액은 500,000원이다.
- 채권잔액비례법 적용시 대손율은 2%로 가정한다.

경과 일수	매출채권 금액(원)	추정 대손율
30일 이하	20,000,000	1%
31~60일 이하	18,000,000	3%
61~180일 이하	10,000,000	10%
180일이상	2,000,000	20%
계	50,000,000	

정답 1 현금성자산

2 기말대손충당금(21,000원) = 기초 대손충당금(18,000원) - 당기 대손발생(확정)액(15,000원) + 전기 대손금 회수액(10,000원) + 당기 설정액(8,000원)

3 ① 연령분석법

- 대손추정액 : (20,000,000원 × 1%) + (18,000,000원 × 3%) + (10,000,000원 × 10%) + (2,000,000원 × 20%) = 2,140,000원
- 대손충당금 설정액 : 2,140,000원 - 500,000원 = 1,640,000원

② 채권잔액비례법

- 대손추정액 : 50,000,000원 × 2% = 1,000,0000원
- 대손충당금 설정액 : 1,000,000원 - 500,000원 = 500,000원

2. 재고자산

(1) 재고자산의 취득원가(매입원가)

(매입가격 + 매입제비용) - (매입에누리 + 매입환출 + 매입할인)

(2) 재고자산의 매출원가

- 상품매출원가 = 기초상품재고액 + 당기상품매입액 - 기말상품재고액
- 제품매출원가 = 기초제품재고액 + 당기제품제조원가 - 기말제품재고액

(3) 재고자산의 기말재고액에 포함할 항목

선적지 인도조건인 미착품(운송중인 상품, 원재료), 수탁자가 보관하고 있는 적송품, 소비자가 구입의사를 표시하기 전 시송품

※ 할부판매상품은 판매시점에 매출로 인식하므로 재고자산에 미포함

(4) 재고자산의 기록방법

- 수량결정방법 : 계속기록법, 실지재고조사법
- 단가결정하는 방법 : 개별법, 선입선출법, 후입선출법, 총평균법, 이동평균법

※ 물가상승(인플레이션)시 크기 비교

- 기말재고액의 크기 : 선입선출법 > 이동평균법 > 총평균법 > 후입선출법
- 매출원가의 크기 : 선입선출법 < 이동평균법 < 총평균법 < 후입선출법
- 매출총이익의 크기 : 선입선출법 > 이동평균법 > 총평균법 > 후입선출법

(5) 재고자산감모손실과 평가손실

① 재고자산감모손실(수량 부족)

재고자산감모손실 = (장부상 수량 - 실제 수량) × 단위당원가

• 정상감모(원가성 있음)
(차) 매출원가(재고자산감모손실)
(대) 재고자산

• 비정상감모(원가성 없음)
(차) 재고자산감모손실(영업외비용)
(대) 재고자산

② 재고자산평가손실(시가 하락)

재고자산평가손실 = 취득원가 - 순실현가능가치

• 하락한 경우
(차) 매출원가 (대) 재고자산평가충당금

• 회복한 경우
(차) 재고자산평가충당금 (대) 매출원가

문제 3 다음 물음에 알맞은 답을 구하시오.

1. 다음 중 매출원가에 영향을 미치는 경우 'O', 미치지 않는 경우 '×' 하시오.

① 제품 판매시 발생한 운반비 50,000원 ( )

② 제품의 하자로 인하여 반품된 100,000원 ( )

③ 기말 재고조사에 의해 정상적으로 발생한 재고자산감모손실 50,000원 ( )

④ 기말 재고조사에 의해 비정상적으로 발생한 재고자산감모손실 20,000원 ( )

⑤ 기말 현재 재고자산 가격 하락에 따른 재고자산평가손실 100,000원 ( )

2. 다음에서 설명하는 내용이 맞으면 'O', 틀리면 '×' 하시오.

① 도착지 인도조건으로 운송중인 상품은 구매자의 재고자산이다. ( )

② 자동차를 판매하는 회사에서 영업부 직원이 사용하는 자동차는 판매자의 재고자산에 속한다. ( )

③ 매입한 상품 중 FOB(선적지 인도조건) 기준에 의한 운송중인 미착품은 구매자의 재고자산에 속한다. ( )

④ 수탁판매를 위하여 보관하고 있는 미판매 상품은 수탁자의 재고자산에 속한다. ( )

⑤ 고객이 구입의사를 표명한 시송품은 판매자의 재고자산에 속한다. ( )

3. 12월 31일 현재 창고의 재고자산을 실시한 결과 1,500,000원으로 조사 되었다. 다음의 추가사항을 고려하여 정확한 기말재고자산을 계산하면 얼마인가?

• 결산일 현재 시송품 500,000원 중 80%는 매입자의 의사표시가 있다.
• 결산일 현재 장기할부판매액 600,000원 중 할부대금 200,000원이 미회수 중이다.

4. 제품 장부상 재고수량은 200개이나 실지재고조사 결과 180개인 것으로 판명되었다. 개당 원가 200원이고 시가가 180원일 경우 제품재고감모손실은?

정답

1 ① ×, ② O, ③ O, ④ ×, ⑤ O
2 ① ×, ② ×, ③ O, ④ ×, ⑤ ×
3 기말재고자산 = 1,500,000원 + 시송품 100,000원(500,000원 × 20%) = 1,600,000원
4 (200개 - 180개) × 200원 = 4,000원

3. 비유동자산

(1) 투자자산

① 유가증권의 분류

- 단기매매증권(유동자산) : 단기간 시세차익 목적, 매수와 매도가 빈번하게 발생(시장성 있음)
- 만기보유증권(투자자산) : 상환금액 확정가능, 만기까지 보유할 의도와 능력이 있는 경우의 채무증권(채권)
- 매도가능증권(투자자산) : 시장성이 없으며, 단기매매증권, 만기보유증권으로 분류되지 않는 주식, 채권
- 지분법적용투자주식(투자자산) : 피투자회사에 중대한 영향력을 행사할 수 있는 지분증권(주식)으로 20% 이상을 투자한 경우

② 취득원가

매입가액에 취득부대비용을 포함한다. 단, 단기매매증권의 경우 부대비용(증권매입수수료 등)은 별도의 비용(수수료비용 - 영업외비용)으로 처리

③ 평가

구분	평가액	평가손익
단기매매증권	공정가액	영업외손익
매도가능증권	공정가액	자본(기타포괄손익누계액)
	원가법	-
만기보유증권	평가하지 않음	-

④ 배당(이자)수령

- 현금배당금을 수령한 경우(주식보유시) : 배당금수익
- 이자를 수령한 경우(채권보유시) : 이자수익

⑤ 양도(처분, 매각)

장부가액에서 처분가액을 차감하여 차액이 발생하는 경우 영업외손익으로 처리

⑥ 손상차손 인식

유가증권에 대하여 회수가능가액이 취득가액보다 적은 경우 손상차손을 인식한다. 단, 단기매매증권은 손상차손을 인식하지 않는다.

문제 4 **다음에서 설명하는 내용이 맞으면 'O', 틀리면 '×' 하시오.**

1. 사채를 만기까지 보유할 목적이라면 만기보유증권으로 분류한다. (　　)
2. 만약에 유가증권이 시장성이 없는 지분증권으로 공정가액이 신뢰성 있게 측정할 수 없는 경우 취득원가로 평가한다. (　　)
3. 매도가능증권으로 분류된 경우 재무상태표일로부터 1년 이내에 만기가 도래하거나 처분할 것이 거의 확실한 경우에는 유동자산으로 분류한다. (　　)
4. 주식을 보유하여 현금배당을 수령한 경우 대변에 이자수익으로 처리한다. (　　)
5. 유가증권을 보유하여 주식배당을 수령한 경우 배당금수익으로 인식하지 않아 주당취득가액은 변화가 없다. (　　)
6. 매도가능증권 평가시 미실현보유손익은 자본항목인 기타포괄손익누계액으로 처리한다. (　　)
7. 단기매매증권과 만기보유증권은 공정가치로 평가한다. (　　)

8. 다음은 당기 중 취득한 유가증권 관련 자료이다. 손익계산서에 계상될 영업외비용은 얼마인가?

- 단기매매증권(주식) : 2,000주, 주당 취득가액 7,000원, 결산시 주당 공정가액 5,000원
- 만기보유증권(채권) : 1,000좌, 좌당 취득가액 10,000원, 결산시 좌당 공정가액 9,000원
- 매도가능증권(주식) : 1,000주, 주당 취득가액 10,000원, 결산시 주당 공정가액 8,000원
- 매도가능증권(채권) : 1,000좌, 좌당 취득가액 10,000원, 결산시 좌당 공정가액 12,000원

정답 1 ○ 2 ○ 3 ○
4 × 배당금수익으로 인식
5 × 주식수량을 증가시키므로 주당취득가액은 감소한다. 6 ○ 7 × 만기보유증권은 평가하지 않는다. 8 (7,000원 - 5,000원) × 2,000주 = 4,000,000원(단기매매증권평가손실), 매도가능증권평가손익은 자본(기타포괄손익누계액), 만기보유증권은 평가하지 않음

(2) 유형자산

① 취득원가

매입가액 + 취득부대비용(운반비, 보관비, 시운전비, 취득세 등)

② 유형자산의 취득원가 유형

㉠ 건물이 있는 토지를 매입한 경우
- 기존 건물을 사용하는 경우에는 시장가치로 안분하여 토지, 건물로 처리
- 기존 건물을 철거하는 경우 모두 토지로 처리

㉡ 사용중인 건물을 철거하는 경우
감가상각누계액을 상계처리하고 차액을 당기비용으로 처리(철거비용 포함)

㉢ 교환 취득시
- 이종자산과의 교환 : 제공한 자산의 공정가액 → 처분손익으로 인식
- 동종자산과의 교환 : 제공한 자산의 장부가액 → 처분손익으로 인식하지 않음

㉣ 국·공채의 구입
매입가액과 공정가액(시가)의 차액 → 취득원가에 포함

㉤ 건설자금이자
차입원가의 자본화 → 취득원가에 포함

㉥ 정부보조금(국고보조금)
- 자산 취득시 국가로부터 보조금(상환의무가 없는 경우)을 수령한 경우 자산의 취득원가에서 차감하여 표시
- 해당 유형자산의 내용년수에 걸쳐 감가상각액과 상계처리
- 해당 유형자산 처분시 정부조조금의 잔액을 처분손익에 반영
- 상환의무가 있는 경우에는 차입금으로 처리

③ 자본적 지출과 수익적 지출

- 자본적 지출(자산의 가치 증대, 내용연수 연장, 자산의 능률향상 등)
  (차) 유형자산계정 (대) 현금
- 수익적 지출(성능수준 회복, 현상유지, 교체)
  (차) 수선비 (대) 현금

※ 자본적 지출을 수익적 지출로 처리한 경우(자산을 비용으로 처리함에 따른 오류) : 자산과소, 자본과소, 비용과대, 이익과소

④ 감가상각

- 정액법 : (취득원가 - 잔존가액) ÷ 내용연수
- 정률법 : (취득원가 - 감가상각누계액) × 상각률

※ 감가상각방법에 따른 가치감소

- 정액법 : 매년 정액으로 가치감소
- 생산량비례법 : 생산량에 비례하여 가치감소
- 체감상각법(정률법, 이중체감법, 연수합계법) : 내용연수 초기에 감가상각비 과대 계상

⑤ 손상차손을 인식하는 경우

유형자산 장부금액 - Max[① 순매각액, ② 사용가치]

(차) 유형자산손상차손

(대) 손상차손누계액

문제 5 다음에서 설명하는 내용이 맞으면 'O', 틀리면 'x' 하시오.

1. 유형자산의 취득원가는 구입원가 또는 제작원가와 자산을 사용할 수 있도록 준비하는데 직접 관련이 있는 설치비, 외부운송비. 취득과 관련 있는 제세공과금 등을 포함한다. ( )

2. 건물을 신축하기 위하여 사용중인 기존 건물을 철거하는 경우 그 건물의 장부가액과 철거비용은 취득원가에 포함한다. ( )

3. 증여로 취득한 자산의 가액은 공정가액을 취득원가로 한다. ( )

4. 유형자산의 취득과 관련하여 국·공채 등을 불가피하게 매입하는 경우 당해 채권의 매입가액과 기업회계기준에 의해 평가한 현재가치와의 차액은 취득원가에 포함한다. ( )

5. 새로운 생산공정을 통하여 생산능력 증대를 가져오는 경우 자본적 지출로 처리한다. ( )

6. 모든 감가상각방법을 선택가능하다면 일반적으로 첫 해에 회사의 이익을 가장 많이 계상할 수 있는 방법은 정률법이다. ( )

7. 보유하고 있는 건물이 위치한 토지의 시장가치가 증가하면 건물의 가치도 증가하므로 감가상각대상금액에 영향을 미친다. ( )

8. 공장신축을 위하여 건물과 토지를 구입하고 그 토지에 있던 구건물을 철거하였다. 다음 자료를 참고하여 토지로 처리할 금액은 얼마인가?

- 토지와 건물 구입대금 : 현금 3,000,000원, 자사보통주 500주(주당 액면가액 5,000원, 시가 8,000원)를 발행하여 지급
- 구건물의 철거비용 500,000원과 취득세 등 비용 200,000원을 현금으로 지급

정답 1 ○ 2 × 당기비용으로 처리 3 ○ 4 ○ 5 ○ 6 × 정액법이 이익을 가장 많이 계상할 수 있음 7 × 토지의 가치는 건물에 영향을 주지 않는다.
8 3,000,000원 + (500주 × 8,000원) + 500,000원 + 200,000원 = 7,700,000원

(3) 무형자산

① 무형자산의 인식조건

식별 가능, 기업 통제 가능, 미래 경제적효익 기대효과, 영업활동으로 사용 및 보유

② 무형자산의 종류

㉠ 영업권 : 사업결합으로 취득한 영업권만을 인정(내부창출 영업권은 인정 안함)

㉡ 개발비 : 특정 신제품 또는 신기술 개발과 관련된 비용으로 미래 경제적효익을 기대할 수 있어야 함

- 연구단계 : 연구비(판)
- 개발단계 : 인식기준 충족시 '개발비', 인식기준 불충족시 '경상연구개발비'

③ 무형자산의 상각 및 회계처리

- 상각기간은 20년을 초과할 수 없음
- 상각방법에는 정액법, 체감잔액법(정률법 등), 연수합계법, 생산량비례법 등, 다만 합리적인 상각방법을 정할 수 없는 경우 정액법 사용
- 잔존가액은 없는 것을 원칙으로 함
- 상각은 취득원가에서 직접 차감(직접법)
  (차) 무형자산상각비 (대) 무형자산

문제 6 다음에서 설명하는 내용이 맞으면 'O', 틀리면 'x' 하시오.

1. 내부적으로 창출된 브랜드는 무형자산의 인식조건을 충족한다. (　　)
2. 사업 결합으로 취득한 무형자산은 미래 경제적효익의 유입가능성이 높은 경우 자산으로 인식할 수 있다. (　　)
3. 상업적 생산목적이 아닌 소규모의 시험공장을 설계 건설 및 가동하는 비용은 무형자산인 개발비로 계상할 수 있다. (　　)
4. 무형고정자산의 상각방법은 정액법, 정률법, 연수합계법, 생산량비례법 등 합리적인 방법에 의하여 상각한다. (　　)
5. A상사의 2021년 12월 31일의 총계정원장에는 다음과 같은 계정잔액이 표시되어 있다. 재무상태표상 무형자산으로 보고된 금액은 얼마인가?

• 창업비	100,000원
• 사채할인발행차금	150,000원
• 광고대행업체에의 선급금	200,000원
• 합병에 의해 취득한 영업권	300,000원
• 내부창출한 영업권	200,000원
• 특허권	500,000원

정답 1 × 2 ○ 3 ○ 4 ○
5 800,000원

4. 부채

(1) 사채

① 사채의 발행

발행방법	발행 내용
액면발행	액면금액 = 발행가액 액면이자율 = 시장이자율
할인발행	액면금액 > 발행가액 액면이자율 < 시장이자율 ※ 차액은 사채할인발행차금으로 표시
할증발행	액면금액 < 발행가액 액면이자율 > 시장이자율 ※ 차액은 사채할증발행차금으로 표시

② 사채발행비

사채를 발행하기 위하여 직접 발생한 제비용(사채권인쇄비, 광고비, 사채발행수수료 등)으로 사채할인발행차금 계정에 가산(+)하거나 사채할증발행차금 계정에서 차감(-)한다.

③ 사채의 상각

사채할인발행차금과 사채할증발행차금을 유효이자율법에 따라 상각한다.

상각액의 계산	① 액면이자 = 액면가액×액면이자율 ② 유효이자 = 발행가액×유효이자율 ③ 상각액 = 액면이자와 유효이자의 차액
회계처리	* 사채할인발행차금 ➔ 이자비용에 가산하고 상각한다. * 사채할증발행차금 ➔ 이자비용에서 차감하고 상각한다.

(2) 충당부채

① 퇴직급여충당부채

- 설정시 :
  (차) 퇴직급여 (대) 퇴직급여충당부채
- 퇴직금 지급시 :
  (차) 퇴직급여충당부채 (대) 현금
  퇴직급여

② 제품보증충당부채(하자보증충당부채)

무상 수리조건인 경우 미래 발생할 보증수리비용을 충당부채로 인식하는 것

③ 경품충당부채

환불정책이나 경품제도를 시행할 경우 경품관련비용에 대한 최선의 추정치를 충당부채로 인식하는 것

구 분	확정급여형 (DB형)	확정기여형 (DC형)
운용책임	회 사	종업원
납부시	(차) 퇴직연금운용자산 (대) 현금	(차) 퇴직급여 (대) 현금
운용수익시	(차) 퇴직연금운용자산 (대) 이자수익(운용수익)	분개없음
퇴직시	(차) 퇴직급여충당부채 퇴직급여 (대) 퇴직연금운용자산 현금	분개없음
결산시	(차) 퇴직급여 (대) 퇴직급여충당부채	분개없음

문제 7 다음에서 설명하는 내용이 맞으면 'O', 틀리면 'x' 하시오.

1. 회사채 발행시장에서 사용되는 시장이자율이 사채의 액면이자율보다 높은 경우 할증발행된다. (　)

2. 사채를 할인발행하고 유효이자율법이 적용되는 경우 사채할인발행차금 상각액은 매기 증가한다. (　)

3. 사채발행시점에서 발생한 사채발행비는 비용으로 처리하지 않고 사채의 만기 동안 기간에 걸쳐 상각하여 비용화한다. (　)

4. 확정급여형 퇴직연금제도에서 운용되는 자산은 기업이 직접 보유하고 있는 것으로 보아 회계처리한다. (　)

5. 회사가 퇴직연금운용자산을 운용하는 경우 퇴직연금 부담금을 납부하면서 수수료 20,000원을 퇴직연금운용사업자에게 지급한 경우 퇴직연금운용자산에 포함하여 회계처리한다. (　)

6. 다음 조건으로 사채를 발행할 경우 2021년 12월 31일 회계처리하시오.(유효이자율법을 적용하여 상각함)

- 사채발행일 : 2021년 1월 1일
- 사채만기일 : 2023년 12월 31일
- 액면가액 : 1,000,000원
- 발행가액 : 951,000원
- 이자지급조건 : 매년말 현금지급
- 액면(표시)이자율 : 10%
- 시장이자율 : 12%

정답 1 × 할인발행 2 ○ 3 ○ 4 ○

5 × 수수료는 당기 비용으로 처리
6 (차) 이자비용 114,120원 (대) 현금 100,000원, 사채할인발행차금 14,120원
※ (장부가액 951,000원×시장이자율 12%)-(액면가액 1,000,000원×액면이자율 10%) = 14,120원 (사채할인발행차금 상각액)

5. 자본

(1) 주식의 발행

① 액면발행(액면가액 = 발행가액)

(차) 당좌예금 (대) 자본금

② 할인발행(액면가액 > 발행가액)

(차) 당좌예금 (대) 자본금
주식할인발행차금

③ 할증발행(액면가액 < 발행가액)

(차) 당좌예금 (대) 자본금
주식발행초과금

※ 주식할인발행차금이 있는 경우 주식발행시 먼저 상계처리한 후 차액을 주식발행초과금 계정으로 처리한다.

④ 신주발행비(또는 주식발행비)

- 할증발행시 : 주식발행초과금에서 차감
- 할인발행시 : 주식할인발행차금에 가산
- 액면발행시 : 주식할인발행차금으로 처리

(2) 자기주식 회계처리

- 취득시 :

(차) 자기주식(매입가액) (대) 현금

- 처분시 :

(차) 현금 (대) 자기주식(장부가액)
자기주식처분손실

- 취득후 소각시 :

(차) 자본금(액면가액) (대) 자기주식(장부가액)
감자차손

(3) 배당금 배분

① 현금배당의 회계처리

- 배당선언일 :

(차) 이월이익잉여금 (대) 미지급배당금

- 배당지급일 :

(차) 미지급배당금 (대) 현금

② 주식배당의 회계처리

- 배당선언일 :

(차) 이월이익잉여금 (대) 미교부주식배당금

- 배당지급일 :

(차) 미교부주식배당금 (대) 자본금

③ 결손금 처리순서

임의적립금이입액 → 기타법정적립금이입액 → 이익준비금이입액 → 자본잉여금이입액

문제 8 다음에서 설명하는 내용이 맞으면 'O', 틀리면 '×' 하시오.

1. 회사의 이익잉여금을 주식배당으로 배당한 경우 자본은 감소한다. (   )
2. 현금배당을 하는 경우 자본은 감소한다. (   )
3. 무상증자, 주식배당 및 주식분할의 경우 자본금은 모두 증가한다. (   )
4. 재무상태표상 자본금은 법정자본금으로 발행주식수 × 발행가액이다. (   )
5. 주식할인발행차금이 발생하는 경우 그 당시에 장부상 존재하는 주식발행초과금이 있는 경우 우선적으로 상계하여 처리한다. (   )

6. 자본금이 100,000,000원인 회사가 이월결손금 18,000,000원을 보전하기 위하여 유통중인 주식 중 1/5에 해당하는 부분을 무상소각하였다. 이 경우 분개에서 사용하여야 할 자본조정 항목과 금액은 얼마인가?

7. 다음 자료에 의하여 재무상태표의 자본총계는 얼마인가?

• 자본금	50,000,000원
• 감자차익	800,000원
• 주식발행초과금	5,200,000원
• 자기주식처분손실	600,000원
• 매도가능증권평가이익	700,000원
• 매도가능증권처분손실	500,000원
• 미처분이익잉여금	7,800,000원
• 자기주식	3,000,000원

정답 1 × 자본변동없음 2 ○
3 × 무상증자와 주식배당은 자본금이 증가하지만 주식분할은 액면가액이 감소하면서 발행주식수가 증가하므로 자본금은 변동 없음 4 × 발행주식수×액면가액 5 ○
6 감자차익 2,000,000원, 자본금감소액 = 100,000,000원×1/5=20,000,000원
(차) 자본금 20,000,000 (대) 미처리결손금 18,000,000, 감자차익 2,000,000
7 자본총계 60,900,000원, 자본총계=자본금 50,000,000원+주식발행초과금 5,200,000원+감자차익 800,000원+매도가능증권평가이익 700,000원-자기주식처분손실 600,000원-자기주식 3,000,000원+미처분이익잉여금 7,800,000원=60,900,000원

6. 수익과 비용

(1) 수익의 인식

- 재화의 판매 : 판매기준, 재화가 인도된 시점
- 위탁판매 : 수탁자가 제3자에게 판매한 시점
- 할부판매 : 재화가 인도된 시점
- 시용판매 : 고객이 구입의사를 표시한 날
- 상품권판매 : 상품 등이 고객에게 제공된 날(상품권 회수시점)
- 정기간행물 : 구독기간에 걸쳐 정액법으로 인식
- 반품조건부판매 : 반품가능성을 신뢰성 있게 추정시 수익인식 가능
- 설치용역수수료 : 진행기준
- 로열티 : 발생기준(정액법으로 인식)
- 방송사 광고수익 : 광고를 대중에게 전달하는 시점
- 광고제작사 광고수익 : 진행기준(광고제작의 진행률)

(2) 비용의 인식

- 직접대응 : 비용이 관련 수익과 직접적인 인과관계를 파악할 수 있는 것(매출원가 등)
- 간접대응 중 체계적 합리적 배분 : 특정한 수익과 직접 관련은 없지만 일정기간 동안 수익창출과정에 사용된 자산으로 수익창출기간 동안 배분하는 것(감가상각비 등)
- 간접대응 중 기간비용 : 수익과 직접 관련이 없고 해당 비용이 미래 경제적효익의 가능성이 불확실한 경우에 발생즉시 비용을 인식하는 것(광고선전비 등)

문제 9 다음 물음에 알맞은 답을 구하시오.

1. 다음에서 수익인식기준에 대한 설명으로 맞으면 '○', 틀리면 '×' 하시오.

① 설치 및 검사 조건부 판매의 경우 구매자에게 재화가 인도되어 설치와 검사가 완료되었을 때 수익으로 인식한다. (   )

② 상품권 판매는 상품권의 액면가액을 선수금으로 처리하고 이후 상품권을 회수한 시점에서 수익으로 인식한다. (   )

③ 상품을 할부판매한 경우 이자수익에 해당하는 부분을 제외한 판매가액을 재화가 인도되는 시점에서 수익으로 인식한다. (   )

④ 정기간행물의 경우 그 가액이 매기간 비슷한 품목을 구독신청에 의하여 판매하는 경우에는 계약시점에서 수익으로 인식한다. (   )

⑤ 이자수익은 원칙적으로 액면이자율을 적용하여 발생기준에 따라 인식한다. (   )

⑥ 학원의 수강료 수익은 강의료를 수취한 시점에 현금기준에 의하여 인식한다. (   )

⑦ 방송사의 광고수익은 해당 광고를 대중에게 전달하는 시점에서 인식한다. (   )

⑧ 입장료수익은 행사가 개최되는 시점에 수익을 인식한다. (   )

⑨ 로열티수익은 관련된 계약의 경제적 실질을 반영하여 발생기준에 따라 인식한다. (   )

⑩ 배당금수익은 배당금을 받을 권리와 금액이 확정되는 시점에서 인식한다. (   )

2. 기부금을 영업외비용이 아닌 판매비와 관리비로 회계처리한 경우 영향을 미치는 손익계산서상 손익은 무엇인가?

3. 다음은 (주)○○의 경영활동과 관련된 회계 자료이다. 이 자료의 옳은 설명만 <보기>에서 고르시오.

- 기초상품재고액 : 30,000원
- 총매출액 : 180,000원
- 임대료 : 30,000원
- 기말상품재고액 : 40,000원
- 총매입액 : 120,000원
- 기부금 : 10,000원
- 매입에누리 : 5,000원
- 접대비 : 20,000원

<보기>	ㄱ. 영업이익은 55,000원이다. ㄴ. 매출원가는 110,000원이다. ㄷ. 매출총이익은 75,000원이다. ㄹ. 판매가능상품은 150,000원이다.

정답 1 ① ○, ② ○, ③ ○, ④ × 구독기간에 걸쳐 정액법으로 인식, ⑤ × 유효이자율을 적용하여 발생기준으로 인식, ⑥ × 강의기간 동안 발생기준으로 인식, ⑦ ○, ⑧ ○, ⑨ ○, ⑩ ○
2 법인세차감전순손익, 당기순손익
3 ㄱ, ㄷ

01-3 회계변경과 오류

1. 회계정책의 변경(소급법 적용)

① 재고자산 평가방법(예 : 선입선출법에서 후입선출법으로 변경)

② 유가증권의 취득단가 산정방법(예 : 총평균법에서 이동평균법으로 변경) 등

2. 회계추정의 변경(전진법 적용)

① 수취채권의 대손추정
② 재고자산의 진부화 여부에 대한 판단과 평가
③ 우발부채의 추정
④ 감가상각자산의 내용연수 또는 감가상각자산에 내재된 미래 경제적효익의 기대소비 형태의 변경(감가상각방법의 변경) 및 잔존가액의 추정 등

3. 일반기업회계기준 회계변경 회계처리방법

구분	소급법	당기일괄 처리법	전진법
성격	일관성 강조	신뢰성, 포괄주의 강조	당기 업적주의 강조
누적효과	이월 이익잉여금	당기손익	계산안함
전기 재무제표	재작성	작성안함 (주석공지)	해당없음
장점	비교가능성	-	신뢰성
단점	신뢰성저하	비교가능성 저하 이익조작 가능성	비교가능성 저하 변경효과 파악곤란
일반기업 회계기준	회계정책의 변경		회계추정의 변경

4. 오류수정

① 순이익에 영향을 미치지 않는 오류

계정분류 오류로 재무상태표 또는 손익계산서에만 영향을 주는 오류로 수정분개를 통하여 올바른 계정으로 대체만 하면 된다.

② 순이익에 영향을 미치는 오류

- 자동조정적 오류 : 오류의 효과가 2 회계기간을 통해 저절로 상쇄되는 오류
  예) 선급비용, 선수수익, 미지급비용, 미수수익 등
- 비자동조정적 오류 : 2 회계기간에 걸쳐 자동조정되지 않는 오류
  예) 투자자산 오류, 유형자산 오류, 사채오류 등

문제 10 다음에서 설명하는 내용이 맞으면 'O', 틀리면 '×' 하시오.

1. 유형자산에 대한 감가상각방법을 정당한 사유에 의하여 정액법에서 정률법으로 변경하는 경우 이를 회계변경으로 본다. (   )
2. 회계추정의 변경은 소급하여 적용하며, 전기 또는 그 이전의 재무제표를 비교 목적으로 공시할 경우 소급적용에 따른 수정사항을 반영하여 재작성한다. (   )
3. 오류수정의 내용은 주기에 표시한다. (   )
4. 회계추정의 변경은 전진적으로 처리하여 그 효과를 당기와 당기이후의 기간에 반영한다. (   )
5. 회계처리에 대한 오류의 내용 중 회계기간의 변경에 따른 자동조정적 오류는 감가상각비 산정오류이다. (   )
6. 대손충당금의 설정률을 변경한 경우 회계추정의 변경에 해당한다. (   )
7. 수익인식 방법을 현금주의에서 발생주의 방법으로 변경하는 경우 회계정책의 변경에 해당한다. (   )
8. 미수수익의 오류는 회계기간의 변경에 따른 자동적 오류에 해당한다. (   )

정답 1○ 2× 회계정책의 변경에 대한 설명임 3× 오류수정의 내용은 주석에 공시함 4○ 5× 비자동적오류임 6○ 7× 인정하지 않는 회계처리에서 인정된 회계처리로 변경한 경우 오류수정사항임 8○

제 2 절

원가회계

02-1 원가요소 분류하기

1. 원가요소에 의한 분류

재료비, 노무비, 제조경비(또는 제조간접비)

2. 추적가능성에 따른 분류

직접원가(직접비), 간접원가(간접비)

3. 기능에 따른 분류

① **제조원가**

원가요소 전부를 포함 (ex. 공장, 제조부)

② **비제조원가**

기간 비용으로 처리 (ex. 본사, 영업부)

4. 원가행태에 의한 분류

① **변동비(변동원가)**

조업도가 증가하면 총원가는 비례하여 증가하지만 단위당 원가는 일정하다. (ex. 직접재료비, 직접노무비 등)

② **고정비(고정원가)**

조업도가 증가하면 총원가는 일정하지만 단위당원가는 감소된다.(ex. 감가상각비, 공장임차료, 보험료 등)

③ **준변동비(혼합원가)**

생산량이 늘어나면 추가로 변동비가 발생하는 행태(대부분의 원가)

④ **준고정비(계단원가)**

조업도가 일정수준 이상 증가하면 원가총액이 증가(생산관리자의 급여, 난방비)

5. 의사결정 관련성에 의한 분류

① **기회원가(기회비용)**

원가요소를 차선의 다른 용도로 사용하였을 때 얻을 수 있는 최대이익

② **매몰원가**

이미 발생한 역사적 원가로 의사결정을 하더라도 회수할 수 없는 원가

③ **관련원가**

의사결정에 직접적으로 관련된 원가

④ **비관련원가**

의사결정에 영향을 미치지 않는 원가

문제 1 다음에서 설명하는 내용이 맞으면 'O', 틀리면 'x' 하시오.

1. 일반적으로 고정비는 조업도와 제품의 단위당 원가와 반비례한다. (   )

2. 변동비는 조업도의 증감에 관계없이 원가총액이 일정하게 나타나는 특징이 있다. (   )

3. 공장의 전화요금을 정액제로 가입하면 이는 고정원가에 해당한다. (　)

4. 기초원가란 재료비와 노무비를 합한 금액을 말한다. (　)

5. 원가회계의 목적 중 하나는 손익계산서상 제품원가에 대한 원가정보를 제공하는 것이다. (　)

6. 특정 원가대상에 대한 원가요소의 추적가능성에 따른 분류는 직접비와 간접비이다. (　)

7. 2가지 이상의 제품을 제조하는 공장의 경리직원에 대하여 급여를 지급하는 경우 이는 간접노무원가이다. (　)

8. 관련범위 내에서 공장의 임차료와 같은 고정원가는 조업도가 증가하여도 단위당 고정원가는 일정하다. (　)

9. 이미 발생된 원가로 현재의 의사결정에는 아무런 영향을 미치지 못하는 원가를 매몰원가라 한다. (　)

10. 제품생산과 관련없이 발생된 원가로 기간비용으로 처리되는 원가를 기회원가라 한다. (　)

정답 1 ○ 2 × 3 ○ 4 × 직접재료비와 직접노무비의 합 5 ○ 6 ○ 7 ○ 8 × 단위당 고정원가는 감소 9 ○ 10 × 기간원가에 대한 설명임

02-2 원가의 흐름

1. 원가의 구성

① 직접원가 = 직접재료비 + 직접노무비 + 직접제조경비

② 제조간접비 = 간접재료비 + 간접노무비 + 간접제조경비

③ 제조원가 = 직접원가 + 제조간접비 = 직접재료비 + 전환원가(가공원가)

④ 판매원가(총원가) = 제조원가 + 판매비와관리비

⑤ 판매가격 = 판매원가 + 이익

※ • 기초원가 = 직접재료비 + 직접노무비
• 전환원가(가공원가) = 직접노무비 + 제조간접비

2. 원가의 흐름

① 재료비(재료소비액)의 계산

- 재료소비액 = 재료소비수량 × 재료소비단가
- 당기재료소비액 = 기초재료재고액 + 당기재료매입액 - 기말재료재고액

② 당월 노무비 소비액 = 당월지급액 + 당월미지급액 - 전월미지급액

③ 당월(경비)소비액 = 당월지급액 + 당월미지급액 + 전월선급액 - 전월미지급액 - 당월선급액

④ 직접재료원가 = 기초원재료재고액 + 당기원재료매입액 - 기말원재료재고액

⑤ 당기총제조원가 = 직접재료원가 + 직접노무원가+ 제조간접원가

⑥ 당기제품제조원가 = 기초재공품재고액 + 당기총제조원가 - 기말재공품재고액

⑦ 매출원가 = 기초제품재고액 + 당기제품제조원가 - 기말제품재고액

문제 2 다음 원가자료에 의하여 물음에 답하시오.

- 공장완성직 임금 500,000원
- 판매원의 급여 150,000원
- 수선직공의 임금 200,000원
- 직접재료비 1,150,000원
- 영업부사무용품비 55,000원
- 공장장 급여 74,000원
- 본사건물 감가상각비 120,000원
- 간접재료비 200,000원
- 공장제조경비 350,000원
- 광고선전비 30,000원
- 공장제조경비 중 50,000원은 직접경비이고 잔액은 간접경비이다.

1. 직접원가는 얼마인가?
2. 제조간접비는 얼마인가?
3. 제조원가는 얼마인가?
4. 판매원가는 얼마인가?

정답

1 1,700,000원 = 500,000 + 1,150,000 + 50,000
2 774,000원 = 200,000 + 74,000 + 200,000 + 300,000
3 2,474,000원 = 1,700,000 + 774,000
4 2,829,000원 = 2,474,000 + 150,000 + 55,000 + 120,000 + 30,000

02-3 원가배부하기(부분별원가계산)

1. 원가배분 기준

인과관계기준, 수혜기준(수익자부담기준), 부담능력기준, 공정성과 공평성 기준

2. 보조부문비 배부방법

① 직접배부법

모든 보조부문비를 제조부문에만 직접 배부하는 방법(상호간 용역 무시)

② 단계배부법

일정한 배부순서를 정한 후 단계적으로 제조부문에 배부하는 방법

③ 상호배부법

제조부문과 보조부문 상호간에도 배부하는 방법(상호간 용역수수관계를 완전히 고려)

3. 원가형태에 따른 보조부문비의 배부

① 단일배부율법

제조간접비배부액 = 제조간접비예정배부율 × 용역의 실제사용량

② 이중배부율법

- 변동비 배부액 = 제조간접비예정배부율 × 용역의 실제사용량
- 고정비 배부액 = 변동예산상의 고정비 × 최대사용가능량비율

문제 3 다음에서 설명하는 내용이 맞으면 'O', 틀리면 '×' 하시오.

1. 보조부문 상호간의 용역수수를 인식하는지 여부에 따라 직접배부법, 단계배부법, 상호배부법으로 구분된다. ( )
2. 단계배부법은 보조부문의 배부순서에 따라 각 부분별배부액이 달라지게 된다. ( )
3. 보조부문 상호간의 용역수수를 전부 고려하는 방법은 상호배부법이다. ( )

4. 보조부문원가를 제조부문을 거치지 않고 직접 제품(재공품 계정)에 배부하는 방법은 직접배부법이다. ( )

5. 다음은 보조부문원가에 관한 자료이다. 보조부문의 제조간접비를 다른 보조부문에는 배부하지 않고 제조부문에만 직접 배부할 경우 수선부문에서 조립부문으로 배부될 제조간접비는 얼마인가?

		보조부문		제조부문	
		수선부	관리부	조립부	절단부
제조간접비		80,000	100,000		
부문별	수선부		20%	40%	40%
배부율	관리부	50%		20%	30%

정답 1 ○ 2 ○ 3 ○ 4 ×
5 40,000원=80,000×40%/(40%+40%)

02-4 원가계산하기

1. 원가계산의 종류

① 생산형태에 따른 종류

- 개별원가계산 : 다른 종류의 제품을 개별적으로 생산하는 경우에 사용하는 방법(ex. 주문생산이 많은 건설업, 조선업, 기계제조업 등에서 사용)
- 종합원가계산 : 성능, 규격이 같은 동일 종류의 제품 또는 여러 종류의 제품을 연속하여 반복적으로 생산하는 경우에 사용하는 방법(ex. 대량 생산하는 제분업, 제당업, 제지업, 정유업 등에서 사용)

② 원가계산시기에 따른 종류

사전원가계산, 실제원가계산(사후원가계산)

③ 원가계산범위에 따른 종류

- 전부원가계산 : 직접노무비, 변동직접비 등의 변동비와 고정비인 고정간접비를 모두 제품원가에 포함하여 계산하는 방법으로 일반적인 재무제표 작성에 사용되는 원가정보를 얻기 위한 원가계산
- 변동(직접)원가계산 : 직접재료비, 직접노무비, 변동직접비 등의 변동비만을 원가계산의 대상으로하여 계산하는 방법으로 고정비는 제품의 원가를 구성하지 않고 기간비용으로 처리

2. 제조간접비 예정배부

- 제조간접비 예정배부율 =

$$\frac{\text{예정제조간접비 총액}}{\text{예정배부기준 합계}}$$

- 제조간접비 예정배부액 = 예정배부율 × 제품별 실제조업도

3. 종합원가계산의 종류

단일, 조별, 공정별, 등급별, 연산품종합원가계산

4. 완성품환산량

① 완성품

당해 생산공정에서 생산이 완료된 것

② 기말재공품

당해 생산공정에서 생산이 완료되지 않고 가공중에 있는 것

③ 완성품환산량

완성품(100% 가공)과 기말재공품(100% 미만 가공)을 동등한 자격으로 일치시켜 주는 척도를 말함

- 완성품에 대한 완성품 환산량 = 완성품 수량 × 완성도(진척도)

- 기말재공품에 대한 완성품 환산량 = 기말재공품수량 × 가공비 완성도

5. 종합원가계산방법

① 평균법

- 완성품환산량 = 당기완성수량 + 기말재공품환산량
- 완성품환산량 단위당원가 =

$$\frac{\text{기초 재공품원가} + \text{당기투입원가}}{\text{완성품환산량}}$$

- 기말재공품원가 = 기말재공품 환산량(수량) × 완성품환산량 단위당원가

※ 기말재공품 원가는 기말재공품 직접재료비와 기말재공품 가공비를 구분하여 구한 후 합산한다.

- 완성품 제조원가 = 기초재공품원가 + 당기투입원가 – 기말재공품원가

② 선입선출법

- 완성품환산량 = 당기완성수량 - 기초재공품환산량 + 기말재공품환산량
  = 당기완성품 수량 - 기초재공품의 완성품환산량[기초재공품 × (1-완성도)] + 기말재공품의 완성품환산량(기말재공품수량 × 완성도)
- 완성품환산량 단위당원가 =

$$\frac{\text{당기투입원가}}{\text{완성품환산량}}$$

- 기말재공품원가 = 기말재공품환산량 × 완성품환산량 단위당원가

※ 기말재공품 원가는 기말재공품 직접재료비와 기말재공품 가공비를 구분하여 구한 후 합산한다.

- 완성품 제조원가 = 기초재공품원가 + 당기투입원가 – 기말재공품원가

6. 공손품과 감손

① 공손품

제품을 제조하는 과정에서 작업자의 부주의, 원재료의 불량, 기계설비의 결함 등으로 인하여 가공과정에서 품질 및 규격이 표준에 미달한 불합격품

- 정상적인 공손품 : 제조원가로 처리
- 비정상적인 공손품 : 기간비용(영업외비용)으로 처리

② 감손

제조과정에서 재료의 유실, 증발, 가스화하여 제품화되지 않은 부분

③ 작업폐물

제품의 제조과정에서 발생한 가구제작업의 나무토막, 톱밥 등의 부스러기인 잔폐물을 말하며 금액이 적은 경우 또는 처분한 경우 잡이익으로 처리

④ 부산물

제품제조과정에서 발생한 이용가치나 매각가치로 제2차적인 생산물인 비누공장에서의 글리세린 같은 제품

문제 4 다음에서 설명하는 내용이 맞으면 'O', 틀리면 'x' 하시오.

1. 개별원가계산시 실제배부율과 예정배부율의 구분은 제조간접비와 관련있다. (   )

2. 완성품환산량을 단위원가로 계산하는 방법으로 선입선출법과 작업원가표를 종합원가계산에서 사용한다. (   )

3. 고객의 주문에 따라 제품을 생산하는 주문생산형태에 적합한 원가는 개별원가계산이다. (   )

4. 종합원가계산에서 평균법과 선입선출법으로 제품과 재공품의 원가를 계산한 경우 결과치가 일치하는 경우는 기말재공품이 없는 경우이다. (   )

5. 기말재공품에 대하여 불량품 검사를 하였을 경우 정상공손품는 기말재공품에 배부하고 비정상공손품은 영업외비용으로 처리한다. (   )

6. 원가계산시 작업폐물과 같은 비정상공손원가는 영업외비용으로 처리한다. (   )

7. 제조간접비와 관련한 자료가 다음과 같을 경우 제조간접비 예정배부액은 얼마인가?

> • 제조간접비 실제발생액 : 25,000,000원
> • 제조지시서의 기계작업시간 : 500시간
> • 제조간접비 실제배부율 : 기계작업시간당 50,000원
> • 제조간접비 과소배부 : 1,500,000원

8. 개별원가계산제도를 채택하고 있다. 다음 자료를 참조하여 제조지시서 No.7의 제조간접비 배부차이를 산정하면?

> • 제조간접비배부기준 : 직접작업시간
> • 제조간접비예산액 : 400,000원
> • 기준조업도 : 100,000시간
> • 제조지시서 No.7의 예정작업시간 : 10,000시간
> • 실제작업시간 : 9,000시간
> • 실제제조간접비 : 34,000원

9. 다음은 종합원가계산시 가공비(공정전반에 걸쳐 균등하게 발생)에 관한 자료이다. 기말재공품 평가를 평균법과 선입선출법으로 계산할 경우, 완성품환산량의 차이는?

> · 기초재공품 수량 : 200개(완성도 60%)
> · 당기 착수 수량 : 800개
> · 기말재공품 수량 : 300개(완성도 40%)
> · 당기 완성품 수량 : 700개

10. 당월초부터 신제품의 생산을 시작하였다. 당월에 2,000개를 생산에 착수하여 이중 70%는 완성하고, 30%는 월말재고(완성도 50%)로 남아있다. 원재료는 공정초기에 전량투입되며, 가공비는 전공정에 걸쳐 균등하게 투입될 경우 재료비와 가공비의 완성품 환산량을 계산하면 얼마인가?

정답 1 ○ 2 × 작업원가표는 개별원가계산에 사용 3 ○ 4 × 기초재공품이 없는 경우 일치함 5 ○ 6 × 작업폐물은 공손품이 아님

7 23,500,000원 = 25,000,000원 - 1,500,000원

8 • 제조간접비예정배부율 = 400,000원 ÷ 100,000시간 = 4원/시간
 • 제조간접비예정배부액 = 9,000시간 × 4원/시간 = 36,000원, ∴ 실제제조간접비(34,000원)에 비해 2,000원 과대배부함

9 120개
 • 평균법 : 700개 + 300개 × 40% = 820개
 • 선입선출법 : 700개 + 300개 × 40% - 200개 × 60% = 700개

10 재료비는 공정초기에 전량투입되므로 생산착수량 2,000개가 재료비 환산량이며, 가공비는 완성품인 1,400개(2,000개 × 70%) + 기말재고 300개(2,000개 × 30% × 50%) = 1,700개

제 3 절

부가가치세 신고

03-1 부가가치세의 기본개념

1. 우리나라 부가가치세의 특징

국세, 간접세(납세의무자-부가가치세법상 사업자, 담세자-최종소비자), 일반소비세, 물세, 다단계거래세, 전단계세액공제법, 소비지국과세원칙

2. 부가가치세법상 사업자

- 영리목적 여부 관계없이 사업성 있음
- 독립성 갖춤
- 재화 또는 용역을 공급하는 자
- 과세대상이 되는 재화를 수입하는 자

3. 사업장의 범위

- 광업 : 광업사무소의 소재지
- 제조업 : 최종제품을 완성하는 장소
- 건설업 · 운수업과 부동산매매업 : 해당 법인의 등기부상 소재지(법인), 업무를 총괄하는 장소(개인)
- 부동산임대업 : 해당 부동산의 등기부상의 소재지
- 무인자동판매기를 통하여 재화 · 용역을 공급하는 사업 : 그 사업에 관한 업무를 총괄하는 장소
- 비거주자, 외국법인 : 국내사업장

※ 직매장(사업장에 해당), 하치장과 임시사업장(사업장이 아님)

4. 사업자등록 정정사유

- 상호를 변경하는 때
- 통신판매업자가 사이버몰의 명칭 또는 인터넷도메인을 변경하는 경우
- 대표자를 변경하는 때(개인사업자는 폐업사유임)
- 사업의 종류에 변동이 있는 때
- 상속으로 인하여 사업자의 명의가 변경되는 때

문제 1 다음에서 설명하는 내용이 맞으면 'O', 틀리면 '×' 하시오.

1. 우리나라 부가가치세는 과세되는 재화와 용역을 최종소비자가 부담하는 간접세이다. (　)
2. 부동산 매매업을 하는 법인은 법인의 등기부상 소재지가 사업장이다. (　)
3. 사업장을 설치하지 않은 경우 사업장은 사업자의 주소지이다. (　)
4. 외국법인의 국내 사업장이 있는 경우에도 외국에 있는 본점이 사업장이 된다. (　)
5. 학교와 같은 비영리단체는 부가가치세의 납세의무가 없으므로 사업자등록을 하지 않아도 된다. (　)
6. 상품의 단순한 보관, 관리만을 위한 장소로 신고한 장소나 하치장은 별도의 사업장이다. (　)
7. 판매시설을 갖춘 장소인 직매장은 별도의 사업장으로서 사업자등록증의 대상이 된다. (　)
8. 부가가치세법에서는 원칙적으로 사업장마다 사업자등록을 하여야하나 사업자단위과세사업자는 당해 사업자의 본점 또는 주사무소에서 사업자등록을 할 수 있다. (　)

9. 부가가치세법상 개인사업자의 대표자를 변경하는 때는 사업자등록의 정정사유가 아닌 폐업사유이다. ( )

10. 통신판매업자의 인터넷 도메인 변경은 사업자등록의 정정사유이다. ( )

11. 사업자는 사업자등록의 신청을 사업장 관할 세무서장이 아닌 다른 세무서장에게도 할 수 있다. ( )

정답 1○ 2○ 3○ 4× 5× 6× 7○ 8○ 9○ 10○ 11○

03-2 과세 및 영세율·면세

1. 과세거래

재화의 공급, 용역의 공급, 재화의 수입

2. 공급의 범위

① 실지공급

대가를 받고 재화를 인도한 거래로 매매계약, 가공계약, 교환계약, 기타 계약상·법률상 원인에 의한 공급

② 간주공급

대가를 받지 않고 재화를 인도했거나 인도 자체가 없는 거래

- 자가공급 : 면세사업에 전용, 비영업용 소형승용자동차 또는 그 유지 비용, 판매목적 타사업장 반출
- 개인적공급 : 사업과 직접 관계없이 개인적인 목적으로 소비한 경우

※ 간주공급(개인적공급)으로 보지 않는 경우
- 종업원에게 무상으로 공급하는 작업복, 작업모, 작업화
- 직장체육비, 직장연예비와 관련된 재화
- 당초 매입세액이 불공제된 재화
- 1인당 년간 10만원 이하의 경조사와 관련된 재화의 공급

- 사업상증여 : 사업과 관련하여 고객이나 불특정다수인에게 증여한 경우

※ 간주공급(사업상증여)으로 보지 않는 경우
- 사업을 위하여 대가를 받지 않고 사업자에게 인도하는 견본품, 증정품
- 광고선전용으로 불특정 다수인에게 배포하는 광고선전물
- 당초 매입세액이 불공제된 재화

- 폐업시 잔존재화 : 사업자가 사업을 폐지하거나 폐업의제에 해당하는 경우에 잔존하는 재화를 자기에게 공급하는 경우

③ 재화의 공급으로 보지 않는 경우

- 담보제공
- 포괄적인 사업의 양도
- 조세의 물납
- 법에 따른 공매 및 강제경매
- 강제수용

3. 용역의 공급

용역의 실질공급은 계약상 또는 법률상의 역무를 제공하고 재화시설물 또는 권리를 사용하는 것으로 과세대상

※ • 재화의 무상공급 : 당해 재화의 시가를 과세표준으로 하여 과세
• 용역의 무상공급 : 공급으로 보지 아니하므로 과세대상에서 제외

4. 재화의 공급시기

① 일반적인 공급시기

- 재화의 이동이 필요한 경우 : 재화가 인도되는 때
- 재화의 이동이 필요하지 않는 경우 : 재화가 이용가능하게 되는 때
- 기타 : 재화의 공급이 확정되는 때

② 거래형태별 공급시기

- 현금판매 · 외상판매 · 할부판매 : 재화가 인도되거나 이용가능하게 되는 때
- 장기할부판매 : 대가의 각 부분을 받기로 한 때
- 자가공급 · 개인적공급 · 사업상증여 : 재화가 사용 또는 소비되는 때
- 폐업시 잔존재화 : 폐업하는 때
- 무인판매기에 의한 재화공급 : 무인판매기에서 현금을 인취하는 때
- 중계무역방식으로 수출하는 경우 : 수출재화의 선(기)적일

5. 용역의 공급시기

① 일반적인 공급시기

역무가 제공되거나 재화 · 시설물 또는 권리가 사용되는 때

② 거래형태별 공급시기

- 통상적인 공급(할부판매포함) : 역무의 제공이 완료되는 때
- 완성도기준지급 · 중간지급 · 장기할부 또는 기타조건부로 공급하거나 그 공급단위를 구획할 수 없는 용역(예 : 임대료) : 그 대가의 각 부분을 받기로 한때
- 간주임대료 : 예정신고기간 종료일 또는 과세기간 종료일

6. 영세율

① 영세율이란

일정한 재화 또는 용역의 공급에 대하여 '0%'의 세율을 적용 부가가치세 부담이 전혀 없게한 완전면세제도

② 영세율 적용대상

수출하는 재화, 국외제공용역, 선박 · 항공기의 외국항행용역, 기타 외화획득 재화 또는 용역

7. 면세

① 기초생활 필수품

- 미가공 식료품 등(식용에 공하는 농산물 · 축산물 · 수산물 · 임산물 포함) → 국적불문
- 국내에서 생산된 식용에 공하지 아니하는 미가공 농 · 축 · 수 · 임산물
- 수돗물(생수는 과세)
- 연탄과 무연탄(유연탄 · 갈탄 · 착화탄은 과세)
- 여성용 생리처리 위생용품과 영유아용 기저귀와 분유
- 여객운송용역(전세버스, 고속철도, 택시 운송용역은 과세)
- 우표 · 인지 · 증지 · 복권 · 공중전화(수집용 우표는 과세)
- 판매가격이 200원 이하인 담배(일반 담배는 과세)
- 주택과 이에 부수되는 토지의 임대용역(도시계획안 5배, 외 10배)

※ · 건물의 임대 공급 → 과세
 · 주택의 임대 공급 → 면세

② 국민후생용역

- 의료보건용역과 혈액(의약품의 단순판매는 과세)

※ 치료를 제외한 미용 · 성형목적의 모든 의료용역, 수의사 및 동물병원이 제공하는 애완동물 진료용역은 과세(수급자가 기르는 반려동물 진료는 면세)

- 교육용역(무허가 · 무인가, 성인대상 무도학원, 자동차운전학원의 교육용역은 과세)

③ 문화관련 재화용역

- 도서(도서대여용역 포함) · 신문 · 잡지 · 관보 · 뉴스통신(광고는 과세)
- 예술창작품 · 예술행사 · 문화행사 · 비직업운동경기
- 도서관 · 과학관 · 박물관 · 미술관 · 동물원 · 식물원에서의 입장권

④ 부가가치 구성요소

- 금융 · 보험용역
- 토지의 공급(토지의 임대는 과세)
- 인적용역(변호사업 · 공인회계사업 · 세무사업 · 관세사업 · 기술사업 · 건축사업 등의 인적용역은 과세)

⑤ 기타의 재화용역

- 종교 · 학술 · 지선 · 구호 · 기타 공익을 목적으로 하는 단체가 공급하는 재화 · 용역
- 국가 · 지방자치단체 · 지방자치단체조합이 공급하는 재화 · 용역
- 국가 · 지방자치단체 · 지방자치단체조합 또는 공익단체에 무상 공급하는 재화 · 용역(유상공급은 과세)
- 국민주택 및 당해 주택의 건설용역(국민주택초과분양 : 과세)
- 국민주택 리모델링 용역
- 중소기업창업투자회사 및 기업구조조정전문회사가 제공하는 자산관리 · 운용용역

문제 2 **다음에서 설명하는 내용이 맞으면 'O', 틀리면 '×' 하시오.**

1. 선박건조업자가 어선을 건조하여 자신이 경영하는 수산업에 직접 사용하는 경우 해당 선박의 공급은 부가가치세가 과세된다. (　)
2. 택시회사에 영업용으로 사용하기 위한 택시를 구입한 경우 매입세액을 공제받을 수 있다. (　)
3. 의류생산회사에서 자체 생산한 의류를 무상으로 종업원에게 작업복으로 제공한 경우 부가가치세가 과세된다. (　)
4. 사업자가 판매의 장려를 위하여 거래처 실적에 따라 재화를 제공하는 경우 부가가치세가 과세된다. (　)
5. 부가가치세법상 선박 또는 항공기의 외국항행 용역은 영세율적용대상이다. (　)
6. 매매계약에 따라 재화를 공급하는 것은 부가가치세법상 재화의 공급으로 보지 않는다. (　)
7. 사업자가 자기의 고객 중 추첨을 통하여 당첨된 자에게 재화를 경품으로 제공한 경우에는 부가가치세가 과세된다. (　)
8. 수돗물, 신문, 밀가루, 분유, 초코우유는 모두 면세대상이다. (　)
9. 사업을 위하여 무상으로 다른 사업자에게 인도 또는 양도하는 견본품은 사업상 증여에 해당된다. (　)
10. 수출품 생산업자로부터 수출대행을 의뢰받고 재화를 수출한 수출대행사업자가 받은 중개수수료는 영세율이 적용된다. (　)

11. 주택과 부수토지의 임대는 면세를 적용하고 있다. (   )

12. 여객운송 용역 중 우등고속은 면세이다. (   )

13. 의사가 제공하는 요양급여의 대상에서 제외되는 진료용역 중 탈모치료술은 과세이다. (   )

14. 면세는 부가가치세의 상대적인 역진성을 완화하기 위하여 주로 기초생활필수품 및 용역에 대하여 적용하고 있다. (   )

15. 외국인도수출에 의하여 재화를 공급하는 경우 공급시기는 수출재화의 공급가액이 확정된 때이다. (   )

16. 장기할부판매에 의하여 재화를 공급하는 경우 공급시기는 대가의 각 부분을 받기로 한 때이다. (   )

17. 위탁매매의 공급시기는 수탁자가 공급한 때이다. (   )

18. 부동산임대용역을 공급하고 임대료에 대한 공급시기는 그 대가의 각 부분을 받기도 한 때이다. (   )

19. 부동산임대용역을 공급하고 임대보증금에 해당하는 간주임대료의 공급시기는 그 대가의 각 부분을 받기도 한 때이다. (   )

20. 무인판매기를 이용하여 재화를 공급하는 경우 공급시기는 해당 사업자가 무인판기에서 현금을 꺼내는 때이다. (   )

정답 1 ○ 2 ○ 3 × 간주공급에 해당하지 않음 4 ○ 5 ○ 6 × 7 ○ 8 × 9 × 10 × 11 ○ 12 × 13 ○ 14 ○ 15 × 외국에서 재화가 인도된 때 16 ○ 17 ○ 18 ○ 19 × 20 ○

03-3 과세표준과 납부세액의 계산

1. 과세표준

(1) 공급유형별 과세표준(기본원칙 시가)

① 금전으로 대가를 받은 경우
: 그 금전가액

② 금전이외의 물건 등으로 받은 경우
: 자신이 공급한 재화 등의 시가

③ 부당하게 낮은 대가를 받은 경우
: 자신이 공급한 재화 등의 시가

④ 간주공급인 경우 : 당해 재화의 시가

⑤ 판매목적 타사업장의 반출 경우 : 당해 재화의 취득가액(다만, 취득가액에 일정액을 가산하여 공급하는 경우에는 그 공급가액)

⑥ 대가를 외국통화 기타 외국환으로 받은 경우

- 공급시기 도래 전에 원화로 환가한 경우
: 그 환가한 금액
- 공급시기 이후에 외국통화, 기타 외국환 상태로 보유하거나 지급받은 경우 : 공급시기의 기준환율 또는 재정환율에 의하여 계산한 금액

(2) 과세표준에 포함하지 않는 항목

- 매출에누리액 · 매출환입액 · 매출할인액
- 공급받는자에게 도달하기 전에 파손 · 훼손 · 멸실된 재화의 가액
- 국고보조금과 공공보조금

- 확정된 공급대가의 지급지연으로 인하여 수령하는 연체이자
- 반환조건부 용기대금 및 포장비용
- 대가와 구분하여 기재한 종업원 봉사료
- 공급받는자가 부담하는 원재료등의 가액
- 임차인이 부담하여야 할 보험료 · 수도료 · 공공요금 등을 임대료와 구분하여 징수하는 경우

(3) 과세표준에 포함되는 항목

- 할부판매 · 장기할부판매의 경우 이자 상당액
- 대가의 일부로 받는 운송비, 포장비, 하역비, 운송보험료, 산재보험료 등
- 개별소비세, 주세, 교통세 · 에너지세 · 환경세, 교육세 및 농어촌특별세 상당액
- 대손금, 판매장려금, 하자보증금등

문제 3 다음에서 설명하는 내용이 맞으면 'O', 틀리면 '×' 하시오.

1. 재화를 공급한 후의 그 공급가액에 대한 할인액, 대손금 또는 장려금은 과세표준에서 공제하지 않는다. (　)

2. 재화의 공급에 대하여 부당하게 낮은 대가를 받거나 대가를 받지 아니한 경우에는 자기가 공급한 재화의 시가를 과세표준으로 한다. (　)

3. 장기할부판매의 경우에는 계약에 따라 받기로 한 대가가 각 부분을 과세표준으로 한다. (　)

4. 폐업시 잔존재화에 대하여는 매입가액을 과세표준으로 한다. (　)

5. 공급받는 자에게 도달하기 전에 파손되거나 훼손되거나 멸실한 재화의 가액은 과세표준에 포함하지 않는다. (　)

6. 부가가치세 과세표준(공급가액)에 공급대가의 지급지연으로 인하여 받은 연체이자를 포함한다. (　)

7. 일반과세자의 과세표준은 공급대가의 금액으로 한다. (　)

8. 대가를 외국통화로 받은 경우 공급시기 도래 전에 원화로 환가한 금액을 과세표준으로 한다. (　)

9. 대가와 구분하여 기재한 종업원 봉사료는 과세표준에 포함한다. (　)

10. 재화 또는 용역의 공급과 직접 관련되지 아니하는 국고보조금과 공공보조금은 과세표준에 포함하지 않는다. (　)

정답 1× 2○ 3○ 4× 5○ 6× 7× 8○ 9× 10○

2. 세금계산서

(1) 세금계산서의 필요적 기재사항

- 공급하는 사업자의 등록번호와 성명 또는 명칭
- 공급받는자의 사업자등록번호
- 공급가액과 부가가치세액
- 작성연월일(공급연월일은 임의적 기재사항임)

(2) 전자세금계산서 발급 및 전송

① 전자세금계산서 발급 대상

- 발급대상 : 법인, 전년도 사업장별 공급가액(과세분+면세분) 합계액이 3억원 이상인 개인사업자
- 발급기한 : 거래시기가 속하는 달의 다음달 10일까지 발급
- 전송기한 : 발급일(전자서명일)의 다음날까지 국세청에 전송
- 세액공제 : 전자세금계산서 발급내역을 다음달 11일까지 국세청에 전송한 개인사업자로 발급건당 200원(연간한도 100만원, 법인사업자 제외)

② 전자세금계산서 관련 가산세

미발급 2%(종이발급 1%), 지연발급 1%, 지연전송 0.3%, 미전송 0.5%

(3) 수정세금계산서

환입, 착오 또는 정정사유, 공급가액의 증감, 계약해제, 내국신용장 또는 구매확인서 개설·발급된 경우, 이중발급한 경우

(4) 세금계산서 및 영수증 발급의무 면제

- 택시운송 사업자, 노점 또는 행상을 하는 사업자
- 무인 자동판매기를 이용하여 재화 또는 용역을 공급하는 자
- 소매업 또는 미용 · 목욕탕 및 유사서비스업을 영위하는 자가 공급하는 재화 또는 용역(다만, 소매업, 음식점업, 숙박업 등은 공급받는 자가 세금계산서의 발급을 요구하지 아니하는 경우에 한함)
- 자가공급(판매목적 타사업장 반출의 경우는 제외), 개인적공급, 사업상증여, 폐업시 잔존재화로서 공급의제 되는 재화
- 영세율 적용대상이 되는 일정한 재화 · 용역
- 부동산임대용역 중 간주임대료에 해당하는 부분

문제 4 다음에서 설명하는 내용이 맞으면 'O', 틀리면 '×' 하시오.

1. 법인 및 개인사업자는 당해연도 사업장별 재화와 용역의 공급가액(과세+면세분)의 합계액이 3억원 이상인 경우 전자세금계산서를 발급하여야 한다. ( )

2. 택시운송사업자가 공급하는 재화나 용역의 경우 세금계산서 발급의무가 면제된다. ( )

3. 소매업을 하는 사업자는 공급받는 자가 세금계산서 발급을 요구하지 아니하는 경우에도 반드시 세금계산서를 발급해야 한다. ( )

4. 당초 공급한 재화가 환입된 경우 재화가 환입된 날 수정세금계산서를 발급한다. ( )

5. 공급가액의 변동이 있는 경우 당초 세금계산서 발급일을 기준으로 수정세금계산서를 발급한다. ( )

6. 발급된 전자세금계산서는 발급일로부터 다음날 국세청으로 전송하여야 한다. ( )

7. 간주임대료에 대한 부가가치세를 임차인이 부담하는 경우 간주임대료에 대한 세금계산서를 발급하여야 한다. ( )

8. 개인사업자가 전자세금계산서 발급내역을 다음달 11일까지 국세청에 전송한 경우 발급건당 200원 연간 100만원 한도로 세액공제받을 수 있다. ( )

9. 법인사업자가 종이세금계산서를 발급한 경우 가산세는 공급가액의 2%이다. ( )

10. 전자세금계산서를 공급일(6월 20일)에 정상적으로 발급한 경우 7월 25일까지 전송되지 않은 경우 지연전송 가산세는 공급가액의 0.3%이다. (　　)

정답 1× 2○ 3× 4○ 5× 6○ 7× 8○ 9× 10○

3. 납부세액의 계산

(1) 대손세액공제

① 대손세액

매출채권(부가가치세 포함)의 대손사유로 인하여 회수할 수 없는 대손세액을 확정이 된 날이 속하는 과세기간(확정신고기간)의 매출세액에서 차감하는 세액

② 대손세액공제액

$$\text{대손세액} = \text{대손금액} \times \frac{10}{110}$$

③ 대손사유

- 소멸시효가 완성된 채권
- 파산, 강제집행, 사망, 실종 등으로 인한 회수불가한 채권
- 부도발생일로부터 6개월 이상 경과한 어음·수표 및 외상매출금
- 회수기일이 6개월 이상 지난 채권 중 채권가액이 30만원 이하인 채권 등

(2) 공제대상 매입세액

① 세금계산서에 의한 매입세액

② 신용카드매출전표 등에 의한 매입세액

③ 의제매입세액

- 과세사업자로 면세농산물 등을 원재료로 하여 제조, 가공한 재화·용역의 공급에 대하여 과세되는 경우 매입세액을 공제할 수 있음
- 면세농산물 등의 매입가액 × 공제율
- 일반·과세유흥(2/102), 중소제조(4/104), 법인음식점(6/106), 개인음식점(8/108), 음식점 2억원이하 (9/109), 개인 중 과자·떡방앗간, 간이과세자 등(6/106)

④ 재활용폐자원 등 매입세액

- 국가등 부가가치세 과세사업을 영위하지 않는 사업자(계산서 또는 영수증)와 영수증을 발급하여야 하는 간이과세자(일반영수증)로부터 구입한 재활용폐자원 및 중고품을 취득하여 제조·가공하거나 이를 공급하는 경우 매입세액을 공제할 수 있음
- 재활용폐자원(고철, 폐지, 폐건전지, 폐타이어 등)-3/103
- 중고자동차(1년 미만인 자동차 제외)-10/110

⑤ 과세사업전환 매입세액

⑥ 재고매입세액

(3) 공제받지 못할 매입세액

① 매입처별 세금계산서합계표의 미제출 및 부실, 허위기재한 경우의 매입세액
② 세금계산서의 미수취 및 부실, 허위기재한 경우의 매입세액
③ 업무와 관련 없는 지출에 대한 매입세액
④ 개별소비세가 과세되는 자동차(영업용 제외)의 구입 · 임차 · 유지에 대한 매입세액
- 공제대상 차량 : 경차(1,000cc미만), 화물차, 8인승초과(밴) 등
- 불공제대상 차량 : 1,000cc초과하는 8인승이하 승용차 등

⑤ 면세관련 매입세액
⑥ 접대비관련 매입세액

⑦ 공통매입세액 면세사업분
⑧ 사업자 등록전 매입세액(공급시기가 속하는 과세기간이 지난 후 20일 이내 등록한 경우 공제가능)
⑨ 대손처분 받은 세액

(4) 납부절차

① 예정신고와 납부

- 사업자는 예정신고기간에 대한 과세표준과 납부세액을 예정신고기간 종료 후 25일까지 신고 납부
- 개인사업자는 직전 과세기간에 대한 납부세액 1/2에 상당하는 금액을 납세고지서로 발부하고 징수 다만, 징수금액이 30만원 이하인 경우 고지 않함
- 휴업 · 사업부진으로 인하여 각 예정신고기간의 공급가액 또는 납부세액이 직전 과세기간의 공급가액 · 납부세액의 1/3에 미달하는 자
- 각 예정신고기간분에 대하여 조기환급을 받고자 하는 자

② 환급

- 일반환급 : 확정신고기한 경과 후 30일 이내에 사업자에게 환급
- 조기환급 : 예정·확정신고 또는 조기환급 신고기한 경과 후 15일 이내에 환급 → 영세율 규정이 적용되는 때와 사업설비(감가상각자산)을 신설하거나 취득, 확장 또는 증축을 하는 때에만 조기환급이 가능

(5) 간이과세자

- 직전 1역년의 공급대가가 8,000만원(부동산 임대업 및 과세유흥업은 4,800만원) 미만인 개인사업자(단, 법인은 어떠한 경우에도 간이과세자가 될 수 없음)
- 공급대가 4,800만원 이상 사업자는 세금계산서 발급 의무
- 공급대가 4,800만원 미만 사업자는 영수증만 발급 가능
- 예정부과를 원칙으로 함(징수금액이 30만원 미만인 경우 예정부과 생략함)
- 신고기간은 1.1.~12.31.
- 해당 과세기간 공급대가가 4,800만원 미만인 경우 납부의무면제
- 신용카드매출전표 등 발행금액의 1.3%(음식점 및 숙박업은 2.6%) 공제

문제 5 다음에서 설명하는 내용이 맞으면 'O', 틀리면 'x' 하시오.

1. 어음은 부도가 발생하면 즉시 대손세액공제가 가능하다. (   )
2. 대손세액공제는 확정신고시에만 가능하다. (   )
3. 공통사용제화에 대한 납부 및 환급세액의 재계산은 확정신고시에만 적용가능하다. (   )
4. 일반법인사업자도 의제매입세액공제가 가능하다. (   )
5. 종업원 사고 치료비를 병원에서 신용카드로 결제하고 110,000원을 지급한 경우 매입세액공제액은 10,000원이다. (   )
6. 당해 과세기간 부가가치세 예정신고시 누락된 상품 매입 세금계산서상의 매입세액은 확정신고시 공제받을 수 있다. (   )
7. 조기환급을 신고한 경우 기한 경과후 25일 이내 환급이 가능하다. (   )
8. 부동산 임대사업자(개인)인 김사부씨의 제1기 예정분에 대한 부가가치세가 20만원으로 계산되어 고지되지 않았다. (   )

9. 간이과세자로 음식점업을 하고 있는 김래원씨는 신용카드 매출전표 등 발행세액공제액은 공급대가의 1.3%이다. (   )

10. 과일 도매업을 영위하는 개인사업자가 청과물 배달용 트럭을 중고차매매상사에 유상으로 처분한 경우 세금계산서를 교부하여서는 안된다. (   )

정답 1 × 2 ○ 3 ○ 4 × 5 × 의료용역은 면세임 6 ○ 7 × 8 ○ 9 × 10 ○

제 4 절

소득세 신고

04-1 소득세 총설

1. 소득세의 개념

(1) 소득세의 특징

열거주의 과세방법(단, 이자, 배당소득은 유형별 포괄주의), 개인단위과세제도, 종합과세, 분리과세, 분류과세, 인적공제, 누진과세, 신고납세제도

(2) 소득세의 구분

① 거주자의 소득세

금융(이자, 배당소득)소득, 사업소득(부동산임대소득 포함), 근로소득, 연금소득, 기타소득, 퇴직소득, 양도소득

② 비거주자의 소득

국내 사업장이 있는 비거주자는 국내 원천소득을 종합과세, 국내 사업장이 없는 비거주자는 국내 원천소득을 소득별로 분리하여 과세

(3) 과세기간 및 확정신고기한

구분	과세기간	확정신고기한
원칙	1.1. ~ 12.31.	다음연도 5월 31일
사망시	1.1. ~ 사망일	상속개시일이 속하는 달의 말일부터 6개월이 되는 날
출국시	1.1. ~ 출국한 날	출국일 전일

(4) 납세지

거주자의 납세지는 주소지, 비거주자의 납세지는 주된 국내사업자의 소재지

문제 1 다음에서 설명하는 내용이 맞으면 'O', 틀리면 '×' 하시오.

1. 금융소득인 이자소득과 배당소득은 포괄주의 과세방법으로 계산한다. (   )

2. 우리나라 소득세는 종합과세와 분리과세를 병행하고 있다. (   )

3. 소득세 중 종합과세는 누진과세제도를 취하고 있있으며, 응익(應益)과세제도이다. (   )

4. 국내에 사업장이 있는 비거주자에 대해서는 국내 원천소득을 소득별로 분리하여 과세한다. (   )

5. 소득세의 과세기간은 1/1~12/31일은 원칙으로 하나, 사업자의 선택에 의하여 이를 변경할 수 있다. (   )

6. 소득세의 과세기간은 사업개시나 폐업에 의하여 영향을 받지 않는다. (   )

7. 사업소득이 있는 거주자의 소득세 납세지는 사업장소재지로 한다. (   )

8. 외국으로 이민을 가는 장윤정은 6월 30일 출국하기로 하였다. 장윤정씨의 과세기간은 1월 1일부터 6월 30일까지이며 신고기한은 6월 29일까지이다. (   )

정답 1○ 2○ 3× 응능과세제도임 4× 종합과세 5× 6○ 7× 8○

2. 금융소득(이자·배당소득)

(1) 이자소득

① 이자소득의 범위

- 채권 또는 증권의 이자와 할인액
- 예금의 이자와 할인액
- 채권 또는 증권의 환매조건부매매차익
- 보험기간이 10년 미만인 저축성보험의 보험차익
- 직장공제회 초과반환금
- 비영업대금의 이익
- 위와 유사한 소득으로서 자금대여의 대가성이 있는 것(이자소득에 대해 부분적 포괄주의 적용)

② 이자소득의 수입시기

- 무기명채권이자와 할인액 : 지급을 받은 날
- 기명채권이자와 할인액 : 약정에 의한 이자지급일
- 예·적금의 이자 : 실제로 이자를 지급받는 날
- 통지예금의 이자 : 인출일
- 비영업대금의 이익 : 약정에 의한 이자지급일

(2) 배당소득

① 배당소득의 범위

- 이익배당 또는 건설이자의 배당
- 국내 또는 국외에서 받는 집합투자기구로부터의 이익
- 자본감소·해산·합병·분할등으로 인한 의제배당
- 법인세법에 의하여 배당으로 소득처분된 금액(인정배당)
- 「국제조세조정에 관한 법률」의 규정에 따라 배당받은 것으로 간주된 금액(간주배당)
- 공동사업에서 발생한 소득금액 중 출자공동사업자에 대한 손익분배비율에 상당하는 금액(공동사업자로 경영참가시는 사업소득으로 분류)
- 위와 유사한 소득으로서 수익분배의 성격이 있는 것(배당소득에 대해 부분적 포괄주의가 적용)

② 배당소득의 수입시기

- 무기명주식의 이익배당 : 실제 지급일
- 기명주식의 이익배당 : 잉여금처분결의일
- 인정배당 : 당해 사업연도의 결산확정일
- 기타 유사한 소득 : 그 지급을 받은 날

(3) 금융소득 종합과세

과세 방법	내용	원천징수 세율
무조건 분리과세	실지명의가 확인되지 않은 이자소득과 배당소득	42%
	비실명(차명계좌 포함) 이자소득과 배당소득	90%
	직장공제회 초과반환금	기본세율

과세 방법	내용	원천징수 세율
무조건 종합과세	국외에서 받은 이자소득과 배당소득	-
	출자공동사업자의 배당소득	25%
조건부 종합과세	일반적인 이자소득과 배당소득	14%
	비영업대금 이익	25%

※ • 2천만원 초과하는 경우 - 종합과세
• 2천만원 이하인 경우 - 분리과세

문제 2 다음에서 설명하는 내용이 맞으면 'O', 틀리면 '×' 하시오.

1. 저축성보험의 보험차익으로서 보험기간이 10년이내인 경우 소득세가 과세되지 않는다. (　)
2. 피보험자의 질병이나 부상 등 신체상의 상해로 인한 보험차익은 소득세가 과세되지 아니한다. (　)
3. 이자소득 중 공익신탁의 이익은 소득세법상 비과세 소득에 해당한다. (　)
4. 비영업대금의 이익에 대한 원천징수세율은 30%이다. (　)
5. 국외에서 받은 이자소득은 무조건 종합과세한다. (　)
6. 통지예금의 이자소득의 수입시기는 약정에 의한 이자지급일이다. (　)
7. 법인세법에 의하여 배당으로 소득처분된 금액(인정배당)은 배당소득 범위에 속한다. (　)
8. 은행예금이자 25,000,000원 중 비과세 이자소득 6,000,000원인 경우 분리과세할 수 있다. (　)
9. 사업활동과 관련하여 발생하는 이자성격의 소득은 이자소득에 해당한다. (　)
10. 금융소득은 이자와 배당소득을 합하여 2천만원을 초과하는 경우 분리과세를 선택할 수 있다. (　)

정답 1× 2○ 3○ 4× 5○ 6× 7○ 8 ○ 이자 25,000,000원 - 비과세 이자소득 6,000,000원 = 19,000,000원(2천만원 미만인 경우 분리과세 선택이 가능) 9× 10×

3. 사업소득

(1) 사업소득의 범위

- 농업(작물재배업등 곡물 및 기타 식량작물 재배업 제외), 광업, 제조업 등에서 발생하는 소득
- 하수·폐기물처리, 원료재생 및 환경복원업에서 발생하는 소득
- 건설업(주택신축판매업 포함)에서 발생하는 소득
- 부동산업 및 임대업에서 발생하는 소득
- 교육서비스업에서 발생하는 소득
- 보건업 및 사회복지서비스업에서 발생하는 소득
- 사회 및 개인서비스업, 가사서비스업에서 발생하는 소득
- 위 외의 소득과 유사한 소득으로 영리를 목적으로 계속적·반복적으로 행하는 활동을 통하여 얻는 소득

(2) 비과세 사업소득

- 농지대여소득
- 농가부업소득 : 농가부업규모의 축산소득(전액비과세) 외의 소득으로 연 3,000만원 이하의 소득

- 전통주 제조소득 : 연 1,200만원이하의 소득
- 조림기간 5년 이상인 임목의 벌채 또는 양도소득 : 연간 600만원이하의 소득
- 작물재배업 소득 : 10억원이하의 소득(곡물 및 식량작물재배업(사업소득)을 제외한 소득)

(3) 사업소득의 과세방법

① 원천징수

- 원천징수대상(의료보건용역 및 인적용역) 사업소득 : 3%
- 봉사료수입금액(봉사료 금액이 20%를 초과시) : 5%

② 종합과세

사업소득은 모두 종합소득과세표준에 합산, 분리과세되는 소득이 없으며 보험모집수당, 방문판매수당 및 음료외판원 등 연말정산대상 사업소득인 경우에도 종합소득에 합산된다.

문제 3 다음에서 설명하는 내용이 맞으면 'O', 틀리면 'x' 하시오.

1. 사업소득 중 부동산임대소득은 임대료수입에 간주임대료를 가산한 금액에서 필요경비를 차감한 금액을 소득금액으로 한다. (   )
2. 다수인에게 강연하고 강연료 500,000원을 받은 경우 이혜정씨는 전문적으로 강의를 하고 있는 개인프리랜서로 사업소득으로 분류한다. (   )
3. 거주자 박서준은 연예인으로서 프로덕션과 5년 전속계약을 체결하고 1억원 전속계약금을 일시불로 받은 경우 사업소득에 속하지 않고 기타소득으로 분류한다. (   )
4. 공급대가와 구분 기재한 봉사료에 대한 원천징수세율은 5%이다. (   )
5. 농가부업소득은 연 2,000만원까지 비과세소득이다. (   )
6. 음료배달원은 연말정산대상 사업소득에 해당하며 종합소득에 합산하여 신고한다. (   )

정답 1○ 2○ 3× 4○ 5× 6○

4. 기타소득

(1) 기타소득의 범위

① 추정필요경비 80%가 적용되는 기타소득

- 공익법인이 주무관청의 승인을 받아 시상하는 상금 및 부상
- 계약의 위약 또는 해약으로 인하여 받는 위약금과 배상금 중 주택입주지체상금
- 서화·골동품의 양도로 발생하는 소득(양도가액이 6천만원 이상인 것)

② 추정필요경비 60%가 적용되는 기타소득

- 인적용역을 일시적으로 제공하고 지급받는 대가(고용관계 없이 다수인에게 강연을 하고 강연료 등의 대가를 받은 용역)
- 일시적 문예창작소득(문예·학술·미술·음악, 사진에 속하는 창작품)
- 공익사업과 관련된 지상권, 지역권의 설정 및 대여하고 대가를 받는 금품

③ 실제소요경비가 적용되는 기타소득

- 뇌물 및 알선수재, 배임수재에 의하여 받는 금품
- 복권·경품권, 기타 추첨권에 의하여 받는 당첨금품

- 사행행위 등 규제 및 처벌특례법에 규정하는 행위에 참가하여 얻은 재산상의 이익
- 재산권에 관한 알선수수료·사례금

(2) 비과세 기타소득

- 국가보안법에 의하여 받는 상금과 보로금
- 종업원 등 또는 대학의 교직원이 퇴직한 후에 지급받는 직무발명보상금으로 500만원 이하의 금액(근로소득에서 비과세되는 직무발명보상금이 있는 경우에는 500만원에서 해당금액을 차감한다)
- 서화·골동품을 박물관 또는 미술관에 양도함으로서 발생하는 소득

(3) 기타소득의 과세방법

① 무조건 분리과세

- 각종 복권당첨금, 승마투표권, 경륜·경정의 승자투표권, 소싸움경기투표권 및 체육진흥투표권의 구매자가 받는 환급금, 슬롯머신 등을 이용하는 행위에 참가하여 받는 당첨금품은 20%(3억원 초과시 초과분에 대하여 30%)
- 서화·골동품의 양도소득 20%
- 연금계좌 납입시 세액공제분과 운용수익 부분 연금외 수령시 15%

② 선택적 분리과세

연 300만원 이하의 기타소득금액은 분리과세 또는 종합과세

③ 종합과세

뇌물·알선수재 및 배임수재에 의하여 받은 금품

④ 과세최저한

- 승마투표권 또는 승자투표권의 환급금으로서 매 건마다 당해 권면에 표시된 금액의 합계액이 10만원 이하이고 단위투표금액 당 환급금이 단위투표금액의 100배 이하인 때
- 슬롯머신 등의 당첨금품 등이 매 건마다 200만원 미만인 때
- 기타소득금액이 매 건마다 5만원 이하인 때

문제 4 다음에서 설명하는 내용이 맞으면 'O', 틀리면 '×' 하시오.

1. 일시적이고 우발적으로 발생한 강연료라면 기타소득으로 분류한다. ( )
2. 계약의 위약 또는 해약으로 인해 받는 위약금과 배상금 중 주택입주지체상금의 필요경비는 60%이다. ( )
3. 김혜수님이 회사 사보에 투고하여 일시적인 문예창작소득으로 1,000,000만원을 받은 경우 필요경비는 600,000원이다. ( )
4. 뇌물과 재산권 알선수수료는 기타소득으로 실제경비를 필요경비로 인정한다. ( )
5. 서화·골동품을 박물관 또는 미술관에 양도함으로서 발생하는 소득은 비과세 기타소득이다. ( )
6. 복권당첨금 2억원인 경우 20% 세율로 원천징수 함으로 납세의무가 종결된다. ( )
7. 이태원백화점에서 경품추첨에 당첨되어 시가 2,000,000원 상당의 냉장고를 받았을 때 필요경비는 없으며, 무조건 종합과세한다. ( )
8. 기타소득금액이 매 건마다 5만원 이하인 경우 과세하지 않는다. ( )

정답 1 O 2 × 3 O 4 O 5 O 6 O 7 × 8 O

5. 근로소득

(1) 근로소득의 범위

- 근로의 제공으로 인하여 받는 봉급 등
- 각종수당
- 기밀비(판공비 포함)·교제비 등 업무를 위하여 사용되는 것이 분명하지 아니한 급여
- 종업원이 받는 공로금, 위로금, 학자금 등
- 여비의 명목으로 받는 월액의 급여
- 주택을 제공받음으로 얻는 이익 등

(2) 근로소득으로 보지 않는 소득

- 우리사주조합원의 우리사주 취득이익
- 단체순수보장성보험 등(연 70만원 이하의 보험료)
- 사업자가 종업원에게 지급하는 경조금 중 사회통념상 타당하다고 인정되는 금액
- 근로자가 지급받는 교육훈련비
- 종업원이 출·퇴근을 위하여 차량을 제공받는 경우의 운임

(3) 비과세 근로소득

① 실비변상적 성질의 급여

- 일직, 숙직료 또는 여비로서 실비변상정도의 금액
- 자가운전보조금(월 20만원 이내)
- 선원이 받는 승선수당, 경찰공무원이 받는 함정근무수당, 항공수당, 소방공무원이 받는 화재진화수당(월 20만원 이내)
- 초·중등교육법에 의한 교육기관의 교원이 받는 연구보조비(월 20만원 이내)
- 방송통신·신문사 등의 기자가 받는 취재수당(월 20만원 이내) 등

② 국외근로소득 중 비과세

국외 등에서 근로를 제공하고 받는 보수 중 월 100만원(외항선원, 원양어업선원 및 해외건설 근로자는 300만원) 이내의 금액

③ 생산직근로자가 받는 야간근로수당 등

- 공장 또는 광산에서 근로를 제공하는 생산 및 관련 종사자, 어업을 영위하는 자에게 고용되어 근로를 제공하는 자
- 직전년도 총급여액이 3,000만원 이하로서 월정액급여가 210만원 이하인 자
- 통상임금에 가산하여 받는 연장근로, 휴일근로, 야간근로수당일 것
- 광산근로자·일용근로자는 전액 인정
- 나머지 생산직근로자, 돌봄, 미용관련, 숙박시설 서비스근로자 : 연 240만원

④ 근로자가 받는 식사대(월 10만원 이하)

(4) 근로소득의 과세방법

① 일반근로소득자(종합과세)

매월분의 급여 또는 상여금 지급시 근로소득간이세액표에 의하여 소득세를 원천징수하고 다음연도 2월분 급여지급시 연말정산으로 과세

② 일용근로소득자(분리과세)

{일용급여액 - 근로소득공제(일15만원)} × 6% = 산출세액 - 근로소득세액공제(산출세액 × 55%) = 원천징수세액

(5) 근로소득의 수입시기

- 급여 : 근로를 제공한 날
- 인정상여 : 근로를 제공한 날
- 잉여금처분에 의한 상여 : 해당 법인의 잉여금처분결의일
- 임원퇴직소득 한도초과액 : 지급받거나 지급받기로 한 날

문제 5 다음에서 설명하는 내용이 맞으면 'O', 틀리면 '×' 하시오.

1. 거주자가 고용계약에 의하여 소득을 지급받는 경우 근로소득에 해당한다. ( )

2. 고용관계에 의하여 다수인에게 강연을 하고 강연료 1,000,000원을 받은 경우 근로소득으로 분류한다. ( )

3. 일용근로자의 근로소득공제는 하루당 100,000원이다. ( )

4. 출장여비 등의 실제 비용을 별도로 받는 직원에 대한 자가운전보조금 월 20만원은 비과세 근로소득이다. ( )

5. 공장직원에게 무상으로 지급되는 작업복과 작업화는 비과세 근로소득이다. ( )

6. 종업원이 출·퇴근을 위하여 차량을 제공받는 경우의 운임은 근로소득에 속한다. ( )

7. 근로자가 회사 구내식당에서 점심식사를 제공받으면서 지급받는 식대 10만원은 비과세이다. ( )

8. 근로자가 천재·지변, 기타 재해로 인하여 받는 급여는 비과세 대상이다. ( )

9. 회사에서 매월 지급 받는 자격수당 10만원은 근로소득에 해당하며 비과세 대상이다. ( )

10. 사업자가 종업원에게 지급하는 경조금 중 사회통념상 타당하다고 인정되는 금액인 20만원은 근로소득에 해당하지 않는다. ( )

11. 생산직 근로자가 연장근무를 하고 지급받는 연장근로수당은 연240만원을 한도로 비과세 대상이다. ( )

12. 광산근로자 및 일용근로자가 연장근무를 하고 지급받은 연장근로수당은 연 240만원을 한도로 비과세 대상이다. ( )

정답 1 O 2 O 3 × 4 × 5 O 6 × 7 × 8 O 9 × 10 O 11 O 12 ×

04-2 종합소득 과세표준 및 세액계산

1. 종합소득 과세표준

(1) 종합소득 과세표준의 계산구조

구분	비고
종합소득금액	총급여(연간급여액-비과세소득)
(-) 종합소득공제	
종합소득과세표준	
(×) 기본세율	6% ~ 45%
산출세액	
(-) 세액감면	• 소득세법, 조세특례제한법상 세액감면
(-) 세액공제	• 소득세법, 조세특례제한법상 세액공제
결정세액	
(+) 가산세	
총부담세액	
(-) 기납부세액	• 중간예납세액, 원천징수세액, 수시부과세액, 예정신고납부세액
자진납부세액	

(2) 종합소득세 신고와 납부

① 중간예납

- 사업소득이 있는 거주자
- 중간예납기간 : 1월 1일부터 6월 30일까지
- 중간예납 납부일 : 11월 30일(분납세액은 다음연도 1월말)까지
- 신규사업자 등은 중간예납 의무가 없음
- 고지납부가 원칙이며 소액부징수 30만원 미만인 경우 징수하지 않음

② 과세표준 확정신고

- 종합소득·퇴직소득·양도소득이 있는 거주자
- 해당 연도의 다음 연도 5월 1일부터 5월 31일까지 납세지 관할세무서장에게 신고

③ 과세표준 확정신고 의무가 없는 자

- 근로소득만 있는 거주자
- 퇴직소득만 있는 거주자
- 연말정산대상 사업소득만 있는 자(보험모집인, 방문판매원, 음료배달원)
- 연말정산대상 연금소득만 있는 자
- 위 근로·퇴직 또는 퇴직·연말사업소득 또는 퇴직·연말연금소득만 있는 자
- 분리과세 이자소득·분리과세 배당소득·분리과세 연금소득·분리과세 기타소득만 있는 자

④ 결손금과 이월결손금의 공제

- 사업소득(주거용 부동산임대업 포함)의 결손금은 ① 근로소득 ⇒ ② 연금소득 ⇒ ③ 기타소득 ⇒ ④ 이자소득 ⇒ ⑤ 배당소득 순으로 공제

※ 사업소득 중 부동산임대업에서 발생한 (이월)결손금은 타소득에서 공제할 수 없고, 추후 발생하는 부동산임대업의 소득금액에서만 공제가능하므로 무조건 다음 연도로 이월된다.

- 이월결손금은 ① 사업소득 ⇒ ② 근로소득 ⇒ ③ 연금소득 ⇒ ④ 기타소득 ⇒ ⑤ 이자소득 ⇒ ⑥ 배당소득 순으로 공제
- 이월결손금은 10년 이내 공제가능

문제 6 다음에서 설명하는 내용이 맞으면 'O', 틀리면 'x' 하시오.

1. 소득세의 중간예납은 사업소득자만 해당된다. ( )

2. 소득세 중간예납액 40만원미만은 소액부징수에 해당하여 고지되지 않는다. ( )

3. 근로소득과 퇴직소득만 있는 거주자는 종합소득과세표준 확정신고를 하지 않아도 된다. ( )

4. 방문판매원 김아무개씨는 연말정산한 사업소득 2,000만원이 있는 경우 소득세 확정신고를 반드시 해야한다. ( )

5. 이월결손금은 발생연도 종료일로부터 10년간 공제가능하다. ( )

6. 부동산임대업에서 발생한 결손금은 타소득에서 공제할 수 없고, 추후 발생하는 부동산임대업의 소득금액에서만 공제가 능하므로 무조건 다음 연도로 이월된다. ( )

정답 1O 2× 3O 4× 5O 6O

제 2 장

실기시험 유형별 분개하기

제 1 절

일반전표 분개하기

01-1 당좌자산

01 (주)석천기업으로부터 기계장치를 구입하기로 계약하고 계약금 6,000,000원을 당좌수표로 지급하였다.

02 신한은행으로부터 보통예금에 대한 이자 300,000원이 발생하였으며, 이자소득세 등 42,000원을 차감한 잔액 258,000원이 당사 보통예금 통장에 입금되었다.

03 법인 영업부서 차량에 대한 자동차세 200,000원과 제조부서에서 사용하는 트럭에 대한 자동차세 100,000원을 보통예금 계좌에서 납부하였다.

04 단기보유목적으로 (주)해품의 주식 2,000주(1주당 액면가액 5,000원)를 20,000,000원에 구입하면서 증권매입 수수료비용 100,000원을 포함하여 모두 현금으로 지급하였다.

05 단기매매를 목적으로 (주)서초의 주식을 1주당 20,000원에 100주를 매입하였다. 매입수수료는 매입가액의 1% 이며, 매입관련 대금은 모두 현금으로 지급하였다.

06 (주)국제자동차로부터 업무용 승용차를 구입하는 과정에서 관련법령에 따라 액면가액 650,000원의 공채를 현금으로 매입하였다. 단, 공채의 매입당시 공정가액은 550,000원으로 평가되며 단기매매증권으로 분류한다.

07 단기매매증권인 (주)강철전자의 주식 500주를 주당 13,000원에 매각하고, 매각수수료 250,000원을 제외한 매각대금을 국민은행 보통예금 통장으로 송금 받았다. (주)강철전자 주식에 대한 거래현황은 다음 자료 이외에는 없다고 가정하며, 단가의 산정은 이동평균법에 의한다.

취득일자	주식수	취득단가	취득가액
1월 7일	300주	13,200원	3,960,000원
1월 10일	400주	12,500원	5,000,000원

08 단기매매증권인 기흥전자(주)의 주식 300주를 주당 22,000원에 매각하고 매각대금은 현금으로 받았다. 기흥전자(주)의 주식은 모두 2월 10일에 주당 19,000원에 400주를 취득한 것으로서 취득 시에 수수료 등 제비용이 70,000원 지출되었다. 주식 매각 시 회계처리 하시오.

09 범계기업의 외상매출금 30,000,000원 중 10,000,000원은 현금으로 받고, 나머지는 범계기업 발행의 전자어음(만기 : 2021년 5월 16일)을 받았다.

10 전년도 12월분 전자제품 소매판매에 따른 신용카드 매출액(외상매출금) 1,000,000원 중 심한카드사 수수료 50,000원을 제외한 잔액 950,000원이 보통예금 통장으로 입금되었다.

11 (주)강남의 외상매입금 25,000,000원을 결제하기 위해 당사에서 제품매출로 받아 보관하고 있던 거래처 (주)화명 발행의 약속어음 20,000,000원을 배서양도하고, 나머지는 당사의 보통예금 계좌에서 인출하여 지급하였다.

12 당사는 운영자금조달을 위해 매출처인 한세상회로부터 매출대금으로 받은 약속어음 1,000,000원을 동화은행에서 할인하고 할인료 100,000원을 차감한 잔액을 현금으로 수령하였다. 단, 매각거래로 간주한다.

13 회사는 부족한 운영자금문제를 해결하기 위해 보유중인 만기일이 1개월 남은 ㈜강북상사의 받을어음 10,000,000원을 미래은행에 현금으로 매각하였다. 동 매출채권의 만기일은 2021년 2월 20일이며 매출채권 처분시 지급해야 할 은행수수료는 연 12%를 지급한다. 단, 할인금액은 월할계산하며, 매각거래로 간주한다.

14 매출처 그린실업(주)에 제품을 매출하고 수령한 그린실업(주) 발행 전자어음 12,000,000원을 국민은행에 추심의뢰 하였는데 금일 만기가 도래하였다. 이에 대하여 국민은행으로부터 추심수수료 70,000원을 차감한 잔액이 당사 당좌예금 계좌에 입금되었다는 통지를 받았다.

15 제품을 매출하고 인천상사로부터 수취한 어음 3,300,000원이 부도처리 되었다는 것을 주거래은행으로부터 통보받아 처리하였다. 부도와 관련된 비용 100,000원은 현금으로 지급하였다.

16 당사는 1월 10일에 매출처인 (주)사도로부터 외상대금 50,000,000원에 대하여 어음을 받아 소지하고 있었으나, (주)사도의 자금사정 악화로 1월 23일자로 금융기관으로부터 최종부도처리 되었음이 확인되었다.(대손세액공제 등 부가가치세는 고려하지 말 것)

17 회사는 매출처인 일흥기획의 제품매출에 대한 외상매출금 잔액 5,000,000원을 보통예금 통장으로 송금받았다. 동 대금잔액은 1월 18일에 발생한 외상대금 매출할인 조건부(2/10, n/15) 거래에 대한 것으로서 동 결제는 동 공급에 관한 최초의 결제이다.(단, 부가가치세는 고려하지 않는다.)

18 제품매출처인 국제통신의 외상매출금 10,000,000원 중 570,000원은 제품불량으로 에누리하여 주고 나머지는 보통예금 계좌로 송금받았다.

19 거래처인 (주)대박에 대한 외상매출금 현재 잔액 50,000,000원 중 30,000,000원은 대여금(9개월 만기)으로 전환하기로 하고 10,000,000원은 (주)대박의 당좌수표로 받았으며, 나머지는 당사가 발행한 당좌수표로 받았다.

20 강북상사에 대한 외상매출금 33,000,000원의 소멸시효가 완성되어 대손처리하였다. 기 설정되어 있는 대손충당금 잔액은 10,000,000원이며, 부가가치세는 고려하지 않기로 한다.

21 매출처 (주)대현전자의 부도로 외상매출금 잔액 16,500,000원(부가가치세 포함) 중 5,000,000원은 보통예금 계좌로 송금받고 나머지는 회수불가능하여 대손처리하였다. 단, 대손처리하기 전 장부상 대손충당금 잔액은 4,000,000원이 있고 부가가치세에 대하여 확정신고시 대손세액공제신청서를 작성할 예정이다.

22 당사는 (주)한국물류에게 대여한 단기대여금 10,000,000원을 회수불능채권으로 보아 전액 대손처리하였다. 장부상 대손충당금 잔액은 7,000,000원이 있다.

23 전년도에 대손이 확정되어 대손충당금과 상계 처리한 외상매출금 550,000원이 당사의 보통예금 계좌에 입금된 것을 확인하였다.(단, 부가가치세법상 대손세액은 고려하지 말 것)

24 전기이전에 부도처리된 (주)우리기업에 판매한 제품대금 중 8,800,000원이 보통예금 계좌로 입금되었다. 동 금액은 전기 5월 31일자로 대손처리한 외상매출금에 대한 회수액으로 전기의 확정신고시에 대손세액공제를 받은 바 있다.

25 당사는 전기에 삼흥상사에게 대여한 단기대여금 5,000,000원을 회수불능채권으로 보아 전기말 결산시 대손 처리하였으나, 금일 삼흥상사로부터 전액을 현금으로 회수하였다.

26 (주)성완의 파산으로 인해 회수할 수 없는 채권으로서, 전기에 대손충당금과 상계하였던 받을어음 50,000,000원 중 20,000,000원이 국민은행 보통예금 계좌에 입금되었다.(대손변제세액은 고려하지 말 것)

27 기업은행에 예입한 정기예금이 금일로 만기가 되어 다음과 같이 만기해약하고 해약금액은 모두 당좌예금 계좌에 입금하였다.(단, 회사는 전년도 미수수익으로 계상하지 않았으며, 원천징수액은 자산으로 처리한다.)

- 정기예금 : 50,000,000원
- 이자수익 : 4,000,000원
- 법인세 원천징수액 : 616,000원
- 차감지급액 : 53,384,000원

28 (주)경일상사에 원재료를 구입하기로 하고 계약금 5,000,000원을 전자어음(만기일 2021년 6월 30일)으로 발행하여 지급하였다.

29 유전기업에서 원재료 4,000,000원을 구입하면서 계약금으로 지급한 400,000원을 차감한 잔액을 보통예금 계좌에서 이체하여 지급하였다.

30 공장건물의 화재와 도난에 대비하기 위하여 화재손해보험에 가입하고 1년분 보험료 1,200,000원을 회사 사업용카드(삼성카드)로 결제하였다.(단, 보험료는 자산처리하다)

31 선지급한 생산직 한정원 사원에 대한 출장비 500,000원에 대하여 다음과 같이 출장비 명세서를 받아 오늘날짜로 정리하였다. 초과된 출장비는 보통예금 통장에서 인출하여 현금으로 지급하였다.

- 교통비 : 160,000원
- 식 대 : 120,000원
- 숙박비 : 210,000원
- 거래처 직원과의 식대 : 70,000원

01-2 재고자산

32 일본 소니사로부터 원재료를 수입하고, 당해 원재료 수입과 관련하여 발생한 다음의 경비를 현금으로 지급하다.

품 목	금 액	비 고
관세	500,000원	납부영수증을 교부받다.
운반비용	48,000원	간이영수증을 교부받다.

33 매입처 동국상사(주)로부터 매입하였던 원재료에 대한 외상매입대금 8,200,000원 중 품질불량으로 인하여 에누리 받은 700,000원을 제외한 잔액을 당좌수표로 발행하여 지급하였다. 단, 부가가치세는 고려하지 아니한다.

34 제품 1개(원가 300,000원, 시가 500,000원)를 매출거래처에 견본품으로 무상 제공하였다.(견본비 계정으로 처리할 것)

35 원재료로 사용하기 위해 구입한 부품(취득원가 : 700,000원)을 생산공장의 기계장치를 수리하는데 사용하였다. 수리와 관련된 비용은 수익적 지출로 처리하시오.

36 상품으로 구입한 것(원가 2,000,000원, 시가 3,000,000원)을 공장종업원의 업무에 사용하였다.

37 미국 SFD상사에 원재료 물품대금 20,000,000원을 외화예금 계좌에서 이체하여 결제하였으며, 해당 물품은 선적지 인도조건으로 운송중에 있다.

01-3 비유동자산

38 당좌거래개설보증금 5,700,000원을 현금으로 예치하여 우리은행 당좌거래를 개설하였다.

39 장기금융상품으로 처리되어 있던 외환은행 정기적금이 금일 만기가 도래하여 원금 5,000,000원과 이자 1,000,000원 중 원천징수세액 140,000원을 제외한 잔액은 보통예금 계좌에서 대체되었다. 단, 원천징수세액은 자산계정으로 처리한다.

40 시장성이 없는 (주)아현전자 주식을 장기투자목적으로 1,000주(액면가액 1주당 @₩10,000)를 12,000원에 매입하고 증권거래수수료 200,000원을 포함하여 보통예금 계좌에서 이체하였다.

41 업무용승용차를 구입하기 위하여 액면금액 1,000,000원의 10년 만기 무이자부 공채를 액면금액으로 현금으로 매입하였다. 당 회사는 해당 공채를 만기까지 보유할 예정이며, 보유할 수 있는 의도와 능력이 충분하다. 구입당시의 만기보유증권의 공정가액은 600,000원이다.

42 (주)한국건설로부터 투자목적으로 건물을 100,000,000원에 구입하고, 미리 지급한 계약금 10,000,000원을 제외한 나머지는 어음을 발행하여 교부하였다. 또한 당일 취득세 등 5,000,000원은 현금으로 납부하였다.

43 혜리상사에게 투자목적으로 구입한 토지(장부가액 200,000,000원)를 250,000,000원에 매각하면서 대금은 전자어음 120일 상환조건으로 수령하였다.

44 장기투자목적으로 구입한 (주)동주식품의 주식(시장성 있음) 300주를 1주당 20,000원에 처분하고 대금은 보통예금 계좌에 입금되었다. 주식처분에 따른 증권거래세 30,000원과 거래수수료 12,000원은 현금으로 지급하였다.

※ (주)동주식품 주식의 취득 및 변동내역
2020. 10. 20. 500주 취득 (주당 18,000원 소요)
2020. 12. 31. 시가 : 1주당 22,000원

45 4월 22일 사용중인 공장건물을 새로 신축하기 위하여 기존건물을 철거하였다. 철거당시의 기존 건물의 취득가액 및 감가상각누계액의 자료는 다음과 같다.

1. 건물의 취득가액 : 100,000,000원
2. 철거당시 감가상각누계액 : 80,000,000원(철거시점까지 상각완료 가정)
3. 건물철거비용 : 3,000,000원(간이과세자로부터 영수증 수취함, 가산세는 고려하지 말 것)을 현금지급함

46 대표이사로부터 시가 100,000,000원(대표이사 취득가액 : 50,000,000원)의 건물을 증여받았다. 당일 취득세 등으로 3,500,000원을 현금으로 지출하였다.

47 비사업자인 윤서정로부터 토지와 건물을 70,000,000원에 일괄 취득함과 동시에 당좌수표를 발행하여 전액 지급하였다. 토지와 건물의 공정가치는 아래와 같다.

• 토지의 공정가치 : 60,000,000원 • 건물의 공정가치 : 40,000,000원

48 사옥 신축을 위한 신한은행 차입금의 이자비용 3,000,000원을 우리은행 보통예금 계좌에서 이체하였으며, 이자비용은 자본화하기로 하였다. 착공일은 당해연도 11월 1일, 완공일은 2023년 9월 30일이다.

49 제조설비를 취득하는 조건으로 상환의무가 없는 정부보조금 30,000,000원을 보통예금 계좌로 수령하였다.

50 당사는 사옥으로 사용할 목적으로 (주)남방건설로부터 건물과 토지를 300,000,000원에 일괄 취득하였고, 대금은 전자어음(만기 : 2021.12.5.)을 발행하여 지급하였다. 건물과 토지 매입과 관련된 자료는 다음과 같다.

1. 취득당시 건물의 공정가액은 160,000,000원, 토지의 공정가액은 80,000,000원
2. 건물과 토지의 취득원가는 상대적 시장가치에 따라 안분한다.
3. 당일 건물의 취득세 등 5,000,000원과 토지의 취득세 등 2,000,000원은 별도로 현금으로 지급하였다.
4. 부가가치세는 고려하지 않기로 한다.

51 회사는 공장 벽면이 노후되어 새로이 도색작업을 하고 이에 대한 비용 1,000,000원을 (주)금강에 500,000원은 현금으로 결제하고 잔액은 회사 법인카드(신한카드)로 결제하였다.

52 보유중인 사업용 토지 일부분을 (주)부천전자산업에 40,000,000원(장부가액 23,000,000원)에 매각하고 대금은 (주)부천전자산업의 전기이월 외상매입금 15,000,000원과 상계처리하고 잔액은 보통예금 계좌에 입금하였다.

53 전년도말로 내용연수가 경과하여 운행이 불가능한 승용차(취득가액 9,000,000원, 감가상각누계액 8,499,000원)를 폐차대행업체를 통해 폐차시키고, 당해 폐차대행업체로부터 고철비 명목으로 10,000원을 현금으로 받았다. 단, 부가가치세는 고려하지 않는다.

54 당사는 1기 예정 부가가치세 신고기간에 (주)삼호자동차로부터 매입한 비영업용 소형승용차와 관련한 매입세액을 신고·납부시 매출세액에서 공제하여 신고·납부하였는 바, 관할세무서에서는 7월 1일자로 이를 경정하여 세액 1,200,000원(매입세액 1,000,000원, 가산세 200,000원)을 고지하였다. 당사는 고지된 세금을 금일 현금으로 납부하였다. 단, 가산세부분은 특별손실 계정 중 잡손실 계정으로 처리하시오.

55 제품을 보관하기 위한 창고용 건물(취득가액 : 10,000,000원, 감가상각누계액 : 3,000,000원)이 금일 화재로 완전히 소실되었다. 다행히 창고에 보관하던 제품은 없었으며, 손해보험에 가입하지 않았다. 단, 회계처리시 당기초부터 금일까지의 감가상각비는 고려하지 않는다.

56 신제품을 개발하고 특허권을 취득하기 위한 수수료 500,000원을 현금으로 지급하였고 무형자산으로 처리하였다.

57 전자제품 수리부서의 사무용기기 임차에 따른 보증금 5,000,000원과 1개월분 사용료 500,000원을 (주)제룩스에 당좌수표로 지급하였다.

58 미지급금으로 계상되어 있던 원재료 창고 임차료 3,000,000원을 임대인(낭만부동산)과 합의하에 보증금과 상계 처리하였다.

02-1 부채

59 당사는 전기말 매입처 (주)이레상사에 대한 외상매입금 30,000,000원 중 25,000,000원을 금일 보통예금 계좌에서 이체하여 상환하였고, 나머지는 (주)이레상사의 배려로 탕감받았다. 단, 이와 관련한 이자부분은 고려하지 않기로 한다.

60 구미산업에서 매입한 원재료 일부에서 불량품이 발견되어 외상대금 잔액 5,000,000원 중 1,200,000원을 반품하고 3,000,000원은 1개월 만기 전자어음을 발행하고 나머지는 보통예금 계좌에서 인출하여 결제하였다.

61 9월 5일 수령한 가수금 923,000원은 우리전자에 제품을 매출하기로 하고 받은 계약금 500,000원과 2년 상환조건으로 대여한 이자 중 원천징수세액 77,000원을 제외하고 회수한 것으로 확인되었다.

62 당사는 제품을 교환할 수 있는 상품권(1장당 10,000원) 300장을 시중에 판매하고 현금 3,000,000원을 획득하였다. 단, 본 거래에 대해서만 거래처 입력은 생략할 것.

63 개인 고혜림으로부터 차입한 운영자금에 대한 당월 이자비용 2,000,000원이 발생하여 원천징수세액 308,000원을 차감한 금액을 보통예금 계좌에서 현금으로 인출하여 지급하였다.

64 본사 영업부의 사회보험 및 근로소득세 납부내역은 다음 표와 같다. 회사는 보통예금 계좌에서 자동납부하였다. 단, 고용보험 및 산재보험은 보험료 계정을 사용한다.

구 분	근로소득세	지방소득세	국민연금	건강보험	장기요양보험	고용보험	산재보험	계
회사부담분	-	-	50,000원	30,000원	2,000원	850원	1,200원	84,050원
본인부담분	100,000원	10,000원	50,000원	30,000원	2,000원	550원	-	192,550원
계	100,000원	10,000원	100,000원	60,000원	4,000원	1,400원	1,200원	276,600원

65 직원에 대한 건강보험료 1,720,000원을 현금으로 납부하였다. 건강보험료 중 종업원부담분은 전월 급여지급 시에 공장직원 520,000원과 본사직원 340,000원을 예수해 두었으며 회사부담분은 비용처리하기로 하였다.

66 제조공장 운영에 필요한 자금을 위하여 시민은행으로부터 유동성장기부채로 분류하였던 차입금 100,000,000원을 새로이 3년간 차입하기로 하고 차입에 필요한 수수료 120,000원과 인지대 50,000원은 현금으로 지급하였다.

67 제2기 부가가치세 예정신고분에 대한 부가가치세 예수금 37,000,000원과 부가가치세 대급금 25,000,000원을 상계처리하고 잔액을 10월 25일 납부할 예정이다. 9월 30일 기준으로 적절한 회계처리를 하시오.

68 미지급세금으로 회계처리 되어 있는 1기 예정신고분의 부가가치세 3,000,000원과 신용카드 수수료 30,000원을 포함하여 4월 25일 국민카드로 납부하였다.

69 당사는 회사채(액면가액 1억원, 만기 2년, 액면이자율 10%)를 97,500,000원에 발행하고 대금은 보통예금 계좌로 이체받았다. 사채발행 관련 법무사 수수료 및 비용 1,000,000원이 현금으로 지급되었다.

70 회사는 사채(액면가액 50,000,000원, 만기 3년)를 현재가치로 발행하였다. 사채의 현재가치는 54,200,000원이며 사채발행 대금은 보통예금 계좌로 입금 받았다.

71 (주)인성의 임대료를 받지 못해 미수금 계정으로 처리한 금액 4,950,000원을 임대보증금과 상계처리하였다. 단, (주)인성의 임대보증금 계정 잔액은 20,000,000원이다.

72 공상은행으로부터 2020년에 차입한 외화장기차입금 $200,000을 이자비용 $6,000과 함께 국민은행 보통예금 계좌에서 4월 20일 상환하였다.

- 2020년 12월 31일 기준환율 : ₩1,070/$
- 2021년 4월 20일 기준환율 : ₩1,100/$

73 당사는 제품 판매 후 3년 이내에 발생하는 하자에 대해서는 무상으로 수리하여 주고 있다. 전기말에 장기제품보증부채로 계상한 금액은 50,000,000원이고, 당일 제품의 하자보증에 따른 비용으로 7,000,000원이 당좌수표로 지출되었다.

03-1 자본

74 기계장치를 추가로 설치하기 위하여 보통주 5,000주를 주당 15,000원(주당 액면가 10,000원)에 발행하여 보통예금 통장으로 75,000,000원을 입금받았다.

75 주주총회에서 결의된 바에 따라 유상증자를 위해 신주 10,000주(액면가액 5,000원, 발행가액 5,000원)를 발행하여 주식대금을 당사의 보통예금 계좌로 납입받았으며, 이번 주식발행과 관련하여 발생한 총비용 3,000,000원은 모두 당좌수표로 지급하였다. 당사의 주식발행초과금 계정의 잔액은 1,000,000원이 존재한다.

76 3월 2일 주주총회시 결의하였던 대로 현금배당 7,000,000원과 주식배당 4,200,000원에 대한 배당을 당일 실시하였다. 현금배당에 대한 원천징수세액 1,078,000원을 제외한 금액은 당좌수표 발행하여 지급하였다.

77 9월 4일에 열린 주주총회에서 결의했던 중간배당금 15,000,000원을 당일 보통예금 계좌에서 현금으로 인출하여 지급하였다. 단, 원천징수는 없는 것으로 가정한다.

78 전달에 취득한 자기주식 3,000,000원을 5,000,000원에 소액주주인 (주)서해상사에게 처분하고 대금은 전액 (주)서해상사 발행 약속어음으로 수취하였다.

79 회사가 보유중인 자기주식을 15,000,000원에 처분하고 매각대금은 보통예금 계좌로 입금받았다. 처분시점의 장부가액은 13,250,000원, 자기주식처분손실 계정의 잔액은 1,500,000원이 있다.

80 자본감소(주식소각)를 위해 당사의 기발행 주식 중 10,000주(액면가 @5,000원)를 1주당 4,000원으로 매입하여 소각하고, 매입대금은 당사 보통예금 계좌에서 자기앞수표로 인출하여 지급하였다.

81 사업축소를 위하여 당사의 주식 2,000주(액면 @5,000원)를 1주당 6,000원에 매입 후 즉시 소각하고 대금은 현금으로 지급하였다. 단, 감자차익 계정의 잔액을 확인한 결과 1,000,000원이 있다.

04-1 비용(판매비와 관리비 또는 제조원가)

82 5월분 급여를 당사의 보통예금 계좌에서 이체하였다.

부서	급여총액	근로소득세 등 공제액 합계	차인지급액
생산부	1,800,000원	158,840원	1,641,160원
영업부	1,420,000원	117,400원	1,302,600원

83 제조부에서 근무하는 일용직 종업원 우상일씨에 대한 급여 570,000원을 현금으로 지급하고 급여지급 영수증을 발행하였다.(단, 세금 및 사회보험료는 고려하지 않음)

84 본사 영업부서에 근무하는 직원인 김정숙씨의 급여명세서를 아래와 같이 확정하고 12월15일에 가불한 1,000,000원과 소득세 등을 공제한 금액은 보통예금 계좌에서 이체하여 지급하였다. 가불시 '주·임·종 단기채권' 계정으로 회계처리하였다.

성명	급여	상여금	국민연금 등 본인부담액	소득세 (지방소득세 포함)	가불금	차감지급액
김정숙	2,000,000원	2,000,000원	170,000원	120,000원	1,000,000원	2,710,000원

85 영업부서 직원 이평세가 퇴직하여 퇴직금 14,500,000원에서 원천징수세액 1,350,000원을 차감한 후 보통예금 계좌에서 이체하였다.(단, 퇴직연금에는 가입되어 있지 않으며, 퇴직급여충당부채 계정의 잔액은 11,000,000원이 조회되다.)

86 영업부 임직원의 안정적인 퇴직금 지급을 위해 제일금융에 확정급여형(DB) 퇴직연금에 가입하고, 9,500,000원을 당사 보통예금 계좌에서 이체하였다. 이 금액 중 100,000원은 운용에 따른 수수료비용이다.

87 퇴직연금 자산에 이자 300,000원이 입금되다. 당사는 전임직원의 퇴직금 지급 보장을 위하여 (주)미래설계증권에 확정급여형(DB) 퇴직연금에 가입되어 있다.

88 회사는 근로자퇴직급여보장법에 의하여 직원등과 협의하여 확정기여형 퇴직연금에 가입하고 50,000,000원(생산부서 직원분 30,000,000원 포함)을 보통예금 계좌에서 이체 하였다.

89 전 직원(관리직 30명, 생산직 70명)에 대한 독감예방접종을 세명병원에서 실시하고, 접종비용 5,000,000원을 사업용카드인 국민카드로 결제하였다.

90 본사 영업팀에서 사용한 수도요금 120,000원과 공장의 수도요금 100,000원, 전기요금 2,500,000원을 회사 법인카드인 수원카드로 은행에 납부하였다.

91 당사의 대표이사 변경등기와 관련하여 등록세 100,000원과 상업등기소까지의 직원 출장여비 10,000을 현금으로 지급하다.

92 판매장과 원재료 보관창고의 화재와 도난에 대비하기 위하여 화재손해보험에 가입하고 1년분 판매매장의 보험료 480,000원과 원재료 보관창고 보험료 600,000원을 보통예금 계좌로 이체지급 하였다. 모두 비용으로 처리하시오.

93 생산부서에 종사하는 종업원들의 생산능력 향상을 위해 외부전문강사를 초빙하여 교육을 실시하고, 당해 강사에게 강연료 중 기타소득 원천징수세액(지방소득세 포함) 26,400원을 제외한 573,600원을 현금으로 지급하다.

94 전달 20일(선적일) 홍콩 지맨스사에 외상으로 수출한 제품의 수출대금 $120,000을 금일 달러화로 송금 받은 후, 즉시 원화로 환전하여 보통예금 계좌에 입금하였다.(전월 20일 적용환율 : 1,300원/$, 금일 적용환율 : 1,320원/$)

95 전기말에 일본 파나소닉사에 무이자부로 단기 대여해준 ¥1,000,000을 금일 회수하여 바로 환전하여 보통예금 계좌로 입금하였다.

• 단기대여금 : ¥1,000,000 • 대여시 환율 : 1,000원/100¥ • 회수시 환율 : 900원/100¥

96 회사는 보유중인 다음의 유가증권(보통주 10,000주, 액면가액 주당 500원, 장부가액 주당 1,000원)에 대하여 현금배당액(1주당 80원)과 주식배당액을 당일 수령하였다.

구 분	수 령 액	공정가치(1주당)	발행가액(1주당)
현금배당	현금 800,000원		
주식배당	보통주 1,000주	900원	600원

97 당사는 2020년 8월 9일에 독일에 소재한 코펜하겐사로부터 원재료 $10,000을 구매하면서 이를 외상매입금으로 처리하였고, 금일 동 외상매입금 전액을 현금으로 상환하였다. 단, 전기말 외화자산부채와 관련해서는 적절하게 평가하였다.

일 자	환 율
2020. 08. 09	1,000원/1$
2020. 12. 31	900원/1$
2021. 05. 27	950원/1$

98 본사 건물에 대한 감가상각비가 전년도에 25,000,000원만큼 과대계상된 오류를 발견하였다. 본 사항은 중대한 오류로 판단된다.

99 본사 건물에 대해 전년도에 납부한 전기료 중 과오납부한 금액인 200,000원이 당사 보통예금 계좌로 입금되어 오류를 수정하였다.단, 중대한 오류가 아니다.

100 전년도에 (주)금산이 파산하여 외상매출금 6,000,000원이 회수불가능한 것을 뒤늦게 올해 확인하였다. 그 금액이 중요하지 않아 전기분 재무제표는 수정하지 않고 당기 손익에 반영한다.

제 2 절

매입매출전표 분개하기

거래유형은
[매출] 11.과세, 12.영세, 13.면세, 14.건별, 16.수출, 17.카과, 22.현과
[매입] 51.과세, 52.영세, 53.면세, 54.불공, 55.수입, 57.카과, 58.카면, 61.현과, 62.현면

분개유형은
1.현금, 2.외상, 3.혼합, 4.카드 중 선택한다.

01-1 과세매출

01 (주)거붕에 제품 12,000,000원(부가가치세 별도)을 공급하고 전자세금계산서를 발급하였다. 대금 중 6,000,000원은 (주)영천이 발행한 2개월 만기 약속어음으로 배서양도받고, 5,000,000원은 자기앞수표로 회수하고, 잔액은 당사의 보통예금 계좌로 송금받았다.

02 한국상사에 제품을 5,000,000원(부가가치세 별도)에 판매하고 전자세금계산서를 교부하였다. 대금은 당사가 백두상사에게 지급할 외상매입금 2,000,000원을 직접 한국상사가 지급하기로 하였으며, 나머지는 보통예금 계좌로 입금되었다.

03 당사는 일성실업과 다음의 두가지 거래를 하고 3월 31일에 월합계세금계산서를 작성하여 교부하였다. 복수거래로 매입매출전표를 입력하고 회계처리는 공급일이 아닌 세금계산서 작성일에 두 거래를 하나의 전표로 처리하시오.

- 3월 10일 : 제품(1,000개, 단가 10,000원)을 외상으로 판매하였다.
- 3월 20일 : 제품(500개, 단가 10,000원)을 판매하고 대금은 어음으로 수취하였다.

04 엑스코(주)에 공급했던 제품A 중 8,000,000원(부가가치세 별도)이 품질에 문제가 있어 반품되었으며, 수정전자세금계산서를 발급하였다. 대금은 외상매출금 계정과 상계하여 처리하기로 하였다.

05 본사에서 사용하던 건물을 (주)신방에 44,000,000원(부가가치세 포함)에 매각하고, 전자세금계산서를 발급하였다. 대금은 (주)나이스에 대한 원재료 외상매입액 30,000,000원을 (주)신방에서 대신 변제하기로하고, 나머지 잔액은 보통예금 계좌로 입금받았다. 해당 건물 취득원가는 100,000,000원이며 처분시까지 감가상각누계액은 40,000,000원이다.

01-2 영세매출

06 수출업체인 ㈜혜민무역에 구매확인서를 통해 제품 300개(단위당 가격 @10,000원)를 공급하고 영세율 전자세금계산서를 발급하였으며, 대금은 전액 외상으로 하였다.

07 창고에 있는 제품 중 일부를 (주)영우상사와 다음과 같은 수출품 납품계약에 의해 납품하고 Local L/C(내국신용장)를 근거로 영세율전자세금계산서를 교부하였다. 대금은 9월 1일에 갑을은행 보통예금 계좌로 입금된 계약금을 상계한 잔액을 동 계좌로 송금받았다.

계 약 내 용		
계 약 일 자	2021년 09월 01일	
총계약 금액	20,000,000원	
계 약 금	2021. 09. 01	2,000,000원
납품기일 및 금액	2021. 09. 05	18,000,000원

01-3 면세매출

08 (주)중소상사에 면세가 적용되는 제품 1,400개(개당 12,500원)를 17,500,000원에 납품하고, 전자계산서를 발급하였다. 대금 중 2,000,000원은 동사 발행 당좌수표로 받고, 잔액은 1개월 후에 받기로 하였다.

09 (주)광주유통에 면세제품 100개(@407,000원)를 40,700,000원에 매출하고 전자계산서를 교부하였으며, 대금은 외상으로 처리하였다.

01-4 건별매출

10 비사업자인 최미리씨에게 제품을 550,000원(부가가치세 포함)에 공급하고, 대금은 현금으로 받고 거래명세서를 발급해 주었다.

11 소비자인 정하나씨에게 제품을 330,000원(공급대가)에 현금판매하고 거래명세서를 발급해 주었다. 거래명세서 이외의 어떠한 법정증빙서류도 발급하지 않았다.

01-5 수출

12 미국 ABC사에 제품 1,000개(@$200)를 직수출하고, 대금은 3개월 후에 받기로 하였다. 단, 선적일 기준환율은 $1당 1,100원, 대고객매입율은 $1당 1,200원이었다.

13 일본의 니폰사에 다음과 같은 조건으로 제품을 직수출하는 계약을 체결하고 다음과 같이 제품을 선적 완료하였다. 대금 ¥2,000,000은 전액 잔금지급 약정일인 3월 30일에 수취하기로 하였다.

수출대금총액	¥2,000,000
계약일	2021년 02월 27일
수출품완성일	2021년 03월 07일
수출품선적일	2021년 03월 14일

환율(100엔당)	2021년 02월 27일	2021년 03월 07일	2021년 03월 14일
대고객외환매도율	730원	720원	750원
대고객외환매입율	760원	740원	790원
재정환율	700원	690원	720원

01-6 카드과세

14 한성공업에 제품을 판매하고 신용카드(비씨카드)로 결제를 받았다. 신용카드 매출전표는 다음과 같다.

- 가맹점 : (주)미래테크노
- 신용카드사 : 비씨카드사
- 카드매출총액(부가가치세포함) : 2,200,000원

15 개인 소비자 유재석에게 제품 3,300,000원(부가가치세 포함)을 판매하였고, 대금은 신용카드(국민카드)로 결제하였다.

01-7 현금과세

16 비사업자 배수만씨에게 제품 1,100,000원(부가가치세 포함)을 현금으로 판매하고 현금영수증을 발급하였다.

17 개인 소비자 김한수씨에게 전자제품 5,500,000원(부가가치세 포함)을 현금판매하고 현금영수증(소비자 소득공제용)을 발급하였다.

02-1 과세매입

18 (주)광해로부터 원재료 8,500,000원(부가가치세 별도)을 매입하고 전자세금계산서를 수취하였다. 대금은 12월 3일에 지급한 계약금 1,500,000원으로 대체하고, 잔액은 외상으로 하였다.

19 원재료 구입하면서 운반대가로 (주)앤씨티국제운송에게 3,300,000원(부가가치세 포함)을 어음으로 발행하여 지급하고 전자세금계산서를 수취하였다.

20 전년도에 (주)일성에서 매입한 상품에 하자가 있어 반품하고 전자수정세금계산서(공급가액 3,000,000원, 부가가치세 300,000원, 부[負]의 세금계산서)를 교부받았다. 대금은 외상매입금과 상계처리하였다.

21 (주)나이스로부터 건물을 50,000,000원(부가가치세 별도)에 구입하고, 전자세금계산서를 수취하였다. 회사는 자금사정이 어려워 대금지급 대신 보유중인 자기주식 8,000주(1주당 취득가액 5,000원) 전부를 지급하였고, 부가가치세는 보통예금 계좌에서 인출하여 지급하였다.

22 (주)탐진테크에 임가공계약체결을 하고 제작을 의뢰하였던 제품을 납품받고, 임가공외주용역에 대한 전자세금계산서를 수취하였다. 임가공비 20,000,000원(부가가치세 별도)은 전액 보통예금 계좌에서 이체하여 결제하였다.

23 영업부에서 사용할 승용차(배기량 998cc, 개별소비세 과세대상 아님)를 (주)희망자동차에서 구입하고 전자세금계산서를 수취하였다. 차량구매대금 15,400,000원(부가가치세 포함)을 보통예금 계좌에서 이체하였다.

24 당사는 (주)스타가 보유하고 있는 상표권을 10,000,000원(부가가치세 별도)에 취득하고 전자세금계산서를 수취하였으며, 상표권 취득에 대한 대가로 당사의 주식을 1,500주 발행하여 교부하였다. 당사의 주식에 대한 정보는 아래와 같다.

• 주식의 액면가액 : 주당 5,000원	• 주식의 시가 : 주당 10,000원

02-2 영세매입

25 전진기업으로부터 내국신용장(Local L/C)에 의하여 원재료 30,000,000원을 공급받고 영세율 전자세금계산서를 발급 받았으며, 대금 중 50%는 어음으로 지급하고 나머지 금액은 보통예금 계좌에서 이체하였다.

26 구매확인서에 의해 수출용제품에 대한 원재료(공급가액 22,000,000원)를 (주)전남기업으로부터 매입하고 영세율전자세금계산서를 발급받았다. 매입대금 중 10,000,000원은 (주)경남기업으로부터 받아 보관 중인 약속어음을 배서양도하고, 나머지 금액은 2개월 만기의 당사 발행 약속어음으로 지급하였다.

02-3 면세매입

27 영업직 직원들이 능률본부로부터 교육훈련특강을 받고, 수강료 2,000,000원에 대한 수기분 계산서를 수취하였다. 수강료는 선급금으로 회계처리 되어 있던 계약금 200,000원을 제외한 나머지 1,800,000원을 현금으로 지급하였다.

28 영업부 건물을 신축하기 위하여 ㈜땅나라로부터 토지를 580,000,000원에 매입하고 전자계산서를 발급받았다. 대금 중 300,000,000원은 당좌수표를 발행하여 지급하고, 나머지는 약속어음(만기 3개월)을 발행하여 지급하였다.

02-4 불공

29 영업부는 매출거래처 허과장의 아들 돌잔치 선물로 만물백화점에서 유아용품을 100,000원(부가가치세 별도)에 현금으로 구입하고 전자세금계산서를 발급 받았다.

30 대표이사 박대기의 가정집에서 사용하려고 냉장고 1대(5,500,000원, 부가가치세 포함)를 (주)전자월드로부터 구입하고, 당사 명의로 전자세금계산서를 발급받았다. 대금은 당좌수표를 발행하여 지급하였다.(가지급금계정을 사용할 것)

31 영업용으로 사용하는 법인소유 승용차(3,000cc)에 대한 부품을 아주카센타에서 교환하고, 부품교환비 880,000원(부가가치세 포함)은 전자세금계산서를 발급받고 전액 법인카드인 BC카드로 결제하였다.

32 영업부 직원의 업무에 사용하기 위하여 써치라인에서 취득가액 10,000,000원(부가가치세 별도)인 개별소비세 과세대상 자동차(1,500CC)를 10개월 할부로 구입하고 전자세금계산서를 발급받았다.

02-5 수입

33 대만에서 원재료인 메인보드를 수입하면서 이와 관련한 전자수입세금계산서 공급가액 95,000,000원(부가가치세 별도)을 인천세관장으로부터 교부받고, 부가가치세를 당좌예금 계좌에서 납부하였다.(부가가치세에 대한 회계처리만 할 것)

34 미국의 거래처로부터 원재료를 수입하면서 평택세관으로부터 전자수입세금계산서(공급가액 8,000,000원)를 발급받고 부가가치세 800,000원을 현금으로 납부하였다.

02-6 카드과세

35 (주)경일컴퓨터로부터 업무용 컴퓨터 1대를 4,400,000원(부가가치세 포함)에 구입하고 법인카드인 비씨카드로 결제하였다.(신용카드 매입세액공제요건을 모두 충족함)

36 공장에서 사용하는 화물용 차량인 포터의 접촉 사고로 (주)싸다정비소에서 수리하고, 2,200,000원(부가가치세 포함)을 법인카드(삼성카드)로 결제하였다.

02-7 카드면세

37 원재료 매입처인 (주)필테크의 창립기념일을 맞아 꽃동산화원에서 화환(50,000원)을 구입하여 증정하고 대금은 비씨카드로 결제하였다.

38 부가가치세 과세제품에 사용되는 쌀라면의 원재료인 쌀을 새나라유통에서 2,000,000원에 구입하고 국민카드로 결제하였다. 단, 외상매입금 계정으로 처리하시오.

02-8 현금과세

39 삼현상사로부터 생산부서의 원재료로 사용할 자재를 36,300,000원(부가가치세 포함)에 구입하였다. 대금은 현금으로 지급하였고, 관련증빙으로 현금영수증(지출증빙용)을 수령하였다.

40 생산부서 직원용으로 사용하기 위하여 호반상사에서 생수를 500,000원(부가가치세 별도)에 구입하였다. 대금은 현금으로 결제하였으며 현금영수증(지출증빙용)을 교부받다.

제 3 절

결산정리사항 분개하기

01-1 자동결산 분개하기

01 기말재고액

01 결산일 현재 재고자산의 기말재고액은 다음과 같다.

> • 원재료 : 1,500,000원 • 재공품 : 5,500,000원 • 제품 : 15,000,000원

02 대손충당금

02 당사는 기말 매출채권 잔액의 1%를 대손추산액으로 반영하고 있다. 보충법에 의하여 대손충당금을 설정하시오.(합계잔액시산표상 외상매출금 잔액 : 245,830,000원, 대손충당금(외상) 잔액 : 750,000원, 받을어음 잔액 : 45,000,000원, 대손충당금(받을어음) 400,000원)

03 매출채권 및 기타채권에 대하여 다음 금액을 대손충당금으로 추가 설정하시오. 회사는 미수금에 대한 대손상각비는 영업외비용으로 처리하고 있다.

> • 외상매출금 : 5,500,000원 • 받을어음 : 400,000원 • 미수금 : 50,000원

03 감가상각비

04 결산일 현재 당기의 감가상각비를 다음과 같이 계상하기로 하였다.

> • 본사 영업용 차량 : 3,300,000원 • 생산공장 기계장치 : 4,500,000원

05 결산일 현재 무형자산인 소프트웨어의 전기말 상각후 미상각잔액은 24,000,000원이다. 내용연수는 5년이며, 2020년 1월에 구입하였다. 2021년도말 무형자산을 상각하시오.

04 퇴직급여

06 당사는 일반기업회계기준에 의하여 퇴직급여충당부채를 설정하고 있으며, 관련자료는 다음과 같다.

구분	기초 금액	기중 감소(사용)금액	기말금액(퇴직금 추계액)
생산부	25,000,000원	5,000,000원	28,000,000원
영업부	14,000,000원	4,000,000원	17,000,000원

05 법인세등

07 당해연도 법인세등은 35,000,000원이며, 중간예납세액 12,000,000원과 이자소득에 대한 원천징수세액 850,000원은 선납세금으로 계상되어 있다.

01-2 수동결산 분개하기

01 선급비용

08 일시적으로 제품 판매용 매장을 임차(임차기간 : 2021.11.1.~2022.1.31.)하고 11월 1일에 3개월분 임차료 3,000,000원을 전액 비용으로 회계처리하였다.(월할계산할 것)

09 9월 1일에 드림보험에 지급한 영업부서 자동차보험료 1,200,000원 중 2021년도분 보험료는 800,000원이다.

10 구입당시 전액 선급비용으로 자산처리했던 영업부의 광고홍보물(공급가액 5,000,000원) 중 기말 잔액이 1,500,000원이다. 소비된 광고홍보물은 광고선전비로 대체한다.

02 미지급비용

11 2021년 10월 1일에 영업부서의 사무실을 임차(임차기간 2021.10.1. ~ 2022.9.30., 매 6개월마다 후불로 6,000,000원을 지급하기로 함)하였으나, 회계담당자가 기말까지 아무런 회계처리를 하지 않았다.(월할 계산할 것)

12 2021년 7월 1일에 회사운영자금으로 만세공업으로부터 50,000,000원을 2022년 6월 30일에 갚기로 하고 차입하였다. 이자는 최초 차입한 원금에 월 0.3% 이율로, 원금을 상환하는 2022년 6월 30일에 지급하기로 한 거래에 대해 기말현재 당기분 이자액이 미계상되어 있음을 확인하다.(거래처 코드를 기재한다)

03 미수수익

13 우리은행의 정기예금에 대한 기간 경과분 이자를 인식하다.

• 예금금액 : 100,000,000원	• 예금기간 : 2021. 4. 1 ~ 2022. 3. 31
• 연이자율 : 2%, 월할로 계산할 것	• 이자지급일 : 연 1회(매년 3월 31일)

14 2021년 7월 1일 (주)삼성산유통에 20,000,000원을 대여하고 연 10%의 이자를 상환일인 2022년 6월 30일에 수취하기로 약정하였다. 기간경과분에 대한 이자(월할계산 할 것)를 반영하시오.

04 선수수익

15 본사 건물에 대한 1년분(2021.4.1. ~ 2022.3.31.) 임대료 1,200,000원을 현금으로 받고 수익인 임대료로 회계처리하였다. 미경과분에 대하여 월할계산하여 결산에 반영하시오.

16 장기대여금에 대한 1년분 이자 3,000,000원을 수령하였으나 2022년 귀속분 1,500,000원이 포함되어 있다.

05 소모품

17 기말시점 영업부에서 보관 중인 소모품은 850,000원이다. 기중에 소모품 2,700,000원을 구입하면서 모두 비용으로 처리하였다.

18 구입 당시에 자산으로 회계처리한 본사 관리부 소모품(단가 @20,000원, 10개) 중 기말 현재 2개가 재고로 남아 있다.(사용분에 대해 비용처리 할 것)

06 현금과부족

19 결산일 현재 장부상 현금잔액은 16,500,000원이나, 실제 현금잔액은 15,900,000원인 것으로 나타나, 차이의 원인을 조사해본 결과 정산은 완료되었으나 회계처리되지 않은 영업부 직원의 출장비인 것으로 판명되었다.(관련 회계처리 날짜는 결산일로 할 것)

20 현금과부족으로 인식된 200,000원은 매출 거래처 직원의 결혼식 청첩장을 첨부하여 지출한 축의금 200,000원이 회계처리되지 않은 것으로 확인되었다.(관련 회계처리 날짜는 결산일로 하며 기중에 인식된 현금과부족은 적절히 회계처리 하였다고 가정한다.)

21 기말 현재 현금 보유액은 78,500원, 장부상 금액은 87,500원으로 가정한다. 기말 현재 차이금액의 원인을 알 수 없다.

07 유가증권 평가

22 다음은 결산일 현재 단기매매차익을 목적으로 보유하고 있는 주식의 내역이다. 당사는 단기매매증권의 평가손익을 통산하여 회계처리하고 있다.

주 식 명	취득원가	전년도말 공정가액	당해연도말 공정가액
(주)인천 보통주	32,000,000원	34,000,000원	30,500,000원
(주)울산 보통주	8,000,000원	9,000,000원	10,400,000원
(주)광주 보통주	10,000,000원	12,000,000원	10,600,000원
합 계	50,000,000원	55,000,000원	51,500,000원

23 당기말 보유하고 있는 매도가능증권의 내역은 다음과 같다.

주식명	취득일	주식수	1주당 단가(2021년 12월 31일 기준)	
㈜수로	2021. 1. 1.	1,000주	장부가액 : 10,000원	공정가액 : 10,500원

08 외화자산·부채 평가

24 당사의 ABC.CO.,LTD의 외화외상매출금(계정과목 : 외상매출금)과 관련된 자료는 다음과 같다. 기말수정분개를 하시오.

> • 10월 31일 수출 및 선적 : 수출대금 $30,000, 선적일 환율 1,170원/$, 전액외상으로 수출함
> • 11월 30일 : 위 수출대금 중 일부인 $12,000를 회수함(환율 1,170원/$)
> • 결산일 환율 : 1,120원/$

25 기말 장기부채 중에는 미국 록히드사에 대한 장기차입금 10,000,000원(미화 $10,000)이 포함되어 있다.(결산일 현재 적용환율 : 1,200원/$)

26 기말 외상매입금 중에는 미국 로리알회사의 외화외상매입금 13,000,000원(미화 $10,000)이 포함되어 있다.(결산일 현재 적용환율 : 1,100원/$)

09 기타

27 전기 말 항생은행으로부터 차입한 장기차입금 중 50,000,000원은 2022년 3월 20일 만기가 도래하고 회사는 이를 상환할 계획이다.

28 신한은행의 보통예금은 마이너스 통장이다. 기말현재 신한은행의 보통예금 잔액 -3,000,000원을 단기차입금 계정으로 대체한다.

29 2021년 2기 확정 부가가치세에 대한 부가가치세 예수금과 부가가치세 대급금 잔액은 다음과 같다. 관련 회계처리를 하시오.(단, 원단위는 납입하지 아니하므로 잡이익 또는 잡손실로 처리하고 부가가치세 예수금과 부가가치세 대급금의 상계 후 잔액에 대하여 미지급세금 또는 미수금으로 처리하며 거래처입력은 생략할 것)

> • 부가세대급금 잔액 : 245,155원 • 부가세예수금 잔액 : 458,721원

30 기말재고조사 결과 제품재고 1,200,000원이 부족하여 확인한 결과 영업부의 가을체육대회에서 경품으로 제공된 것이 발견되었다.(적요 중 타계정으로 대체액을 사용할 것)

정답 및 해설

제1절 일반전표 분개하기

01 (차) 선급금((주)석천기업) 6,000,000 (대) 당좌예금 6,000,000

02 (차) 보통예금 258,000 (대) 이자수익 300,000
선납세금 42,000

03 (차) 세금과공과(제) 100,000 (대) 보통예금 300,000
세금과공과(판) 200,000

04 (차) 단기매매증권 20,000,000 (대) 현금 20,100,000
수수료비용(영업외비용) 100,000

05 (차) 단기매매증권 2,000,000 (대) 현금 2,020,000
수수료비용(영업외비용) 20,000

06 (차) 단기매매증권 550,000 (대) 현금 650,000
차량운반구 100,000

※ 차량구입시 매입한 공채는 현재가치(공정가치)를 매입가액으로 처리하고 차액은 차량 취득원가에 포함한다.

07 (차) 보통예금 6,250,000 (대) 단기매매증권 6,400,000
단기매매증권처분손실 150,000

※ 주식 장부가액 : (3,960,000원 + 5,000,000원) × 500주/700주 = 6,400,000원

08 (차) 현금 6,600,000 (대) 단기매매증권 5,700,000
단기매매증권처분익 900,000

※ • 주식 장부가액 : (19,000원 × 400주) × 300주/400주 = 5,700,000원
• 단기매매증권 취득시 부대비용은 별도로 영업외비용인 수수료비용 계정으로 처리한다.

09 (차) 현금 10,000,000 (대) 외상매출금(범계기업) 30,000,000
받을어음(범계기업) 20,000,000

10 (차) 보통예금 950,000 (대) 외상매출금(심한카드) 1,000,000
수수료비용(판) 50,000

11 (차) 외상매입금((주)강남) 25,000,000 (대) 받을어음((주)화명) 20,000,000
보통예금 5,000,000

12 (차) 현금 900,000 (대) 받을어음(한세상회) 1,000,000
매출채권처분손실 100,000

※ 어음을 만기일 전에 할인한 경우 할인료는 매출채권처분손실 계정으로 처리한다.

13 (차) 현금 9,900,000 (대) 받을어음((주)강북상사) 10,000,000
매출채권처분손실 100,000

※ 할인료 계산식 : 10,000,000원 × 12% × 1개월 ÷ 12개월 = 100,000원

번호	차변	금액	대변	금액
14	(차) 당좌예금	11,930,000	(대) 받을어음(그린실업(주))	12,000,000
	수수료비용(판)	70,000		
15	(차) 부도어음과수표(인천상사)	3,400,000	(대) 받을어음(인천상사)	3,300,000
			현금	100,000

※ 부도발생과 관련된 비용은 부도어음과수표 계정에 포함하여 처리한다.

번호	차변	금액	대변	금액
16	(차) 부도어음과수표((주)사도)	50,000,000	(대) 받을어음((주)사도)	50,000,000
17	(차) 보통예금	4,900,000	(대) 외상매출금(일흥기획)	5,000,000
	매출할인(제품)	100,000		

※ • 매출할인 계산식 : 5,000,000원 × 2% = 100,000원

• 제품매출에 대한 외상대금을 조기에 회수하면서 대금을 할인해 주는 경우 매출할인(406) 계정으로 처리한다.

번호	차변	금액	대변	금액
18	(차) 보통예금	9,430,000	(대) 외상매출금(국제통신)	10,000,000
	매출환입및에누리(제품)	570,000		
19	(차) 단기대여금((주)대박)	30,000,000	(대) 외상매출금((주)대박)	50,000,000
	현금	10,000,000		
	당좌예금	10,000,000		

※ 외상매출금을 9개월 만기의 대여금으로 전환한 경우 단기대여금 계정, 동점발행 당좌수표는 현금 계정, 당점발행 당좌수표를 회수한 경우 당좌예금 계정으로 처리한다.

번호	차변	금액	대변	금액
20	(차) 대손충당금(외상매출)	10,000,000	(대) 외상매출금(강북상사)	33,000,000
	대손상각비	23,000,000		

※ 외상매출금 대손처리시 대손충당금 금액을 먼저 상계처리하고 부족한 금액은 대손상각비 계정으로 처리한다.

번호	차변	금액	대변	금액
21	(차) 보통예금	5,000,000	(대) 외상매출금((주)대현전자)	16,500,000
	부가세예수금	1,500,000		
	대손충당금(외상매출)	4,000,000		
	대손상각비	6,000,000		
22	(차) 대손충당금(단기대여금)	7,000,000	(대) 단기대여금((주)한국물류)	10,000,000
	기타의대손상각비	3,000,000		
23	(차) 보통예금	550,000	(대) 대손충당금(외상매출)	550,000
24	(차) 보통예금	8,800,000	(대) 대손충당금(외상매출)	8,000,000
			부가세예수금	800,000
25	(차) 현금	5,000,000	(대) 대손충당금(단기대여금)	5,000,000
26	(차) 보통예금	20,000,000	(대) 대손충당금(받을어음)	20,000,000
27	(차) 당좌예금	53,384,000	(대) 정기예금	50,000,000
	선납세금	616,000	이자수익	4,000,000

※ 법인세(이자소득세) 원천징수세액을 자산처리하는 경우 선납세금 계정으로 처리한다.

번호	차변	금액	대변	금액
28	(차)선급금((주)경일상사)	5,000,000	(대) 지급어음((주)경일상사)	5,000,000

※ 원재료를 구입하기로 하고 계약금을 미리 지급한 경우 선급금 계정으로 처리한다.

번호	차변	금액	대변	금액
29	(차) 원재료	4,000,000	(대) 선급금(유전기업)	400,000
			보통예금	3,600,000
30	(차) 선급비용	1,200,000	(대) 미지급금(삼성카드)	1,200,000

※ 보험료를 자산처리하는 경우 선급비용 계정으로 처리한다.

번호	차변	금액	대변	금액
31	(차) 여비교통비(제)	490,000	(대) 가지급금(한정원)	500,000
	접대비(제)	70,000	보통예금	60,000
32	(차) 원재료	548,000	(대) 현금	548,000

※ 원재료 수입과 관련된 비용은 원재료 매입원가에 포함한다.

번호	차변	금액	대변	금액
33	(차) 외상매입금(동국상사(주))	8,200,000	(대) 매입환출및에누리(원재료)	700,000
			당좌예금	7,500,000
34	(차) 견본비(판)	300,000	(대) 제품(적요 8.타계정으로 대체액)	300,000
35	(차) 수선비(제)	700,000	(대) 원재료(적요 8.타계정으로 대체액)	700,000
36	(차) 소모품비(제)	2,000,000	(대) 상품(적요 8.타계정으로 대체액)	2,000,000
37	(차) 미착품	20,000,000	(대) 외화예금	20,000,000

※ 원재료가 선적지 인도조건으로 선적되어 운송중인 경우 미착품 계정으로 처리한다.

번호	차변	금액	대변	금액
38	(차) 특정현금과예금	5,700,000	(대) 현금	5,700,000
39	(차) 보통예금	5,860,000	(대) 장기금융상품(또는 장기성예금)	5,000,000
	선납세금	140,000	이자수익	1,000,000
40	(차) 매도가능증권	12,200,000	(대) 보통예금	12,200,000

※ • 계산식 : (1,000주 × 12,000원) + 200,000원 = 12,200,000원
- 장기투자목적으로 구입한 주식은 매도가능증권 계정으로 처리하고 매입시 부대비용인 증권거래수수료는 취득원가에 포함한다.

번호	차변	금액	대변	금액
41	(차) 만기보유증권	600,000	(대) 현금	1,000,000
	차량운반구	400,000		
42	(차) 투자부동산	105,000,000	(대) 선급금	10,000,000
			미지급금((주)한국건설)	90,000,000
			현금	5,000,000

※ 투자목적으로 건물을 구입한 경우 투자부동산 계정으로 처리하고 취득시 부대비용은 취득원가에 포함하며, 어음을 발행하여 지급한 경우 미지급금 계정으로 처리한다.

번호	차변	금액	대변	금액
43	(차) 미수금(혜리상사)	250,000,000	(대) 투자부동산	200,000,000
			투자자산처분이익	50,000,000

44 (차) 보통예금 6,000,000 (대) 매도가능증권(비유동) 6,600,000

차변	금액	대변	금액
(차) 보통예금	6,000,000	(대) 매도가능증권(비유동)	6,600,000
매도가능증권평가익	1,200,000	현금	42,000
		매도가능증권처분익	558,000

※ • 구입시 500주 × 18,000원 = 9,000,000원
- 기말평가시 300주 × (22,000원 - 18,000원) = 1,200,000원 (평가이익)
- 장부가액 11,000,000원 × 300주 ÷ 500주 = 6,600,000원
- 처분가액 300주 × 20,000원 + 매도가능증권평가익 1,200,000원 - 장부가액 6,600,000원 - 처분 관련 비용 42,000원 = 558,000원 (처분이익)

45

차변	금액	대변	금액
(차) 감가상각누계액(건물)	80,000,000	(대) 건물	100,000,000
유형자산처분손실	23,000,000	현금	3,000,000

※ 사용중인 기존건물 철거시 철거비용과 장부가액은 당기 비용처리한다.

46

차변	금액	대변	금액
(차) 건물	103,500,000	(대) 자산수증이익	100,000,000
		현금	3,500,000

※ 건물을 기증받은 경우 공정가액으로 처리하고 취득세 등 이전비용은 취득원가에 포함하여 처리한다.

47

차변	금액	대변	금액
(차) 토지	42,000,000	(대) 당좌예금	70,000,000
건물	28,000,000		

※ • 토지 : 70,000,000원 × (60,000,000원 ÷ 100,000,000원) = 42,000,000원
- 건물 : 70,000,000원 × (40,000,000원 ÷ 100,000,000원) = 28,000,000원

48

차변	금액	대변	금액
(차) 건설중인자산	3,000,000	(대) 보통예금	3,000,000

※ 신축을 위해 차입금의 이자비용을 자본화한 경우 건설중인자산 계정으로 처리한다.

49

차변	금액	대변	금액
(차) 보통예금	30,000,000	(대) 정부보조금(보통예금 차감계정)	30,000,000

50

차변	금액	대변	금액
(차) 건물	205,000,000	(대) 미지급금((주)남방건설)	300,000,000
토지	102,000,000	현금	7,000,000

※ • 건물 : 300,000,000원 × (160,000,000원 ÷ 240,000,000원) + 5,000,000원 = 205,000,000원
- 토지 : 300,000,000원 × (80,000,000원 ÷ 240,000,000원) + 2,000,000원 = 102,000,000원

51

차변	금액	대변	금액
(차) 수선비(제)	1,000,000	(대) 현금	500,000
		미지급금(신한카드)	500,000

※ 노후된 공장벽면의 도색작업은 수익적 지출에 해당하므로 제조비용인 수선비 계정으로 처리한다.

52

차변	금액	대변	금액
(차) 외상매입금((주)부천전자산업)	15,000,000	(대) 토지	23,000,000
보통예금	25,000,000	유형자산처분이익	17,000,000

53

차변	금액	대변	금액
(차) 현금	10,000	(대) 차량운반구	9,000,000
감가상각누계액	8,499,000		
유형자산처분손실	491,000		

※ 승용차를 폐차하는 경우 장부가액에서 고철비 수익을 제외한 다음 유형자산처분손실 계정으로 처리한다.

번호	차변	금액	대변	금액
54	(차) 차량운반구	1,000,000	(대) 현금	1,200,000
	잡손실	200,000		

※ 비영업용 소형승용차와 관련한 부가가치세는 매입세액 불공제됨으로 차량운반구의 취득원가에 포함하여 처리한다.

번호	차변	금액	대변	금액
55	(차) 감가상각누계액(건물)	3,000,000	(대) 건 물	10,000,000
	재해손실	7,000,000		
56	(차) 특허권	500,000	(대) 현금	500,000
57	(차) 임차보증금((주)제룩스)	5,000,000	(대) 당좌예금	5,500,000
	임차료(판)	500,000		
58	(차) 미지급금(낭만부동산)	3,000,000	(대) 임차보증금(낭만부동산)	3,000,000
59	(차) 외상매입금((주)이레상사)	30,000,000	(대) 보통예금	25,000,000
			채무면제이익	5,000,000
60	(차) 외상매입금(구미산업)	5,000,000	(대) 매입환출및에누리(원재료)	1,200,000
			지급어음(구미산업)	3,000,000
			보통예금	800,000
61	(차) 가수금	923,000	(대) 선수금(우리전자)	500,000
	선납세금	77,000	이자수익	500,000
62	(차) 현금	3,000,000	(대) 선수금	3,000,000
63	(차) 이자비용	2,000,000	(대) 보통예금	1,692,000
			예수금	308,000
64	(차) 예수금	192,550	(대) 보통예금	276,600
	세금과공과(판)	50,000		
	복리후생비(판)	32,000		
	보험료(판)	2,050		
65	(차) 예수금	860,000	(대) 현금	1,720,000
	복리후생비(제)	520,000		
	복리후생비(판)	340,000		
66	(차) 유동성장기부채(시민은행)	100,000,000	(대) 장기차입금(시민은행)	100,000,000
	세금과공과(판)	50,000	현금	170,000
	수수료비용(판)	120,000		
67	(차) 부가세예수금	37,000,000	(대) 부가세대급금	25,000,000
			미지급세금	12,000,000
68	(차) 미지급세금	3,000,000	(대) 미지급금(국민카드)	3,030,000
	수수료비용(판)	30,000		

69 (차) 보통예금 97,500,000 (대) 사채 100,000,000
사채할인발행차금 3,500,000 현금 1,000,000

※ 사채 할인발행시 사채발행 관련비용은 사채할인발행차금 계정에 포함하여 처리한다.

70 (차) 보통예금 54,200,000 (대) 사 채 50,000,000
사채할증발행차금 4,200,000

71 (차) 임대보증금((주)인성) 4,950,000 (대) 미수금((주)인성) 4,950,000

72 (차) 외화장기차입금(공상은행) 214,000,000 (대) 보통예금 226,600,000
이자비용 6,600,000
외환차손 6,000,000

※ • 이자비용 $6,000 × 1,100원 = 6,600,000원
• 상환시 차액 $200,000 × (1,070원 - 1,100원) = -6,000,000원 (외환차손)

73 (차) 장기제품보증부채 7,000,000 (대) 당좌예금 7,000,000

74 (차) 보통예금 75,000,000 (대) 자본금 50,000,000
주식발행초과금 25,000,000

※ 자본금 5,000주 × 10,000원 = 50,000,000원

75 (차) 보통예금 50,000,000 (대) 자본금 50,000,000
주식발행초과금 1,000,000 당좌예금 3,000,000
주식할인발행차금 2,000,000

※ 주식발행시 주식발행초과금 잔액이 있는 경우 먼저 상계처리한 다음 차액에서 주식발행비를 가감하여 주식할인발행차금 계정으로 처리한다.

76 (차) 미지급배당금 7,000,000 (대) 예수금 1,078,000
미교부주식배당금 4,200,000 당좌예금 5,922,000
자본금 4,200,000

77 (차) 미지급배당금(또는 중간배당금)15,000,000 (대) 보통예금 15,000,000

78 (차) 미수금((주)서해상사) 5,000,000 (대) 자기주식 3,000,000
자기주식처분이익 2,000,000

79 (차) 보통예금 15,000,000 (대) 자기주식 13,250,000
자기주식처분손실 1,500,000
자기주식처분이익 250,000

※ 자기주식 처분시 자기주식처분손실이 있는 경우 먼저 상계처리한 다음 차액을 처분이익으로 계상한다.

80 (차) 자본금 50,000,000 (대) 보통예금 40,000,000
감자차익 10,000,000

※ • 자본금 10,000주 × 5,000원 = 50,000,000원
• 액면가액이 매입가액보다 많은 경우 차액을 감자차익 계정으로 처리한다.

번호	차변	금액	대변	금액
81	(차) 자본금	10,000,000	(대) 보통예금	12,000,000
	감자차익	1,000,000		
	감자차손	1,000,000		
82	(차) 임금(제)	1,800,000	(대) 예수금	276,240
	급여(판)	1,420,000	보통예금	2,943,760
83	(차) 잡급(제)	570,000	(대) 현금	570,000

※ 일용직(아르바이트) 사원의 급여는 잡급으로 처리한다.

번호	차변	금액	대변	금액
84	(차) 급여(판)	2,000,000	(대) 예수금	290,000
	상여금(판)	2,000,000	주·임·종단기채권(김정숙)	1,000,000
			보통예금	2,710,000
85	(차) 퇴직급여충당부채	11,000,000	(대) 예수금	1,350,000
	퇴직급여(판)	3,500,000	보통예금	13,150,000
86	(차) 퇴직연금운용자산	9,400,000	(대) 보통예금	9,500,000
	수수료비용(판)	100,000		

※ 확정급여형(DB) 퇴직연금은 회사에서 운영하는 퇴직연금임으로 퇴직연금운용자산 계정으로 처리한다.

번호	차변	금액	대변	금액
87	(차) 퇴직연금운용자산	300,000	(대) 이자수익	300,000
88	(차) 퇴직급여(제)	30,000,000	(대) 보통예금	50,000,000
	퇴직급여(판)	20,000,000		

※ 확정기여형 퇴직연금제도를 설정한 경우에는 당해 회계기간에 대하여 회사가 납부하여야 할 부담금(기여금)을 퇴직급여(비용)로 인식하고, 퇴직연금운용자산, 퇴직급여충당금 및 퇴직연금미지급금은 인식하지 아니한다.

번호	차변	금액	대변	금액
89	(차) 복리후생비(제)	3,500,000	(대) 미지급금(국민카드)	5,000,000
	복리후생비(판)	1,500,000		
90	(차) 수도광열비(판)	120,000	(대) 미지급금(수원카드)	2.720.000
	가스수도료(제)	100,000		
	전력비(제)	2.500.000		
91	(차) 세금과공과(판)	100,000	(대) 현 금	110,000
	여비교통비(판)	10,000		
92	(차) 보험료(판)	480,000	(대) 보통예금	1,080,000
	보험료(제)	600,000		
93	(차) 교육훈련비(제)	600,000	(대) 예수금	26,400
			현금	573,600
94	(차) 보통예금	158,400,000	(대) 외상매출금(지맨스사)	156,000,000
			외환차익	2,400,000

※ • 계산식 : $120,000 × (1,320원 - 1,300원) = 2,400,000원 (외환차익)
• 선적일 외상매출금 156,000,000원 ($120,000 × 1,300원)
• 환전일 보통예금 158,400,000원 ($120,000 × 1,320원)

95 (차) 보통예금 9,000,000 (대) 단기대여금(파나소닉사) 10,000,000
외환차손 1,000,000

※ 계산식 : ¥1,000,000 × (9원 - 10원) = -1,000,000원 (외환차손)

96 (차) 현금 800,000 (대) 배당금수익 800,000

※ 주식배당은 별도로 회계처리하지 않으며, 주식수는 증가하고, 주당 장부가액은 감소한다.

97 (차) 외상매입금(코펜하겐사) 9,000,000 (대) 현금 9,500,000
외환차손 500,000

※ 계산식 : $10,000 × (900원 - 950원) = -500,000원 (외환차손)

98 (차) 감가상각누계액(건물) 25,000,000 (대) 전기오류수정이익(자본) 25,000,000

※ 중대한 오류로 잡이익 계정으로 처리하지 않고 자본 항목인 전기오류수정이익 계정으로 처리한다.

99 (차) 보통예금 200,000 (대) 전기오류수정이익(영업외수익) 200,000

100 (차) 전기오류수정손실(영업외비용) 6,000,000 (대) 외상매출금((주)금산) 6,000,000

제2절 매입매출전표 분개하기

01 유형 : 11.과세, 공급가액 : 12,000,000, 부가세 : 1,200,000, 거래처 : (주)거붕, 전자 : 여, 분개 : 혼합
(차) 받을어음((주)영천) 6,000,000 (대) 제품매출 12,000,000
현금 5,000,000 부가세예수금 1,200,000
보통예금 2,200,000

※ 과세품을 매출하고 세금계산서를 발급한 경우 유형 11.과세로 처리한다.

02 유형 : 11.과세, 공급가액 : 5,000,000, 부가세 : 500,000, 거래처 : 한국상사, 전자 : 여, 분개 : 혼합
(차) 보통예금 3,500,000 (대) 제품매출 5,000,000
외상매입금(백두상사) 2,000,000 부가세예수금 500,000

03 유형 : 11.과세, 공급가액 : 15,000,000, 부가세 : 1,500,000, 거래처 : 일성실업, 전자 : 여, 분개 : 혼합

<복수거래 입력>

품명	수량	단가	공급가액	부가가치세
제품	1,000	10,000	10,000,000	1,000,000
제품	500	10,000	5,000,000	500,000

(차) 외상매출금 11,000,000 (대) 제품매출 15,000,000
받을어음 5,500,000 부가세예수금 1,500,000

04 유형 : 11.과세, 공급가액 : -8,000,000, 부가세 : -800,000, 거래처 : 엑스코(주), 전자 : 여, 분개 : 외상
(차) 외상매출금 -8,800,000 (대) 제품매출 -8,000,000
부가세예수금 -800,000

※ 품질에 문제가 생겨 반품된 후 수정세금계산서를 발급하면 유형 11.과세로 처리, 외상매출금과 상계처리 시 분개를 외상으로 선택하고 - 금액으로 처리한다.

05 유형 : 11.과세, 공급가액 : 40,000,000, 부가세 : 4,000,000, 거래처 : (주)신방, 전자 : 여, 분개 : 혼합

(차) 외상매입금((주)나이스)	30,000,000	(대) 건물	100,000,000
보통예금	14,000,000	부가세예수금	4,000,000
감가상각누계액(건물)	40,000,000		
유형자산처분손실	20,000,000		

06 유형 : 12.영세, 공급가액 : 3,000,000, 부가세 : 0, 거래처 : (주)혜민무역, 전자 : 여, 분개 : 외상, 영세율구분 3.내국신용장.구매확인서에 의하여 공급하는 재화

(차) 외상매출금	3,000,000	(대) 제품매출	3,000,000

※ 전표입력시 구매확인서, 내국신용장 등으로 영세율세금계산서를 발급한 경우 유형 12.영세를 선택하고 구분을 3으로 입력한다.

07 유형 : 12.영세, 공급가액 : 20,000,000, 부가세 : 0, 거래처 : (주)영우상사, 전자 : 여, 분개 : 혼합, 영세율구분 3.내국신용장.구매확인서에 의하여 공급하는 재화

(차) 선수금	2,000,000	(대) 제품매출	20,000,000
보통예금	18,000,000		

08 유형 : 13.면세, 공급가액 : 17,500,000, 부가세 : 0, 거래처 : (주)중소상사, 전자 : 여, 분개 : 혼합

(차) 현금	2,000,000	(대) 제품매출	17,500,000
외상매출금	15,500,000		

※ 면세품을 매출하고 계산서를 발급한 경우 유형 13.면세로 처리한다.

09 유형 : 13.면세, 공급가액 : 40,700,000, 부가세 : 0, 거래처 : (주)광주유통, 전자 : 여, 분개 : 외상

(차) 외상매출금	40,700,000	(대) 제품매출	40,700,000

10 유형 : 14.건별, 공급가액 : 500,000, 부가세 : 50,000, 거래처 : 최미리, 분개 : 현금

(차) 현금	550,000	(대) 제품매출	500,000
		부가세예수금	50,000

※ 적격증빙(세금계산서, 계산서, 신용카드매출전표, 현금영수증)을 발급하지 않았으므로 유형은 14.건별로 처리한다.

11 유형 : 14.건별, 공급가액 : 300,000, 부가세 : 30,000, 거래처 : 정하나, 분개 : 현금

(차) 현금	330,000	(대) 제품매출	300,000
		부가세예수금	30,000

12 유형 : 16.수출, 공급가액 : 220,000,000, 부가세 : 0, 거래처 : ABC사, 분개 : 외상, 영세율구분 1.직접수출

(차) 외상매출금	220,000,000	(대) 제품매출	220,000,000

※ • 외국으로 직접 수출하는 경우 유형 16.수출로 처리한다.

• 공급가액은 선적일 기준환율을 적용하여 1,000개 × $200 × 1,100원 = 220,000,000원

13 유형 : 16.수출, 공급가액 : 14,400,000, 부가세 : 0, 거래처 : 니폰사, 분개 : 외상, 영세율구분 1.직접수출

(차) 외상매출금	14,400,000	(대) 제품매출	14,400,000

※ 공급가액은 선적일 재정환율을 적용하여 ¥2,000,000 × 720원/¥100 = 14,400,000원

14 유형 : 17.카과, 공급가액 : 2,000,000, 부가세 : 200,000, 거래처 : 한성공업, 분개 : 카드

(차) 외상매출금(비씨카드사)	2,200,000	(대) 제품매출	2,000,000
		부가세예수금	200,000

※ 과세품을 판매하고 신용카드매출전표를 발급한 경우 유형 17.카과를 선택하여 처리한다.

15 유형 : 17.카과, 공급가액 : 3,000,000, 부가세 : 300,000, 거래처 : 유재석, 분개 : 카드

(차) 외상매출금(국민카드)	3,300,000	(대) 제품매출	3,000,000
		부가세예수금	300,000

16 유형 : 22.현과, 공급가액 : 1,000,000, 부가세 : 100,000, 거래처 : 배수만, 분개 : 현금

(차) 현금	1,100,000	(대) 제품매출	1,000,000
		부가세예수금	100,000

※ 과세품을 판매하고 현금영수증을 발급한 경우 유형 22.현과를 선택하여 처리한다.

17 유형 : 22.현과, 공급가액 : 5,000,000, 부가세 : 500,000, 거래처 : 김한수, 분개 : 현금

(차) 현금	5,500,000	(대) 제품매출	5,000,000
		부가세예수금	500,000

18 유형 : 51.과세, 공급가액 : 8,500,000, 부가세 : 850,000, 거래처 : (주)광해, 전자 : 여, 분개 : 혼합

(차) 원재료	8,500,000	(대) 선급금	1,500,000
부가세대급금	850,000	외상매입금	7,850,000

※ 세금계산서를 수취한 거래는 유형 51.과세를 선택하여 처리한다.

19 유형 : 51.과세, 공급가액 : 3,000,000, 부가세 : 300,000, 거래처 : (주)앤씨티국제운송, 전자 : 여, 분개 : 혼합

(차) 원재료	3,000,000	(대) 지급어음	3,300,000
부가세대급금	300,000		

20 유형 : 51.과세, 공급가액 : -3,000,000, 부가세 : -300,000, 거래처 : (주)일성, 전자 : 여, 분개 : 외상

(차) 상품	-3,000,000	(대) 외상매입금	-3,300,000
부가세대급금	-300,000		

21 유형 : 51.과세, 공급가액 : 50,000,000, 부가세 : 5,000,000, 거래처 : (주)나이스, 전자 : 여, 분개 : 혼합

(차) 건물	50,000,000	(대) 자기주식	40,000,000
부가세대급금	5,000,000	자기주식처분이익	10,000,000
		보통예금	5,000,000

22 유형 : 51.과세, 공급가액 : 20,000,000, 부가세 : 2,000,000, 거래처 : (주)탐진테크, 전자 : 여, 분개 : 혼합

(차) 외주가공비(제)	20,000,000	(대) 보통예금	22,000,000
부가세대급금	2,000,000		

23 유형 : 51.과세, 공급가액 : 14,000,000, 부가세 : 1,400,000, 거래처 : (주)희망자동차, 전자 : 여, 분개 : 혼합

(차) 차량운반구	14,000,000	(대) 보통예금	15,400,000
부가세대급금	1,400,000		

※ 개별소비세 과세대상이 아닌 1,000cc 이하의 승용차를 구입하고 세금계산서를 발급받은 경우 유형 51.과세를 선택한다.

24 유형 : 51 과세, 공급가액 : 10,000,000, 부가세 : 1,000,000, 거래처 : (주)스타, 전자 : 여, 분개 : 혼합

(차) 상표권	10,000,000	(대) 자본금	7,500,000
부가세대급금	1,000,000	주식발행초과금	3,500,000

25 유형 : 52.영세, 공급가액 : 30,000,000, 부가세 : 0, 거래처 : 전진기업, 전자 : 여, 분개 : 혼합

(차) 원재료	30,000,000	(대) 지급어음	15,000,000
		보통예금	15,000,000

※ 내국신용장 또는 구매확인서에 의하여 영세율세금계산서를 발급받은 거래는 유형 52.영세를 선택하여 처리한다.

26 유형 : 52.영세, 공급가액 : 22,000,000, 부가세 : 0, 거래처 : (주)전남기업, 전자 : 여, 분개 : 혼합

(차) 원재료	22,000,000	(대) 받을어음((주)경남기업)	10,000,000
		지급어음	12,000,000

27 유형 : 53,면세, 공급가액 : 2,000,000, 부가세 : 0, 거래처 : 능률본부, 전자 : 부, 분개 : 혼합

(차) 교육훈련비(판)	2,000,000	(대) 선급금	200,000
		현금	1,800,000

※ 면세대상 거래시 종이계산서를 발급받은 거래는 유형 53.면세를 선택하여 처리한다.

28 유형 : 53.면세, 공급가액 : 580,000,000, 부가세 : 0, 거래처 : (주)땅나라, 전자 : 여, 분개 : 혼합

(차) 토지	580,000,000	(대) 당좌예금	300,000,000
		미지급금	280,000,000

29 유형 : 54.불공, 공급가액 : 100,000, 부가세 : 10,000, 거래처 : 만물백화점, 전자 : 여, 분개 : 현금, 불공사유 : 4.접대비 및 이와 유사한 비용 관련

(차) 접대비(판)	110,000	(대) 현금	110,000

※ 세금계산서를 수취하였으나 불공제사유에 해당하는 거래는 유형 54.불공을 선택하여 처리한다.

30 유형 : 54.불공, 공급가액 : 5,000,000, 부가세 : 500,000, 거래처 : (주)전자월드, 전자 : 여, 분개 : 혼합, 불공사유 : 2.사업과 직접 관련 없는 지출

(차) 가지급금(박대기)	5,500,000	(대) 당좌예금	5,500,000

31 유형 : 54.불공, 공급가액 : 800,000, 부가세 : 80,000, 거래처 : 아주카센타, 전자 : 여, 분개 : 카드(또는 혼합), 불공사유 : 3.비영업용 소형승용차 구입·유지 및 임차

(차) 차량유지비(판)	880,000	(대) 미지급금(BC카드)	880,000

32 유형 : 54.불공, 공급가액 : 10,000,000, 부가세 : 1,000,000, 거래처 : 써치라인, 전자 : 여, 분개 : 혼합, 불공사유 : 3.비영업용 소형승용차 구입·유지 및 임차

(차) 차량운반구 11,000,000 (대) 미지급금 11,000,000

33 유형 : 55.수입, 공급가액 : 95,000,000, 부가세 : 9,500,000, 거래처 : 인천세관, 전자 : 여, 분개 : 혼합

(차) 부가세대급금 9,500,000 (대) 당좌예금 9,500,000

※ 수입품에 대하여 세관장이 발급한 세금계산서를 수취한 경우 유형 55.수입을 선택한 후 부가세대급금에 대한 납부분개를 한다.

34 유형 : 55.수입, 공급가액 : 8,000,000, 부가세 : 800,000, 거래처 : 평택세관, 전자 : 여, 분개 : 현금

(차) 부가세대급금 800,000 (대) 현금 800,000

35 유형 : 57.카과, 공급가액 : 4,000,000, 부가세 : 400,000, 거래처 : ㈜경일컴퓨터, 분개 : 혼합(카드)

(차) 비품 4,000,000 (대) 미지급금(비씨카드) 4,400,000
부가세대급금 400,000

36 유형 : 57.카과, 공급가액 : 2,000,000, 부가세 : 200,000, 거래처 : (주)싸다정비소, 분개 : 카드

(차) 차량유지비(제) 2,000,000 (대) 미지급금(삼성카드) 2,200,000
부가세대급금 200,000

37 유형 : 58.카면, 공급가액 : 50,000, 부가세 : 0, 거래처 : 꽃동산화원, 분개 : 카드

(차) 접대비(제) 50,000 (대) 미지급금(비씨카드) 50,000

※ 면세품을 구입하고 신용카드매출전표를 수취한 경우 부가세가 없으므로 매입매출전표 유형 58.카면을 선택하여 처리한다.

38 유형 : 58.카면, 공급가액 : 2,000,000, 부가세 : 0, 거래처 : 새나라유통, 분개 : 혼합

(차) 원재료 2,000,000 (대) 외상매입금(국민카드) 2,000,000

39 유형 : 61.현과, 공급가액 : 33,000,000, 부가세 : 3,300,000, 거래처 : 삼현상사, 분개 : 현금

(차) 원재료 33,000,000 (대) 현금 36,300,000
부가세대급금 3,300,000

40 유형 : 61,현과, 공급가액 : 500,000, 부가세 : 50,000, 거래처 : 호반상사, 분개 : 현금

(차) 복리후생비(제) 500,000 (대) 현금 550,000
부가세대급금 50,000

제3절 결산정리사항 분개하기

01 [결산자료입력] 메뉴에서 해당란에 입력 후 전표추가한다.
기말원재료재고액 1,500,000, 기말재공품재고액 5,500,000, 기말제품재고액 15,000,000

02 12월 31일 일반전표입력 또는 결산자료입력 후 전표추가

(차) 대손상각비 1,758,300 (대) 대손충당금(외상매출금) 1,708,300
대손충당금(받을어음) 50,000

※ • 외상매출금 : 245,830,000 × 1% - 750,000 = 1,708,300원
• 받을어음 : 45,000,000 × 1% - 400,000 = 50,000원

03

(차) 대손상각비	5,900,000	(대) 대손충당금(외상매출금)	5,500,000
기타의대손상각비	50,000	대손충당금(받을어음)	400,000
		대손충당금(미수금)	50,000

※ 기타채권인 미수금에 대한 대손충당금 설정시 영업외비용인 기타의대손상각비 계정으로 정리한다.

04 12월 31일 일반전표입력 또는 결산자료입력 후 전표추가

(차) 감가상각비(제)	4,500,000	(대) 감가상각누계액(기계장치)	4,500,000
감가상각비(판)	3,300,000	감가상각누계액(차량운반구)	3,300,000

05

(차) 무형자산상각비	6,000,000	(대) 소프트웨어	6,000,000

※ • 미상각잔액은 2020년도에 1년치를 상각한 후의 금액을 말한다.
• 24,000,000원 ÷ (5년 - 1년) = 6,000,000원

06 12월 31일 일반전표입력 또는 결산자료입력 후 전표추가

(차) 퇴직급여(제)	8,000,000	(대) 퇴직급여충당부채	15,000,000
퇴직급여(판)	7,000,000		

07

(차) 법인세등	35,000,000	(대) 선납세금	12,850,000
		미지급세금	22,150,000

또는 결산자료입력 메뉴에 선납세금 12,850,000, 추가계상액 22,150,000 입력 후 전표추가

08

(차) 선급비용	1,000,000	(대) 임차료(판)	1,000,000

※ 2022년 차기분 임차료 계산 : 3,000,000원 × 1개월 ÷ 3개월 = 1,000,000원

09

(차) 선급비용	400,000	(대) 보험료(판)	400,000

※ 2022년 차기분 보험료 계산 : 1,200,000원 - 당기분 800,000원 = 400,000원

10

(차) 광고선전비(판)	3,500,000	(대) 선급비용	3,500,000

※ 2021년 귀속분 광고선전비 계산 : 5,000,000원 - 기말잔액 1,500,000원 = 3,500,000원

11

(차) 임차료	3,000,000	(대) 미지급비용	3,000,000

※ 2021년 귀속분 임차료 계산 : 6,000,000원 × 3개월 ÷ 6개월 = 3,000,000원

12

(차) 이자비용	900,000	(대) 미지급비용(만세공업)	900,000

※ 2021년 귀속분 이자 계산 : 50,000,000원 × 0.3% × 6개월 = 900,000원

13

(차) 미수수익	1,500,000	(대) 이자수익	1,500,000

※ 2021년 귀속분 이자 계산 : 100,000,000원 × 2% × 9개월 ÷ 12개월 = 1,500,000원

14

(차) 미수수익	1,000,000	(대) 이자수익	1,000,000

※ 2021년 귀속분 이자 계산 : 20,000,000원 × 10% × 6개월 ÷ 12개월 = 1,000,000원

15

(차) 임대료	300,000	(대) 선수수익	300,000

※ 2022년 차기분 임대료 계산 : 1,200,000원 × 3개월 ÷ 12개월 = 300,000원

16

(차) 이자수익	1,500,000	(대) 선수수익	1,500,000

17

(차) 소 모 품	850,000	(대) 소모품비(판)	850,000

번호	차변	금액	대변	금액
18	(차) 소모품비(판)	160,000	(대) 소모품	160,000

※ 2021년 귀속분 소모품비 계산 : (10개 - 2개) × 20,000원 = 160,000원

번호	차변	금액	대변	금액
19	(차) 여비교통비(판)	600,000	(대) 현금	600,000
20	(차) 접대비(판)	200,000	(대) 현금과부족	200,000
21	(차) 잡손실	9,000	(대) 현금	9,000
22	(차) 단기매매증권평가손실	3,500,000	(대) 단기매매증권	3,500,000

※ 당해연도말 공정가액 51,500,000원 - 전년도말 공정가액 55,000,000원 = -3,500,000원(평가손실)

번호	차변	금액	대변	금액
23	(차) 매도가능증권(비유동)	500,000	(대) 매도가능증권평가이익	500,000

※ 1,000주×(10,500원-10,000원)=500,000원(평가이익)

번호	차변	금액	대변	금액
24	(차) 외화환산손실	900,000	(대) 외상매출금(ABC.CO.,LTD)	900,000

※ $18,000 × (1,120원 - 1,170원) = -900,000원 (환산손실)

번호	차변	금액	대변	금액
26	(차) 외화환산손실	2,000,000	(대) 장기차입금(록히드사)	2,000,000

※ $10,000 × (1,200원 - 1,000원) = 2,000,000원 (환산손실)

번호	차변	금액	대변	금액
26	(차) 외상매입금(로리알)	2,000,000	(대) 외화환산이익	2,000,000

※ $10,000 × (1,100원 - 1,300원) = -2,000,000원 (환산이익)

번호	차변	금액	대변	금액
27	(차) 장기차입금(항생은행)	50,000,000	(대) 유동성장기부채(항생은행)	50,000,000

※ 장기차입금을 1년안에 상환할 경우 유동성장기부채 계정으로 대체한다.

번호	차변	금액	대변	금액
28	(차) 보통예금	3,000,000	(대) 단기차입금(신한은행)	3,000,000

※ 보통예금 잔액이 마이너스(-)인 경우 임시로 단기차입금 계정으로 대체하여 재무상태표에 마이너스(-)로 표시하지 않는다.

번호	차변	금액	대변	금액
29	(차) 부가세예수금	458,721	(대) 부가세대급금	245,155
			잡이익	6
			미지급세금	213,560
30	(차) 복리후생비(판)	1,200,000	(대) 제품(적요 8. 타계정으로 대체액)	1,200,000

제 3 장

실기시험 부가가치세 가산세 연습하기

01-1 신고관련 가산세

<table>
<tr><th colspan="2">항목</th><th>가산세</th></tr>
<tr><td colspan="2">미등록 · 허위등록 가산세</td><td>공급가액 × 1%</td></tr>
<tr><td rowspan="6">세금계산서
불성실 가산세</td><td>부실기재</td><td>부실기재 한 공급가액 × 1%</td></tr>
<tr><td>지연발급
(과세기간의 확정신고기간내 발급한 경우)</td><td>공급가액 × 1%</td></tr>
<tr><td>전자세금계산서 미전송</td><td>공급가액 × 0.5%</td></tr>
<tr><td>전자세금계산서 지연전송</td><td>공급가액 × 0.3%</td></tr>
<tr><td>세금계산서 미발급, 가공, 위장발급</td><td>공급가액 × 2%, 3%</td></tr>
<tr><td>전자세금계산서 발급대상자가
종이세금계산서 발급시</td><td>공급가액 × 1%</td></tr>
<tr><td rowspan="2">매출처별 세금계산서
합계표 불성실 가산세</td><td>미제출, 부실기재</td><td>공급가액 × 0.5%</td></tr>
<tr><td>지연제출
(예정신고 분 → 확정신고시 제출)</td><td>공급가액 × 0.3%</td></tr>
<tr><td rowspan="3">매입처별 세금계산서
합계표 불성실 가산세</td><td>지연수취
(공급시기 이후에 발급받은 경우)</td><td rowspan="3">공급가액 × 0.5%</td></tr>
<tr><td>미제출 후 경정시 제출</td></tr>
<tr><td>공급가액의 과다기재</td></tr>
</table>

<table>
<tr><th colspan="2">항목</th><th>가산세</th></tr>
<tr><td colspan="2">영세율 과세표준 신고불성실 가산세*</td><td>무신고 또는 미달 신고한 과세표준 × 0.5%</td></tr>
<tr><td>신용카드 매출전표 미제출 가산세</td><td>미제출</td><td>공급가액 × 0.5%</td></tr>
<tr><td rowspan="2">신고불성실가산세*</td><td>무신고*</td><td>일반무신고 산출세액 × 20%
부당무신고 산출세액 × 40%</td></tr>
<tr><td>과소(초과환급)신고</td><td>일반과소신고 산출세액 × 10%
부당과소신고 산출세액 × 40%</td></tr>
<tr><td colspan="2">납부지연가산세</td><td>미납세액 × 기간(납부기한의 다음날~납부일) × 0.025%</td></tr>
</table>

*1. 수정신고 감면율
1개월 이내 90%, 3개월 이내 75%, 6개월 이내 50%, 1년 이내 30%, 1년6개월 이내 20%, 2년 이내 10%

2. 기한후신고 감면율(무신고 가산세만 해당)
1개월 이내 50%, 3개월 이내 30%, 6개월 이내 20%

01-2 가산세와 중복적용 배제

우선 적용되는 가산세	적용배제 가산세
미등록 등 (1%)	· 세금계산서불성실가산세(지연발급, 부실기재) · 전자세금계산서 지연전송, 미전송가산세 · 매출처별세금계산서합계표 불성실가산세
세금계산서 미발급 (2%)	· 미등록가산세 등 · 세금계산서불성실가산세(부실기재) · 전자세금계산서 지연전송, 미전송가산세 · 매출처별세금계산서합계표 불성실가산세
세금계산서 지연발급 (1%)	· 세금계산서불성실가산세(부실기재) · 전자세금계산서 지연전송, 미전송가산세 · 매출처별세금계산서합계표 불성실가산세
세금계산서 지연 (0.3%), 미전송 (0.5%)	· 매출처별세금계산서합계표 불성실가산세
세금계산서 부실기재 (1%)	· 전자세금계산서 지연전송, 미전송가산세 · 매출처별세금계산서합계표 불성실가산세

연습문제 가산세

■ 본 문제는 부가가치세 수정신고시 발생하는 가산세만을 연습하기 위한 문제입니다.

[1] 2기 부가가치세 예정신고시 다음의 매출 내용이 누락되었다(부당 과소신고 해당 안됨). 2기 예정신고 누락분을 모두 반영하여 부가가치세 확정신고서를 작성하시오.(예정신고 누락과 관련된 가산세 계산시 미납일수는 92일로 한다.)

구 분	공급가액	부가가치세
신용카드매출전표 발행 매출	10,000,000원	1,000,000원
영세율전자세금계산서 매출(전자세금계산서는 적법하게 발급하였으나 신고기한 내에 미전송하였고 예정신고서에 누락함)	3,000,000원	-
직수출 매출	5,000,000원	-

[2] 다음 자료를 이용하여 2기확정(10월1일~12월31일) 부가가치세신고서를 작성하시오.

구분	내용
매출자료	• 10월~12월에 과세로 공급한 세금계산서발급분은 공급가액 250,000,000원, 부가가치세 25,000,000원이다.(모두 전자세금계산서로 발급하였으며 발급건수는 10건이며 1월~9월까지는 100건이다) • 8월에 공급하고 적법하게 발급 전송했던 매출전자세금계산서 공급가액 30,000,000원 부가가치세 3,000,000원을 담당자의 실수로 예정신고 시 누락하게 되었다.(부정행위가 아님, 미납일수는 92일로 한다) • 10월~12월에 과세신용카드 매출액은 공급대가 22,000,000원이다.
매입자료	• 10월~12월에 과세로 매입하고 적법하게 교부받은 세금계산서는 공급가액 100,000,000원 부가가치세 10,000,000원이다. 이중 공장용트럭(매입세액공제 대상)을 구입하고 교부받은 세금계산서 공급가액 20,000,000원 부가가치세 2,000,000원과 토지와 관련된(자본적지출) 포크레인 공사를 하고 받은 세금계산서 공급가액 10,000,000원 부가가치세 1,000,000원도 포함되어 있다.

[3] 제2기 부가가치세 확정신고(10.1.~12.31.)를 하려고 한다. 다음의 사항과 가산세(부당과소신고는 아님)를 반영하여 부가가치세신고서를 작성하시오. 과소납부경과일수는 91일로 한다.

구분	내용
예정신고 누락내용	• 신용카드 매출(공급대가 55,000,000원) • 제품을 직수출하고 받은 외화입금증명서(공급가액 20,000,000원) • 영업부서의 2,000CC 승용차(공급가액 20,000,000원, 부가가치세 2,000,000원) 세금계산서 매입
제2기 확정신고시 기타 사항	• 전기 확정신고시 대손세액공제를 받았던 외상매출금 3,300,000원을 회수하였다. • 제2기 예정신고시 미환급세액 400,000원이 있다. • 신용카드 매출(위에서 언급한 55,000,000원)과 부가가치세 전자신고를 직접 이행함에 따른 세액공제 적용여부를 판단하여 적용한다.

[4] 1기 예정 부가가치세 신고시 다음의 내용이 누락되었다. 1기 부가가치세 확정신고시 예정신고 누락분을 모두 반영하여 신고서를 작성하시오.(부당과소신고가 아니며, 예정신고누락과 관련된 가산세 계산시 미납일수는 90일이고, 전자신고세액공제 10,000원을 적용한다)

누 락 내 용	금 액	비 고
현금영수증 발행 매출	3,300,000원	공급대가
간주공급에 해당하는 사업상 증여 금액	1,000,000원	시가
직수출 매출	5,000,000원	
영세율 세금계산서를 발급받은 운반비 매입	5,000,000원	공급가액

[5] 1기 확정신고(4월~6월)를 7월 25일에 하였는데, 이에 대한 오류내용이 발견되어 처음으로 10월 23일 수정신고 및 납부를 하였다. 부가가치세수정신고서(과세표준명세 포함)를 작성하시오. 단, 미납일수는 90일로 하고, 전표입력은 생략한다.

오류사항	• 직수출 50,000,000원에 대한 매출누락(부정행위 아님)이 발생하였다. • 비사업자인 최현에게 제품운반용 중고트럭을 22,000,000원에 현금판매한 것을 누락하였다.(세금계산서 미발급분이다) • 당초 부가가치세 신고서에 반영하지 못한 제품 타계정대체액 명세는 다음과 같다. 제품제조에 사용된 재화는 모두 매입세액공제분이다. - 매출처에 접대목적으로 제공 : 원가 2,000,000원, 시가 2,500,000원 - 불특정다수인에게 홍보용제품 제공 : 원가 1,000,000원, 시가 1,200,000원

[6] 다음 자료를 반영하여 2기 확정신고(10월~12월)에 대한 부가가치세 신고서를 작성하시오. 단, 당사는 법인사업자이다.

[예정신고시 누락분]

- 직수출 30,000,000원(부정행위 아님)
- 매입세액공제 가능한 사업용신용카드 일반매입분 5,500,000원(공급대가) 누락

[확정신고기간분에 대한 사항]

- 세금계산서 매출액 15,000,000원(공급가액)
  → 세금계산서 매출분 중 종이세금계산서 발급분 10,000,000원(공급가액)이 포함되어 있다.
- 세금계산서 매입액 10,000,000원(공급가액) : 고정자산매입분 없음
  → 매입세금계산서 중 접대비 해당분 3,000,000원(공급가액)이 포함되어 있다.

[7] 2기 확정신고(10월~12월)를 한 후 다음과 같은 오류를 발견하였다. 다음해 2월 28일에 수정신고하는 경우 부가가치세 수정신고서(1차)를 작성하시오. 본 문제에서 과소신고한 것은 부당과소신고가 아니다.

가정	• 발견된 오류는 아직 신고서에 반영되지 않았으며, 오류 내용에 대한 전표입력은 생략한다. • 가산세 계산시 일수는 30일로 한다. • 아래 오류사항 이외에 추가적으로 반영할 사항은 없으며, 각종 세액공제는 모두 생략한다.
오류사항	• 10월 1일 ㈜영동상사에 제품을 5,000,000원(부가가치세 별도)에 판매하고, 즉시 전자세금계산서를 발급한 1건에 대한 국세청 전송을 누락하여 다음해 2월 20일 국세청에 전송하였는데 부가가치세 신고서에 반영되지 않았다. • 원재료를 소매로 3,000,000원(부가가치세 별도)에 매입하고 카드로 결제한 내역 1건을 누락하였다.(원재료 판매처는 일반과세자이다) • ㈜대박상사로부터 원재료를 1,000,000원(부가가치세 별도)에 매입하고 세금계산서 수취 1건을 누락하였다.

[8] 다음은 당사의 제2기 예정신고시 누락된 자료(부당한 방법에 의한 누락이 아님)이다. 제2기 확정 부가가치세신고서를 작성하시오. 단, 미납일수는 92일이라고 가정한다.

1. 제품을 매출하고 발급한 전자세금계산서 1매(전자세금계산서의 발급 및 전송은 정당하게 이루어짐)
   (공급가액 : 100,000,000원, 부가가치세 : 10,000,000원)
2. 제품을 접대용으로 매출거래처에 공급하였음
   (제품의 원가 : 10,000,000원, 제품의 시가 : 25,000,000원)
3. 기계장치를 매입하고 받은 신용카드매출전표 1매
   (공급가액 : 10,000,000원, 부가가치세 : 1,000,000원)
4. 영업부에서 접대목적으로 선물세트를 구입하고 받은 세금계산서 1매
   (공급가액 : 20,000,000원, 부가가치세 : 2,000,000원)

[9] 2기 예정 부가가치세 신고시 다음의 내용이 누락되었다. 2기 부가가치세 확정신고시 예정신고 누락분을 모두 반영하여 신고서를 완성하시오(단, 미납기간은 90일이며, 전자세금계산서는 정당하게 발급 및 전송하였다.)

[매출누락 내역]

구 분	공급가액	세 액	증빙서류
제품매출	10,000,000원	1,000,000원	전자세금계산서
제품매출	3,000,000원	300,000원	신용카드매출전표
제품매출	2,000,000원	0원	영세율전자세금계산서
제품매출	3,000,000원	0원	수출실적명세서

[매입누락 내역]

구 분	공급가액	세 액	증빙서류
원재료매입	2,000,000원	200,000원	전자세금계산서
컴퓨터매입	10,000,000원	1,000,000원	신용카드매출전표
운반비	5,000,000원	0원	영세율전자세금계산서

[10] 제1기 예정 부가가치세 신고시 누락된 자료이다. 제1기 확정 부가가치세 신고서에 누락분과 가산세를 반영하여 신고하시오.(미납부경과일수는 91일이며, 부당한 과소신고는 아닌 것으로 가정한다.)

[예정신고시 누락된 자료]
(1) 제품을 판매하고 적법하게 발급 전송했던 전자세금계산서 1매
(공급가액 10,000,000원, 부가가치세 1,000,000원)
(2) 제품을 직수출하고 받은 외화입금증명서 1매 (공급가액 20,000,000원)
(3) 제품을 거래처에 선물로 증정 (제품원가 5,000,000 원, 제품시가 7,000,000원)
(4) 원재료를 매입하고 수취한 전자세금계산서 1매
(공급가액 5,000,000원, 부가가치세 500,000원)

연습문제 정답 및 풀이

[1]
- 세금계산서 미전송가산세 : 3,000,000원 × 0.5% = 15,000원
- 신고불성실가산세(일반과소) : 1,000,000원 × 10% × 25% = 25,000원
- 납부지연가산세 : 1,000,000원 × 0.025% × 92일 = 23,000원
- 영세율과세표준신고불성실가산세 : 8,000,000원 × 0.5% × 25% = 10,000원
- 합계 73,000원

※ 전자세금계산서 미전송가산세가 적용되는 부분은 매출처별세금계산서합계표 불성실가산세가 중복 적용되지 않는다.

[2]
- 신고불성실가산세(일반과소) : 3,000,000원 × 10% × 25% = 75,000원
- 납부지연가산세 : 3,000,000원 × 0.025% × 92일 = 69,000원
- 합계 144,000원

[3]
- 신고불성실가산세(일반과소) : 5,000,000원 × 10% × 25% = 125,000원
- 납부지연가산세 : 5,000,000원 × 0.025% × 91일 = 113,750원
- 영세율과세표준신고불성실가산세 : 20,000,000원 × 0.5% × 25% = 25,000원
- 합계 263,750원

[4] • 신고불성실가산세(일반과소) : 400,000원 × 10% × 25% = 10,000원
• 납부지연가산세 : 400,000원 × 0.025% × 90일 = 9,000원
• 영세율과세표준신고불성실가산세 : 5,000,000원 × 0.5% × 25% = 6,250원
• 합계 25,250원

[5] • 세금계산서 미발급가산세 : 20,000,000원 × 2% = 400,000원
• 신고불성실가산세(일반과소) : 2,250,000원 × 10% × 25% = 56,250원
• 납부지연가산세 : 2,250,000원 × 0.025% × 90일 = 50,625원
• 영세율과세표준신고불성실가산세 : 50,000,000원 × 0.5% × 25% = 62,500원
• 합계 569,375원

[6] • 세금계산서 종이발급가산세 : 10,000,000원 × 1% = 100,000원
• 영세율과세표준신고불성실가산세 : 30,000,000원×0.5%×25% = 37,500원
• 합계 137,500원

※ 전자세금계산서 발급의무자가 전자세금계산서를 발급하지 않고 그 발급시기에 종이세금계산서를 발급한 경우 공급가액의 1%를 가산세로 부과한다.

[7] • 세금계산서 미전송가산세 : 5,000,000원 × 0.5% = 25,000원
• 신고불성실가산세(일반과소) : 100,000원 × 10% × 10% = 1,000원
• 납부지연가산세 : 100,000원 × 0.025% × 30일 = 750원
• 합계 26,750원

[8] • 매출처별세금계산서 지연제출가산세 : 100,000,000원 × 0.3% = 300,000원
• 신고불성실가산세(일반과소) : 11,500,000원 × 10% × 25% = 287,500원
• 납부지연가산세 : 11,500,000원 × 0.025% × 92일 = 264,500원
• 합계 852,000원

[9] • 매출처별세금계산서 지연제출가산세 : 12,000,000원 × 0.3% = 36,000원
• 신고불성실가산세(일반과소) : 100,000원 × 10% × 25% = 2,500원
• 납부지연가산세 : 100,000원 × 0.025% × 90일 = 2,250원
• 영세율과세표준신고불성실가산세 : 5,000,000원 × 0.5% × 25% = 6,250원
• 합계 47,000원

[10] • 매출처별세금계산서 지연제출가산세 : 10,000,000원 × 0.3% = 30,000원
• 신고불성실가산세(일반과소) : 1,200,000원 × 10% × 25% = 30,000원
• 납부지연가산세 : 1,200,000원 × 0.025% × 91일 = 27,300원
• 영세율과세표준신고불성실가산세 : 20,000,000원 × 0.5% × 25% = 25,000원
• 합계 112,300원

제 4 장

실기시험 연말정산 자료

01-1 인적공제

● 기본공제(1인당 150만원)

근로소득이 있는 거주자에 대하여는 다음에 해당하는 가족수에 1인당 150만원을 근로소득금액에서 공제한다.

<table>
<tr><th colspan="2" rowspan="2">구 분</th><th colspan="2">공제요건</th><th rowspan="2">비 고</th></tr>
<tr><th>나이요건</th><th>소득요건
(100만원 이하)</th></tr>
<tr><td colspan="2">본인공제</td><td>×</td><td>×</td><td></td></tr>
<tr><td colspan="2">배우자공제</td><td>×</td><td>○</td><td rowspan="7">• 연간 소득금액의 합계액 100만원 이하
단, 근로소득만 있는 경우 총급여액 500만원 이하</td></tr>
<tr><td rowspan="6">부양
가족</td><td>직계존속</td><td>60세 이상</td><td>○</td></tr>
<tr><td>직계비속, 입양자
(의붓자녀 포함)</td><td>20세 이하</td><td>○</td></tr>
<tr><td>장애인
(직계비속의 장애인 배우자 포함)</td><td>×</td><td>○</td></tr>
<tr><td>형제자매</td><td>60세 이상
20세 이하</td><td>○</td></tr>
<tr><td>국민기초생활보장법에
따른 수급자</td><td>×</td><td>○</td></tr>
<tr><td>위탁아동*</td><td>18세 미만</td><td>○</td></tr>
</table>

* 보호기간이 연장된 경우로서 20세 이하인 위탁아동 포함

◎ [기본공제대상자(연간소득금액 100만원 이하) 해당여부 판정시 참고사항]

연간소득금액이란 종합(이자·배당·사업·근로·연금·기타소득금액), 퇴직, 양도소득금액의 연간합계액으로 총수입금액이 아니라 필요경비를 공제한 후의 금액을 말한다. 이때 총수입금액에서 비과세소득 및 분리과세 대상소득금액은 제외한다.

종류	소득금액계산	소득금액 100만원 이하 사례
근로소득	총급여액(비과세차감) - 근로소득공제	총급여액 333만원 - 근로소득공제 233만원 = 100만원 (근로소득만 있는 경우 총급여액 500만원 이하)
사업소득 (부동산임대포함)	총수입금액 - 필요경비	총수입금액에서 필요경비를 차감한 금액이 100만원
연금소득	총연금액 - 연금소득공제	공적연금 총연금액 516만원 - 연금소득공제 416만원 = 100만원 (사적연금 1,200만원 이하는 분리과세 가능)
기타소득	총수입금액 - 필요경비	총수입금액에서 필요경비를 차감한 금액이 100만원 (기타소득금액 300만원 이하는 분리과세 가능)
이자 · 배당소득	필요경비 인정 안됨	이자소득과 배당소득의 합계금액이 2천만원 이하인 경우 분리과세 가능
퇴직소득	비과세를 제외한 퇴직금 전액	비과세소득을 제외한 금액이 100만원인 퇴직금
양도소득	양도가액 - 취득가액 - 기타필요경비 - 장기보유특별공제	필요경비와 장기보유특별공제금액을 차감한 금액이 100만원인 양도소득금액

◎ 추가공제

기본공제대상자가 다음 중 어느 하나에 해당하는 경우 기본공제 외에 아래의 구분별로 정해진 금액을 추가로 공제한다.

구 분		공제요건	추가공제금액
추가공제	장애인	기본공제대상자 중 장애인(연간소득금액 100만원 이하)	1인당 연 200만원
	경로우대	기본공제대상자 중 70세 이상인 자	1인당 연 100만원
	부녀자	근로소득금액이 3천만원 이하인 근로자가 다음 하나에 해당하는 경우 • 배우자가 있는 여성 • 배우자가 없는 여성으로서 기본공제대상 부양가족이 있는 세대주	연 50만원
	한부모	배우자가 없는 자로서 부양자녀(20세 이하)가 있는 자	연 100만원

※ 부녀자 공제와 한부모 공제가 중복시 중복적용이 배제되므로 한부모 공제를 적용한다.

01-2 특별소득공제

구 분		내 용
보험료 공제	건강보험료	[급여자료입력] 메뉴에서 입력된 매월 건강 · 요양보험료 공제액이 자동 반영되며 한도 없이 전액 소득공제
	고용보험료	[급여자료입력] 메뉴에서 입력된 매월 고용보험료 공제액이 자동 반영되며 한도 없이 전액 소득공제
주택자금 공제	주택차입 원리금	주택임차 차입금에 대한 원금과 이자의 년간 상환액 합계를 입력하며 대출기관의 차입금과 거주자로부터 차입한 차입금은 구분하여 입력
	장기주택 이자상환액	장기주택저당차입금의 이자상환액을 2011년이전 차입분(15년미만, 15~29년, 30년이상)과 2012년이후 차입분(고정금리비거치상환, 기타대출)으로 구분하여 입력
	공제여부 판단 시 참고사항	무주택 세대주*인 경우(장기주택저당차입금상환액 : 무주택 또는 1주택 세대주 가능)에만 공제 가능
	입력시 유의사항	1. 주택임차 차입금 원리금 상환액 공제의 대출기관(은행등), 거주자(개인)는 차입 대상자를 의미한다. 2. 장기주택저당차입금은 이자만 입력하여야 한다. 3. 주택차입금이자세액공제 대상은 세액공제란에 입력하여야 한다.

* 세대주가 주택관련 공제를 받지 않은 경우 세대원도 가능

01-3 그밖의 소득공제

구 분	내 용
신용카드 등 소득공제	근로소득자가 신용카드 등을 사용액이 총급여액의 25%를 초과하는 경우 공제 • 신용카드등(15%) = 신용카드 사용금액 • 직불카드(30%) = 직불 · 선불카드 + 현금영수증 등 사용금액 • 도서·공연 사용액(30%) = 도서·공연 사용금액(총급여 7천만원 이하자) • 전통시장 사용액(40%) = 전통시장 사용금액 • 대중교통이용액(40%) = 대중교통 이용금액 300만원(총급여 7천만원~1.2억원 250만원, 1.2억원 초과 200만원)과 총급여 20% 중 적은 금액 한도 다만, 전통시장, 대중교통, 도서·공연 사용액은 각각 100만원 추가 공제(최대 600만원)
	[공제여부 판단 시 참고사항] • 부양가족의 소득금액 제한은 있으나 나이제한이 없음 • 형제자매의 신용카드 사용액은 공제 불가능 • 무기명 선불카드의 사용액은 공제 불가능 • 위장가맹점과 거래분은 공제 불가능 • 부양가족 중 기본공제는 다른 사람이 받고 신용카드사용액만 본인이 받을 수 없음 • 사업관련 경비로 처리된 종업원 명의의 신용카드사용액은 공제 불가능

구 분	내 용
소기업 등 공제부금 소득공제	소기업·소상공인에 해당하는 대표자(총급여액 7천만원 이하)의 노란우산공제 불입액 공제
장기집합투자증권저축	요건을 갖춘 장기집합투자증권저축 불입액을 입력한다.

01-4 세액공제

<table>
<tr><th colspan="3">구 분</th><th>내 용</th></tr>
<tr><td rowspan="3">보장성보험</td><td colspan="2">보장성보험</td><td>건강보험료와 고용보험료를 제외한 보장성 보험료를 입력한다.</td></tr>
<tr><td colspan="2">장애인전용
보장성보험료</td><td>장애인전용보장성보험 전액을 입력한다.</td></tr>
<tr><td colspan="2">공제여부
판단 시
참고사항</td><td>• 기본공제대상자(소득금액 및 나이 제한)의 보험료만 공제 가능
• 저축성보험료는 공제대상 아님
• 태아보험료는 공제대상 아님(출생전이므로 기본공제대상자가 아님)</td></tr>
<tr><td rowspan="7">의료비</td><td rowspan="3">전액 의료비</td><td>본인,
65세 이상자
의료비</td><td>기본공제대상자 중 본인, 경로우대자의 의료비, 진찰, 진료, 질병예방치료 및 요양을 위한 의료비용과 의약품 구입총액을 입력</td></tr>
<tr><td>장애인
의료비</td><td>기본공제대상자 장애인의 의료비 및 장애인 보장구, 의료용구 구입총액을 입력</td></tr>
<tr><td colspan="2">공제대상의료비 = 의료비 지출액 전액
(총급여액 × 3%)에 미달하는 경우 그 미달하는 금액을 차감</td></tr>
<tr><td colspan="2" rowspan="2">그 밖의
공제대상자
의료비</td><td>기본공제대상자(연령 및 소득금액의 제한을 받지 아니함)를 위하여 당해 근로자가 직접 부담한 의료비 중 본인, 장애인, 경로우대자를 제외한 기본공제대상자의 의료비</td></tr>
<tr><td>공제대상의료비 = 의료비지출액 - 총급여액×3%
공제한도액 : 연 700만원</td></tr>
<tr><td colspan="2">공제여부
판단 시
참고사항</td><td>• 부양가족의 소득금액 및 나이제한 없음
• 국외 의료기관의 의료비는 공제 불가능
• 미용 · 성형수술을 위한 비용은 공제 불가능
• 간병인에게 지급된 비용은 공제 불가능
• 의약품이 아닌 건강기능식품 구입비용은 공제 불가능
• 의료기관이 아닌 특수교육원의 언어치료비 · 심리치료비 등은 공제 불가능
• 상해보험 등 보험회사로부터 수령한 보험금으로 지급한 의료비는 공제 불가능</td></tr>
<tr><td colspan="2">입력시
유의사항</td><td>1. 항목별 한도액이 다르므로 반드시 구분하여 입력
2. 안경, 콘텍트렌즈구입비는 1인당 50만원 한도
3. 산후조리원 비용(출산 1회당 200만원 한도, 총급여 7천만원 이하자)</td></tr>
</table>

<table>
<tr><th colspan="3">구 분</th><th>내 용</th></tr>
<tr><td rowspan="6">교육비</td><td colspan="2">소득자 본인</td><td>본인의 교육비 지급액을 입력</td></tr>
<tr><td colspan="2">배우자 교육비</td><td>배우자의 교육비로 지출한 금액을 입력하며 반드시 한도내 금액으로 입력</td></tr>
<tr><td colspan="2">자녀등 교육비</td><td>(취학전 아동, 초 · 중 · 고등학교, 대학생(대학원불포함))
직계비속이나 형제자매를 위하여 지출한 교육비를 한도내 금액으로 입력</td></tr>
<tr><td colspan="2">장애인특수
교육비</td><td>기본공제 대상자인 장애인(소득금액 제한 없으며, 직계존속도 공제 가능) 재활을 위하여 사회복지시설 및 비영리법인 등에 지급하는 특수 교육비를 전액 공제</td></tr>
<tr><td colspan="2">공제여부
판단 시
참고사항</td><td>• 영 · 유치원, 초중고생 : 1인당 300만원 한도
• 대학생 : 900만원 한도
• 부양가족의 소득금액 제한은 있으나 나이제한 없음
• 직계존속의 교육비는 공제 불가능
• 대학원교육비는 본인만 공제 가능
• 취학전 아동의 학원비는 공제 가능하나 초 · 중 · 고등학생의 학원비는 불가능
• 초 · 중 · 고, 어린이집, 유치원, 학원, 체육시설 급식비, 방과후수업료, 특별활동비(교재비 포함), 중 · 고등 교복구입비, 교과서구입비, 체험학습비 공제 가능
• 학교버스이용료, 교육자재비, 기숙사비는 공제 불가능
• 외국대학부설 어학연수과정의 수업료는 공제 불가능</td></tr>
<tr><td colspan="2">입력시
유의사항</td><td>1. 배우자 및 부양가족의 교육비는 한도내 금액으로 입력
2. 교복구입비는 1인당 50만원 한도내 금액으로 입력
3. 현장체험 학습비는 1인당 30만원 한도내 금액으로 입력</td></tr>
<tr><td rowspan="6">기부금</td><td colspan="2">정치자금
(10만원이하)</td><td>정치자금 중 10만원까지 100/110 세액공제</td></tr>
<tr><td rowspan="2">전액
공제
기부
금</td><td>법정
기부금</td><td>국가 또는 지방자치단체에 기부한 금품, 국방헌금과 위문금품, 천재 · 지변으로 인한 이재민구호금품, 특별재난지역의 복구를 위하여 자원 봉사한 경우 그 용역의 가액을 입력한다.</td></tr>
<tr><td>정치자금
(10만원
초과)</td><td>정치자금에 관한 법률에 의하여 정당(동법에 의한 후원회 및 선거관리위원회 포함)에 기부한 정치자금 중 10만원을 초과하는 금액을 입력한다.</td></tr>
<tr><td colspan="2">지정기부금
(종교단체기부금)</td><td>종교단체기부금을 입력한다.</td></tr>
<tr><td colspan="2">지정기부금
(종교단체외
기부금)</td><td>사회복지, 문화, 예술, 교육, 자선등 공익성 기부금을 입력한다.</td></tr>
<tr><td colspan="2">공제여부 판단
시 참고사항</td><td>• 기본공제대상자(소득금액 제한)의 기부금만 공제 가능
• 정치자금은 본인 지출분만 공제 가능
• 한도초과시 이월공제가 가능(법정 10년, 지정 10년).</td></tr>
</table>

[부양가족의 소득공제 여부 판단시 참고사항]

구 분	소득금액 제한	나이 제한	비 고
보험료	○	○	
의료비	×	×	
교육비	○	×	직계존속의 교육비는 공제불가능
기부금	○	×	정치자금은 본인지출분만 공제가능
주택자금	-	-	본인명의 지출분만 공제가능
연금저축	-	-	본인명의 지출분만 공제가능
신용카드	○	×	형제자매 사용분은 공제불가능

[신용카드 등 사용금액 소득공제와 특별세액공제 중복 적용 여부]

<table>
<tr><th colspan="2">구 분</th><th>세액공제항목</th><th>신용카드소득공제</th></tr>
<tr><td colspan="2">신용카드로 결제한 의료비</td><td>의료비 세액공제 가능</td><td>공제 가능</td></tr>
<tr><td colspan="2">신용카드로 결제한 보장성보험료</td><td>보험료 세액공제 가능</td><td>공제 불가</td></tr>
<tr><td rowspan="2">신용카드로
결제한 학원비</td><td>취학전 아동</td><td>교육비 세액공제 가능</td><td rowspan="2">공제 가능</td></tr>
<tr><td>그 외</td><td>교육비 세액공제 불가</td></tr>
<tr><td colspan="2">신용카드로 결제한 교복 구입비</td><td>교육비 세액공제 가능</td><td>공제 가능</td></tr>
<tr><td colspan="2">신용카드로 결제한
장애인 특수 교육비</td><td>교육비 세액공제 가능</td><td>공제 가능</td></tr>
<tr><td colspan="2">신용카드로 결제한 기부금</td><td>기부금 세액공제 가능</td><td>공제 불가</td></tr>
</table>

제 2 부

NCS 국가직무능력표준 National Competency Standards

최근 기출 문제

최근 기출문제

82회 이론시험

01 다음은 당좌자산 중 현금및현금성자산에 대한 설명이다. 틀린 것은?

① 타인발행수표는 현금및현금성자산에 포함된다.

② 당좌예금은 현금및현금성자산에 포함된다.

③ 결산일이 2021년 12월 31일인 기업이 2021년 9월 30일에 취득한 금융상품으로서 결산일로부터 3개월 후인 2022년 3월 31일이 만기일인 금융상품은 현금및현금성자산에 포함된다.(단, 중도상환은 없는 것으로 가정)

④ 현금및현금성자산은 기업의 유동성 판단에 관한 중요한 정보에 해당한다.

02 다음 중 무형자산에 해당하는 것으로 볼 수 없는 것은?

① 산업재산권

② 특허권

③ 내부적으로 창출한 영업권

④ 내부 프로젝트의 개발단계에서 발생한 지출로서 자산인식요건을 모두 충족하는 개발비

03 다음 중 재고자산에 대한 설명으로 옳지 않은 것은?

① 재고자산은 이를 판매하여 수익을 인식한 기간에 매출원가로 인식한다.

② 재고자산의 시가가 장부금액 이하로 하락하여 발생한 평가손실은 재고자산의 차감계정으로 표시하고 영업외비용으로 처리한다.

③ 재고자산의 장부상 수량과 실제 수량과의 차이에서 발생하는 감모손실의 경우 정상적으로 발생한 감모손실은 매출원가에 가산한다.

④ 재고자산의 장부상 수량과 실제 수량과의 차이에서 발생하는 감모손실의 경우 비정상적으로 발생한 감모손실은 영업외비용으로 분류한다.

04 수익에 대한 다음 설명 중 잘못된 것은?

① 수익은 재화의 판매, 용역의 제공이나 자산의 사용에 대하여 받았거나 또는 받을 대가의 공정가치로 측정한다.

② 용역제공거래의 성과를 신뢰성 있게 추정할 수 없고 발생한 원가의 회수가능성이 낮은 경우 발생한 비용의 범위 내에서만 수익을 인식한다.

③ 이자수익은 원칙적으로 유효이자율을 적용하여 발생기준에 따라 인식한다.

④ 성격과 가치가 유사한 재화나 용역간의 교환은 수익을 발생시키는 거래로 보지 않는다.

05 다음은 유가증권에 대한 설명이다. 틀린 것은?

① 유가증권에는 지분증권과 채무증권이 포함된다.

② 단기매매증권에 대한 미실현보유손익은 당기손익항목으로 처리한다.

③ 매도가능증권에 대한 미실현보유손익은 기타포괄손익누계액으로 처리한다.

④ 만기가 확정된 채무증권으로서 상환금액이 확정되었거나 확정이 가능한 채무증권을 만기까지 보유할 적극적인 의도와 능력이 있는 경우에는 매도가능증권으로 분류한다.

06 다음은 변동비에 관한 설명 및 도표이다. 잘못된 것은?

① 조업도의 변동에 비례하여 총원가가 변동하는 원가를 말한다.

② 단위당 원가는 조업도의 변동에 관계없이 일정하다.

③ 변동비의 총원가는 조업도에 따라서 다음과 같이 발생한다.

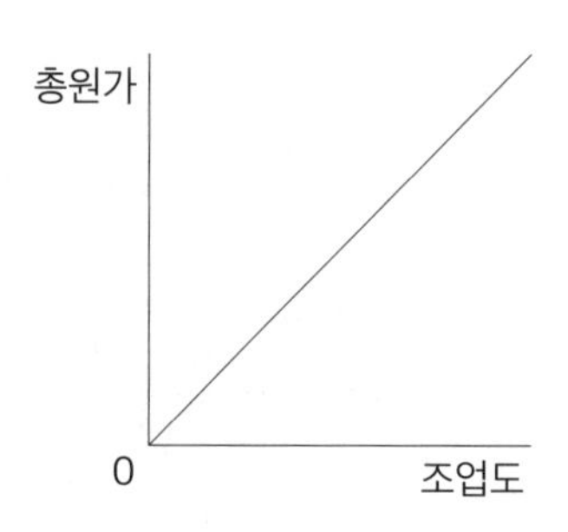

④ 단위당 원가는 조업도가 증가할수록 감소한다.

07 다음 자료를 이용하여 당기매출원가를 계산하면 얼마인가?

• 기초제품재고 : 100,000원	• 당기제품제조원가 : 500,000원
• 기말재공품 : 50,000원	• 기말제품재고 : 200,000원

① 500,000원 ② 450,000원 ③ 400,000원 ④ 350,000원

08 개별원가계산의 특징이 아닌 것은?

① 다품종소량생산, 주문생산에 적합하다.
② 제조지시서를 통하여 개별제품별로 제조를 지시한다.
③ 작업원가표를 통하여 개별제품별로 제조원가가 집계된다.
④ 제조원가는 각 공정별로 집계된다.

09 평균법에 의한 종합원가계산제도에서 다음의 자료를 통해 제품원가를 계산하시오.(재료비는 완성도 50% 시점에 투입되며, 가공비는 공정 전반에 걸쳐 균등하게 발생된다.)

물량흐름				비용	기초재공품 원가	당기 제조원가
기초	100개(완성도 50%)	완성	400개	재료비	80,000원	100,000원
착수	500개	기말	200개(완성도 60%)	가공비	100,000원	160,000원

① 320,000원 ② 280,000원 ③ 260,000원 ④ 180,000원

10 다음 중 공손품에 대한 설명으로 옳지 않은 것은?

① 공손품은 폐기되거나 정규가격 이하로 판매되는 품질표준 미달의 불합격 생산물을 말한다.
② 정상공손은 능률적인 작업조건하에서도 발생되는 공손을 말한다.
③ 비정상공손은 제조활동을 효율적으로 수행하면 방지할 수 있는 공손을 말한다.
④ 비정상공손의 허용한도는 품질검사를 기준으로 하여 품질검사에 합격한 합격품의 일정비율로 정한다.

11 다음 중 부가가치세법상 간이과세자 적용배제 업종이 아닌 것은?

① 음식점업
② 광업
③ 도매업(재생용 재료수집 및 판매업 제외)
④ 부동산매매업

12 다음 중 소득세법상 사업소득금액 계산시 필요경비에 산입되는 항목은?

① 면세사업자가 부담하는 부가가치세 매입세액
② 업무와 관련하여 고의 또는 중대한 과실로 타인의 권리를 침해한 경우에 지급되는 손해배상금
③ 초과인출금에 대한 지급이자
④ 선급비용

13 다음 중 소득세법상 과세표준 확정신고를 하여야 하는 경우는?

① 퇴직소득만 있는 경우
② 근로소득과 퇴직소득이 있는 경우
③ 근로소득과 보통예금이자 150만원(14% 원천징수세율 적용대상)이 있는 경우
④ 근로소득과 사업소득이 있는 경우

14 다음 중 부가가치세법상 영세율과 면세제도에 관한 설명으로 옳지 않은 것은?

① 국내거래도 영세율 적용대상이 될 수 있다.
② 면세사업자는 재화의 매입으로 부담한 매입세액을 환급받을 수 없다.
③ 면세의 포기를 신고한 사업자는 신고한 날부터 3년간 부가가치세를 면제받지 못한다.
④ 면세사업자가 영세율과 면세를 동시에 적용할 수 있는 재화를 공급하는 경우에는 영세율을 적용한다.

15 다음 자료는 2021년 2기 확정신고기간의 자료이다. 부가가치세 과세표준은 얼마인가?

구 분	금 액	비 고
세금계산서 발급 제품매출	100,000,000원 (공급가액)	• 할부판매, 장기할부판매의 이자 상당액 2,000,000원 포함 • 현금으로 지급한 판매장려금 1,000,000원 불포함 • 제품으로 지급한 판매장려금 시가 1,000,000원(공급가액) 불포함

① 99,000,000원 ② 100,000,000원
③ 101,000,000원 ④ 102,000,000원

실무시험

㈜팔영산업(회사코드 : 2382)은 제조, 도 · 소매 및 무역업을 영위하는 중소기업이며, 당기(12기)회계기간은 2021.1.1.~2021.12.31.이다. 전산세무회계 수험용 프로그램을 이용하여 다음 물음에 답하시오.

문제에서 한국채택국제회계기준을 적용하도록 하는 전제조건이 없는 경우, 일반기업회계기준을 적용하여 회계처리 한다.

문제 01 다음 거래를 일반전표입력 메뉴에 추가 입력하시오. (15점)

01 3월 3일 ㈜동국 소유의 건물로 사무실이전을 하면서 임차보증금 15,000,000원 중 2월 3일 지급한 계약금 5,000,000원을 제외한 10,000,000원을 보통예금 계좌에서 지급하였다. (3점)

02 7월 8일 출장중인 영업부 직원들이 Cafe New에서 ICE아메리카노를 주문하고 다음의 신용카드매출전표(법인삼성카드)로 결제하였다. 거래일 현재 Cafe New는 간이과세자이고, 여비교통비로 처리할 것. (3점)

CAFE New
123-45-67890 TEL: 031-646-1858 김풍미
경기도 안산시 단원구 광덕대로 894
2021-07-08 14:21(화) POS:03 BILL:000057

품명	단가	수량	금액
ICE아메리카노	3,000원	2	6,000원

소계	6,000원
청구금액	6,000원
받은금액	6,000원
거스름액	0원
신용카드	**6,000**원

신용카드 매출전표 [고 객 용]
[카 드 번 호] 8945-****-****-8973
[할 부 개 월] 일시불
[카 드 사 명] 삼성카드
[가 맹 번 호] 00856468
[승 인 번 호] 07977897

03 7월 25일 부가가치세 제1기 확정분에 대한 납부세액 1,689,000원(미지급세금에 반영되어 있음)을 법인 보통예금 통장에서 계좌이체로 납부하였다. (3점)

04 9월 30일 보통예금 통장에 이자수익 350,000원이 발생하여 원천징수세액 53,900원(지방소득세 포함)을 제외한 296,100원이 입금되었다.(원천징수세액은 자산으로 처리할 것.) (3점)

05 12월20일 생산부서 직원들에 대한 확정기여형(DC형) 퇴직연금 불입액 5,000,000원을 보통예금 계좌에서 이체하였다. (3점)

문제 02 다음 거래자료를 매입매출전표입력 메뉴에 추가로 입력하시오. (15점)

01 7월 7일 영업부에서 사용하던 프린터에 문제가 발생하여 수리왕에서 수리하고 수선비 150,000원(부가세 별도)에 대한 전자세금계산서를 발급받았다. 동일자에 부가가치세를 포함한 대금은 보통예금 계좌에서 즉시 지급하였다.(수선비는 비용으로 처리할 것) (3점)

02 8월 20일 비사업자인 김성호에게 제품을 판매하고 판매대금 1,100,000원(부가가치세 포함)을 현금으로 수취하면서 소득공제용 현금영수증을 발급하였다. (3점)

03 9월 12일 영국 OTP사에 제품을 $100,000에 직수출(수출신고일 : 9월 10일, 선적일 : 9월 12일)하고, 수출대금은 9월 30일에 받기로 하였다. 수출과 관련된 내용은 다음과 같다.(수출신고번호는 고려하지 말 것) (3점)

일자	9월 10일	9월 12일	9월 30일
기준환율	1,200원/$	1,150원/$	1,180원/$

04 9월 18일 회사가 보유하고 있는 원재료 중 원가 2,000,000원(판매가 3,300,000원, 부가세 포함)을 매출거래처인 ㈜동행에 명절선물로 제공하였다.(단, 매입 원재료는 적법하게 매입세액공제를 받았다고 가정할 것.) (3점)

05 9월 30일 당사의 영업부에서 사용할 문구류 등을 미나문구에서 현금으로 매입하고 다음의 현금영수증을 받았다.(문구류 등은 소모품비로 회계처리할 것). (3점)

현금영수증

가맹점명
미나문구 215-16-85543 최강희

서울시 동대문구 장한평로 32 TEL : 02-368-8521
홈페이지 http://www.minamungu.co.kr

현금(지출증빙용)

구매 2021/9/30/11:00 거래번호 : 0012-0025

상품명	수량	금액
문구류 등		220,000원
	과세공급가액	200,000원
	부가가치세	20,000원
	합 계	220,000원

문제 03 부가가치세신고와 관련하여 다음 물음에 답하시오. (10점)

01 다음 자료를 보고 2021년 1기 확정신고기간의 수출실적명세서를 작성하시오.(단, 거래처코드와 거래처명은 입력하지 말 것.) (3점)

상대국	수출신고번호	선적일	환가일	통화	수출액	기준환율	
						선적일	환가일
일본	13041-20-044589X	2021.04.06.	2021.04.15.	JPY	¥300,000	₩994/¥100	₩997/¥100
미국	13055-10-011460X	2021.05.18.	2021.05.12.	USD	$60,000	₩1,040/$	₩1,080/$
영국	13064-25-147041X	2021.06.30.	2021.07.08.	USD	$75,000	₩1,110/$	₩1,090/$

02 다음 자료를 이용하여 ㈜팔영산업의 2021년 2기 확정신고기간 부가가치세 신고서를 작성하시오.(부가가치세 신고서 외의 기타 신고서류는 작성을 생략하고, 불러오는 데이터 값은 무시하며 새로 입력할 것.) (7점)

매출자료	• 전자세금계산서 과세 매출액(공급가액 : 220,000,000원, 세액 : 22,000,000원) • 직수출액(공급가액 : 88,000,000원, 세액 : 0원)

매입 자료	• 전자세금계산서 과세 매입액(공급가액 : 132,000,000원, 세액 : 13,200,000원) : 이 중 접대비 관련 매입액(공급가액 : 5,500,000원, 세액 : 550,000원) 이외에 나머지는 위 매출자료의 과세매출 관련 상품 매입액임 • 법인카드 매입액(공급가액 : 11,000,000원, 세액 : 1,100,000원) : 전액 직원 복리후생 관련 매입액임
예정신고 누락분	• 전자세금계산서 과세 매출액(공급가액 : 20,000,000원, 세액 : 2,000,000원) • 전자세금계산서 과세 매입액(공급가액 : 10,000,000원, 세액 : 1,000,000원)
기타	• 부가가치세 신고서는 회사가 직접 국세청 홈택스를 통해 전자신고하여 전자신고세액공제를 받기로 함 • 신고불성실가산세는 과소·초과환급(일반)란에 입력할 것 • 납부지연가산세 계산시 미납일수는 91일을 적용할 것 • 전자세금계산서의 발급 및 국세청 전송은 정상적으로 이뤄졌다.

문제 04 다음 결산자료를 입력하여 결산을 완료하시오. (15점)

01 2021년 10월 1일 미국의 ABS사로부터 $100,000를 3년 후 상환하는 조건으로 차입하였다. 환율정보가 다음과 같을 때 결산분개를 하시오.(단, 외화장기차입금으로 회계처리 할 것) (3점)

2021년 10월 01일	2021년 12월 31일
₩ 1,050 = $ 1	₩ 1,100 = $ 1

02 영업부에서 사용하는 법인명의 차량에 대한 자동차보험료(2021.04.01.~2022.03.31.) 1,200,000원을 2021년 4월 1일에 국민화재보험에 지급하면서 전액 보험료로 계상하였다.(단, 보험료 기간배분은 월할계산으로 하며, 회계처리시 음수로 입력하지 말 것) (3점)

03 당기말 보유하고 있는 단기매매증권의 내역은 다음과 같다. 기말 현재 ㈜코스파의 주당 공정가치는 120,000원이다. (3점)

주식발행법인	취득일	처분일	주식수	주당 단가
㈜코스파	2021.1.30.	-	1,000주	100,000원
㈜코스파	-	2021.10.25.	300주	120,000원

04 12월 31일 결산 마감전 영업권(무형자산) 잔액이 12,000,000원이 있으며, 이 영업권은 2021년 12월 30일에 취득한 것이다.(단, 회사는 무형자산에 대하여 5년간 월할 균등상각하며 상각기간 계산시 1월 미만의 기간은 1월로 한다.) (3점)

05 당기 법인세비용이 지방소득세를 포함하여 22,000,000원으로 산출되었다. 기장된 데이터는 무시하고 선납세금은 7,053,900원으로 가정한다.(단, 당기 법인세비용 중 선납세금을 제외한 나머지 금액은 미지급세금 계정을 사용하여 입력할 것.) (3점)

문제 05 2021년 귀속 원천징수자료와 관련하여 다음의 물음에 답하시오. (15점)

01 다음 자료를 이용하여 회계부사원 서주원(코드 101)의 필요한 수당등록과 12월분 급여자료입력을 하시오.(단, 수당등록 및 공제항목은 불러온 자료는 무시하고 아래 자료에 따라 입력하며, 수당등록시 월정액은 체크하지말고, 사용하는 수당 이외의 항목은 '부'로 체크할 것) (6점)

㈜팔영산업 2021년 12월 급여내역

이 름	서주원	지 급 일	12월 31일
기본급여	2,000,000원	소 득 세	25,180원
식 대	180,000원	지방소득세	2,510원
야간근로수당	300,000원	국민연금	90,000원
육아수당	200,000원	건강보험	62,400원
자가운전보조금	100,000원	장기요양보험	4,600원
교육지원금	220,000원	고용보험	18,200원
급 여 계	**3,000,000원**	가 불 금	1,000,000원
		공제합계	**1,202,890원**
노고에 감사드립니다.		지급총액	**1,797,110원**

<추가자료>

- 회사는 구내식당을 운영하지 않고 있으며 별도의 식사 제공은 하지 않는다.
- 서주원은 만6세의 자녀가 있으며, 회사 정책상 자녀 1인당 20만원씩 육아수당을 지급받고 있다. 현재 서주원의 배우자는 근무하고 있는 직장에서 비과세 육아수당을 지급받고 있다.
- 서주원은 본인명의 차량을 업무용으로 사용함에 따른 실제 여비를 받고, 자가운전보조금도 별도로 지급받고 있다.
- 서주원은 사설어학원에서 외부교육을 받고 있으며, 이에 따른 교육비를 지원받고 있다.
- 서주원은 12월초에 개인사정으로 인하여 가불금을 지급 받았으며, 회사 정책상 가불금은 그달 월급에서 공제하고 있다.

02 다음의 연말정산 관련자료를 보고 영업직 사원 유재호(730403-1234567, 코드 : 103, 입사일 : 2018년 12월 14일, 세대주, 총급여액 : 45,000,000원으로 가정한다.)의 세부담 최소화를 위한 연말정산추가자료입력 메뉴의 연말정산입력 탭을 입력하시오.(단, 부양가족소득공제 탭은 무시할 것) (9점)

항 목	내 용
보험료	• 본인 자동차보험료 : 750,000원 • 배우자 보장성보험료 : 1,000,000원 • 자녀 보장성보험료 : 250,000원
의료비	• 모친 질병치료목적 병원비 : 5,000,000원(유재호 신용카드 결제됨) • 모친 보약구입(건강증진목적) : 700,000원 • 배우자 라식수술비(시력보정용) : 1,200,000원
교육비	• 자녀 유치원비 : 1,000,000원
기부금	• 본인 종교단체 기부금 : 1,000,000원
신용카드 등 사용액	• 본인 신용카드 : 12,000,000원 (의료비 항목 중 신용카드로 결제한 모친 병원비 5,000,000원이 신용카드 사용액에 포함, 대중교통이용분 1,000,000원 포함) • 배우자 신용카드 : 5,000,000원(대중교통이용분 300,000원 포함)
주택 자금	• 장기주택저당차입금 이자상환액 : 2,000,000원

<추가자료>

1. 부양가족
   - 배우자 소득 없음
   - 자녀 만 5세(유치원), 소득 없음
   - 모친(생계를 같이함) 부동산 임대소득금액 12,000,000원, 만 67세

2. 주택은 국민주택규모이며, 1주택을 소유하고 있으며, 세대주이다. 상환기간은 15년(고정금리)이며, 주택명의는 배우자와 공동명의이며, 주택대출금은 유재호의 명의이다. 주택취득시점(2014년 5월 6일) 기준시가는 3억 5천만원 이었으며, 취득시 잔금을 대출금으로 대체하였고, 근저당권이 설정되어있다.(그 외 장기주택저당차입금 이자상환액공제의 요건을 충족한 것으로 본다.)

이론시험

01 다음은 재고자산에 대한 설명이다. 옳지 않은 것은?

① 재고자산의 매입원가는 매입금액에 매입운임, 하역료 및 보험료 등 취득과정에서 정상적으로 발생한 부대원가를 가산한 금액이다.
② 후입선출법에 의해 원가배분을 할 경우 기말 재고는 최근에 구입한 상품의 원가로 구성된다.
③ 선적지인도조건으로 판매한 운송중인 상품은 판매자의 재고자산이 아니다.
④ 재고자산의 원가결정방법에는 평균법, 선입선출법, 후입선출법 등이 있다.

02 다음 중 부채의 유동성에 따른 분류가 다른 것은?

① 선수금 ② 퇴직급여충당부채 ③ 사채 ④ 장기차입금

03 결산시 다음 사항이 누락된 것을 발견하였다. 누락사항을 반영할 경우 당기순이익의 증감액은 얼마인가?

• 당기발생 미지급 자동차 보험료 : 7,000원 • 외상매출금의 보통예금 수령 : 10,000원

① 7,000원 증가 ② 7,000원 감소 ③ 3,000원 증가 ④ 3,000원 감소

04 다음 중 재무회계에 관한 설명으로 적절하지 않은 것은?

① 재무제표에는 재무상태표, 손익계산서, 자본변동표, 현금흐름표, 주석이 있다.
② 일반적으로 인정된 회계원칙의 지배를 받는다.
③ 기업의 외부이해관계자에게 유용한 정보를 제공하는 것을 주된 목적으로 한다.
④ 특정 시점의 재무상태를 나타내는 보고서는 손익계산서이다.

05 다음은 일반기업회계기준상 무형자산에 대한 설명이다. 옳지 않은 것은?

① 연구단계에서 발생한 지출은 무형자산으로 인식할 수 없고 발생한 기간의 비용으로 인식한다.
② 무형자산의 취득 후의 지출로서 일정한 요건을 충족하는 경우에는 자본적 지출로 처리한다.
③ 특허권, 영업권, 실용신안권, 연구비는 무형자산에 포함된다.
④ 무형자산의 상각기간은 관계법령이나 계약에 정해진 경우를 제외하고는 20년을 초과할 수 없다.

06 다음 중 종합원가계산에서 나타나는 특징이 아닌 것은?

① 고객의 주문에 따라 제품을 생산하는 주문생산형태에 적합한 원가계산이다
② 원가요소의 분류가 재료비와 가공비로 단순화된다.
③ 연속적으로 대량 · 반복 생산되는 형태이므로 기간개념이 중시된다.
④ 동일 공정에서 생산된 제품은 동질적이라는 가정에 따라 평균화 과정에 기초하여 제품원가가 계산된다.

07 당사는 정상개별원가계산제도를 사용하고 있다. 제조간접비 배부기준은 직접노무시간이다. 예상 직접노무시간은 40시간이고 실제 직접노무시간은 50시간이다. 제조간접비 예정배부액은 400,000원이고 실제 제조간접비 발생액이 500,000원이라면 제조간접비 예정배부율은 얼마인가?

① 직접노무시간당 12,500원　　② 직접노무시간당 8,000원
③ 직접노무시간당 10,000원　　④ 직접노무시간당 9,000원

08 2021년 기간에 사용한 원재료는 1,000,000원이다. 2021년 12월 31일 원재료재고액은 2021년 1월 1일 원재료 재고액보다 200,000원이 더 많다. 2021년 기간의 원재료매입액은 얼마인가?

① 1,200,000원　② 800,000원　③ 1,400,000원　④ 1,100,000원

09 다음 중 부문별 원가계산에 대하여 옳게 설명한 것은?

① 직접배부법은 보조부문 상호간 용역수수를 가장 잘 반영한다.
② 단계배부법은 상호배부법보다는 우수하지만 주관적 판단에 따라 결과가 달라지는 단점이 있다.
③ 제조공장 임차료를 각 부문에 배부하는 기준으로는 각 부문의 작업인원 수가 가장 적당하다.
④ 직접배부법, 단계배부법, 상호배부법의 차이는 보조부문 상호간 용역수수 반영정도의 차이라고 할 수 있다.

10 다음의 원가에 대한 설명 중 틀린 것은?

① 회피불능원가란 선택이나 의사결정을 할 때 발생을 회피할 수 없는 원가를 의미한다.
② 직접재료비와 제조간접비의 합을 가공원가라고도 한다.
③ 직접원가와 제조간접비의 합이 제조원가이다.
④ 기회비용이란 여러 대체안 중에서 어느 하나를 선택함으로 인해 상실하게 되는 최대의 경제적 효익을 말한다.

11 다음 중 재화 및 용역의 공급시기에 대한 설명으로 옳지 않은 것은?

① 완성도기준지급조건부 : 대가의 각 부분을 받기로 한 때
② 폐업시 잔존재화 : 폐업하는 때
③ 내국물품 외국반출(직수출) : 수출재화의 공급가액이 확정되는 때
④ 부동산 전세금에 대한 간주임대료 : 예정신고기간의 종료일 또는 과세기간의 종료일

12 다음은 부가가치세법상 영세율과 면세에 대한 설명이다. 옳지 않은 것은?

① 재화의 공급이 수출에 해당하면 영의 세율을 적용한다.
② 면세사업자는 부가가치세법상 납세의무가 없다.
③ 간이과세자가 영세율을 적용 받기 위해서는 간이과세를 포기하여야 한다.
④ 토지를 매각하는 경우에는 부가가치세가 면제된다.

13 다음 중 세금계산서의 필요적 기재사항이 아닌 것은?

① 공급하는 자의 상호 또는 성명
② 공급가액과 부가가치세
③ 공급받는 자의 사업자등록번호
④ 공급연월일

14 다음 중 소득세법에 관한 설명으로 옳지 않은 것은?

① 소득세의 과세기간은 1/1~12/31일을 원칙으로 하며, 사업자의 선택에 의하여 이를 변경할 수 없다.
② 사업소득이 있는 거주자의 소득세 납세지는 주소지로 한다.
③ 소득세법은 종합과세제도이므로 거주자의 모든 소득을 합산하여 과세한다
④ 소득세의 과세기간은 사업개시나 폐업의 영향을 받지 않는다.

15 ㈜제조라는 제조기업이 2021년 4월 15일에 외부강사를 초빙하여 임직원을 위한 특강을 하고 강사료를 2021년 4월 20일에 200만원을 지급하였다. 그 대가를 지급하면서 원천징수할 세액은 얼마인가?(단, 초빙강사의 강사료소득은 기타소득으로 보며, 지방소득세는 제외한다.)

① 400,000원 ② 80,000원 ③ 160,000원 ④ 20,000원

실무시험

수원산업㈜(회사코드 : 2383)은 제조, 도 · 소매 및 무역업을 영위하는 중소기업이며, 당기(14기) 회계기간은 2021.1.1.~2021.12.31.이다. 전산세무회계 수험용 프로그램을 이용하여 다음 물음에 답하시오.

문제에서 한국채택국제회계기준을 적용하도록 하는 전제조건이 없는 경우, 일반기업회계기준을 적용하여 회계처리 한다.

문제 01 　다음 거래를 일반전표입력 메뉴에 추가 입력하시오. (15점)

01 1월 19일 거래처인 ㈜바른유통의 외상매입금 50,000,000원 중 49,000,000원은 당사발행 당좌수표로 지급하고, 나머지 금액은 면제받았다. (3점)

02 2월 21일 하나㈜로부터 차입한 장기차입금의 이자비용 2,000,000원을 지급하면서 원천징수세액 상당액 550,000원을 차감한 금액을 현금으로 지급하였다.(단, 이자비용에 대한 원천징수세율은 27.5%로 가정한다.) (3점)

03 2월 25일 당사는 1월 10일에 ㈜나라로부터 원재료 1,430,000원(부가세 포함)을 외상으로 구입하였는데, 지급하지 못한 외상매입금을 결제하기 위하여 ㈜대신으로부터 받은 약속어음 1,000,000원을 ㈜나라에게 배서양도하고 잔액을 보통예금 계좌에서 지급하였다. (3점)

04 3월 17일 마케팅부서에서는 판매활성화를 위해 인터넷쇼핑몰 통신판매업 신고를 하면서 등록면허세 70,500원을 보통예금 계좌에서 인출하여 지급하였다. (3점)

05 4월 13일 자금을 조달할 목적으로 유상증자를 실시하였다. 1주당 7,500원(액면가액 : 1주당 5,000원)에 2,000주를 발행하면서 대금은 보통예금 계좌로 받았다.(단, 4월 13일 현재까지 주식할인발행차금 잔액은 없다.) (3점)

문제 02 다음 거래자료를 매입매출전표입력 메뉴에 추가로 입력하시오. (15점)

01 7월 11일 영업부서 직원들이 우리식당에서 회식을 하고 식사대금 550,000원(부가가치세 포함)을 법인카드인 국민카드로 결제하였다.(단, 카드매입에 대한 부가가치세 매입세액 공제요건은 충족한다.) (3점)

02 8월 12일 업무용 리스차량(9인승 승합차, 3,000cc)을 월 운용리스료 880,000원에 리스하여 본사 영업부서의 업무에 사용하고 영은캐피탈로부터 전자계산서를 수취하였다.(단, 당사는 리스료를 임차료로 분류하며 대금은 다음 달에 지급하기로 함.) (3점)

03 8월 23일 당사는 제품 1,000개를 개당 15,000원(부가가치세 별도)에 ㈜모두상사에게 판매하고 전자세금계산서를 발급하였다. 이와 관련하여 대금 중 20%는 보통예금 계좌로 받고 나머지는 외상으로 하였다. (3점)

04 9월 4일 수출업체인 ㈜한국에 제품을 같은 날짜로 받은 구매확인서에 의해 납품하고 다음의 영세율 전자세금계산서를 발급하였다. 대금은 전액 현금으로 받았다. (3점)

영세율전자세금계산서(공급자 보관용)						승인번호	20210904-1000000-00002111		
공급자	사업자 등록번호	602-81-48930	종사업장 번호		공급받는자	사업자 등록번호	130-81-55668	종사업장 번호	
	상호 (법인명)	수원산업㈜	성명 (대표자)	이준영		상호 (법인명)	㈜한국	성명	정선채
	사업장 주소	경기도 수원시 장안구 파장천로 44번길 30				사업장 주소	서울 강남구 역삼로 1504-20		
	업태	제조외	종목	전자제품		업태	도소매	종목	전자제품
	이메일					이메일			

작성일자	공급가액	세액	수정사유
2021-09-04	20,000,000	0	
비고			

월	일	품목	규격	수량	단가	공급가액	세액	비고
9	4	제품	set	10	2,000,000	20,000,000	0	

합계금액	현금	수표	어음	외상미수금	이 금액을 영수/청구 함
20,000,000	20,000,000				

05 9월 30일 공장부지로 사용할 목적으로 토지를 매입하는 과정에서 법무사 수수료 1,000,000원(부가가치세 별도)이 발생되어 당사 발행 약속어음으로 지급하고 종이세금계산서를 수취하였다. (3점)

세금계산서(공급받는자 보관용)

공급자				공급받는자			
사업자 등록번호	130-01-31761			사업자 등록번호	602-81-48930		
상호 (법인명)	장앤김법률사무소	성 명 (대표자)	장기하	상호 (법인명)	수원산업㈜	성 명	이준영
사업장 주소	서울 구로구 안양천로539길 6			사업장 주소	경기도 수원시 장안구 파장천로 44번길 30		
업 태	서비스	종 목	법무사	업 태	제조외	종 목	전자제품

작성일자	공 급 가 액	세 액	비고
2021년 9월 30일	1,000,000	100,000	

월	일	품 목	규 격	수 량	단 가	공 급 가 액	세 액	비 고
9	30	소유권이전등기				1,000,000	100,000	

합 계 금 액	현 금	수 표	어 음	외 상 미 수 금	이 금액을 영수/청구 함
1,100,000			1,100,000		

문제 03 부가가치세신고와 관련하여 다음 물음에 답하시오. (10점)

01 다음의 자료를 이용하여 1기 확정신고기간에 공제받지못할매입세액명세서 중 [공통매입세액의정산내역] 탭을 작성하시오.(단, 기존에 입력된 데이터는 무시할 것.) (3점)

- 당사는 과세 및 면세사업을 영위하는 겸영사업자이고, 아래 제시된 자료만 있는 것으로 가정한다.
- 1기 예정신고시 반영된 공통매입세액 불공제분은 3,750,000원이며, 예정신고는 적법하게 신고되었다.
- 1기 과세기간에 대한 공급가액은 다음과 같으며, 공통매입세액 안분계산은 공급가액기준으로 한다.

구분		1기 예정신고기간(1월~3월)		1기 확정신고기간(4월~6월)	
		공급가액	부가가치세	공급가액	부가가치세
공통매입세액		100,000,000원	10,000,000원	80,000,000원	8,000,000원
매출	과세	250,000,000원	25,000,000원	200,000,000원	20,000,000원
	면세	150,000,000원	-	150,000,000원	-

02 기존의 입력된 자료는 무시하고 다음 자료(10월 1일 ~ 12월 31일 거래자료)를 토대로 2021년 2기 확정 부가가치세신고서를 직접 작성하시오.(단, 세부담 최소화를 가정하고 부가가치세신고서 이외의 과세표준명세 등 기타 부속서류의 작성과 전자신고세액공제는 생략한다. 제시된 자료 이외의 거래는 없는 것으로 가정하며, 당사는 사업자단위사업자·총괄납부사업자가 아니다.) (7점)

<table>
<tr><th>구분</th><th colspan="2">거래내용</th><th>공급가액</th><th>부가가치세</th><th>비고</th></tr>
<tr><td rowspan="5">매출
자료</td><td colspan="2">세금계산서 발급 과세 매출액</td><td>500,000,000원</td><td>50,000,000원</td><td>간주공급분 제외</td></tr>
<tr><td colspan="2">현금영수증 과세 매출액</td><td>100,000,000원</td><td>10,000,000원</td><td></td></tr>
<tr><td colspan="2">간주공급에 해당하는
판매목적 타사업장 반출 금액</td><td>7,000,000원</td><td>700,000원</td><td>시가 : 10,000,000원
원가 : 7,000,000원
(원가로 전자세금계산서 정상발급)</td></tr>
<tr><td rowspan="2">수출분
매출액</td><td>직접 수출분</td><td>30,000,000원</td><td>0원</td><td>원화환산액임</td></tr>
<tr><td>세금계산서 발행분</td><td>10,000,000원</td><td>0원</td><td>영세율세금계산서 정상발급</td></tr>
<tr><td rowspan="3">매입
자료</td><td colspan="2">2,000cc(5인승) 소형승용자동차 구입액 (영업사용 목적)</td><td>30,000,000원</td><td>3,000,000원</td><td>세금계산서 정상수취</td></tr>
<tr><td colspan="2">원재료를 구입</td><td>490,000,000원</td><td>49,000,000원</td><td>세금계산서 정상수취</td></tr>
<tr><td colspan="2">영업사원의 영업활동에 지원을 위해 국내항공료를 법인카드로 결제한 금액</td><td>5,000,000원</td><td>500,000원</td><td></td></tr>
</table>

문제 04 다음 결산자료를 입력하여 결산을 완료하시오. (15점)

01 바른은행으로부터 차입한 장기차입금 중 56,000,000원은 2022년 6월 30일에 상환기일이 도래한다. (3점)

02 회사가 단기간 내의 시세차익을 목적으로 보유한 유가증권의 내역은 다음과 같다. 제시된 자료 이외의 다른 유가증권은 없고, 당기 중에 처분은 없었다고 가정한다.(당사는 일반기업회계기준에 근거하여 회계처리한다.) (3점)

- 취득금액 : 12,000,000원
- 2020년 12월 31일 공정가치 : 13,000,000원
- 2021년 12월 31일 공정가치 : 12,500,000원

03 다음의 유형자산에 대한 감가상각의 내역을 결산에 반영하시오. (3점)

계정과목	자산 사용 및 구입내역	당기 감가상각비
공구와기구	제조공장에서 사용	1,250,000원
차량운반구	영업부서 업무용으로 사용	3,500,000원

04 기말 현재 퇴직급여추계액 및 퇴직급여충당부채를 설정하기 전 퇴직급여충당부채의 잔액은 다음과 같다. 퇴직급여충당부채는 퇴직급여추계액의 100%를 설정한다. (3점)

구분	퇴직급여추계액	퇴직급여충당부채 잔액
생산직	40,000,000원	15,000,000원
본사 사무직	20,000,000원	9,000,000원

05 기말 현재 공장 및 창고에 보유 중인 재고자산은 다음과 같다. 단, 선적지인도조건으로 매입한 원재료 5,000,000원은 운송중이며, 위탁판매 용도로 수탁업자들이 보유하고 있는 당사의 제품(적송품)이 6,000,000원이 있다. (3점)

- 기말원재료 : 3,000,000원
- 기말재공품 : 7,000,000원
- 기말제품 : 8,000,000원

문제 05 | 2021년 귀속 원천징수자료와 관련하여 다음의 물음에 답하시오. (15점)

01 다음 자료를 이용하여 수원산업(주)의 생산직 근로자인 정희석(사번 101)의 5월분 '급여자료입력'과 '원천징수이행상황신고서'를 작성하시오.(단, 전월미환급세액은 150,000원이며, 급여지급일은 매월 말일이다.) (5점)

- 수당등록 및 공제항목은 불러온 자료는 무시하고 아래 자료에 따라 입력하며, 사용하는 수당 이외의 항목은 '부'로 체크하기로 한다.
- 원천징수이행상황신고서는 매월 작성하며, 정희석씨의 급여내역만 반영하고 환급신청은 하지 않기로 한다.

5월 급여내역

이름	정희석	지급일	5월 31일
기본급	1,500,000원	소득세	17,180원
식대	100,000원	지방소득세	1,710원
자가운전보조금	300,000원	국민연금	85,500원
야간근로수당	200,000원	건강보험	59,280원
교육보조금	200,000원	장기요양보험	5,040원
		고용보험	12,350원
		공제합계	181,060원
급여계	2,300,000원	지급총액	2,118,940원

(1) 식대 : 당 회사는 현물 식사를 별도로 제공하고 있다.
(2) 자가운전보조금 : 당사는 본인 명의의 차량을 업무목적으로 사용한 직원에게만 자가운전보조금을 지급하고 있으며, 실제 발생된 교통비를 별도로 지급하지 않는다.
(3) 야간근로수당 : 올해들어 5월부터 업무시간외 추가로 근무를 하는 경우 야근수당을 지급하고 있으며, 생산직근로자가 받는 시간외근무수당으로서 비과세요건을 충족하고 있다.
(4) 사규에 따라 자녀교육비에 대하여 교육보조금을 지급하고 있다.

02 다음은 박세돌(사번 130, 세대주)과 부양가족의 국세청 홈택스에서 수집한 연말정산 자료이다. 아래 자료와 연말정산추가자료입력 메뉴의 [부양가족소득명세] 탭을 참고하여 [연말정산입력] 탭을 입력하시오.(단, 본인의 세부담이 최소화 되도록 적용하기로 한다.) (10점)

구분	내용
신용카드등 사용액	• 본인 : 신용카드 25,000,000원[자녀(박하늘) 영어학원비 2,500,000원, 자녀(박세희) 장애인전용보장성보험료 1,200,000원, 대중교통이용액 500,000원 포함됨] • 배우자 : 현금영수증 3,000,000원[자녀(박세희) 음악학원비 1,500,000원, 자녀(박세희) 한약 구입비 300,000원, 전통시장사용액 350,000원 포함됨]
보험료	• 본인 : 생명보험료 600,000원 • 자녀(박하늘) : 저축성보험료 500,000원 • 자녀(박세희) : 장애인전용보장성보험료 1,200,000원
의료비	• 부친 : 건강증진목적 의약품비 1,000,000원 • 본인 : 콘택트렌즈 구입비 700,000원 • 자녀(박세희) : 질병예방 의료비 1,300,000원(최미소의 현금영수증으로 지출한 한약 구입비 300,000원 포함)
교육비	• 배우자 : 대학교 교육비 5,000,000원 • 자녀(박하늘) : 초등학교 수업료 3,200,000원(체험학습비 300,000원 포함), 영어학원비 2,500,000원(박세돌의 신용카드 사용액에 포함됨) • 자녀(박세희) : 음악학원비 1,500,000원(주1회, 월단위, 최미소의 현금영수증 사용액에 포함됨)
기부금	• 본인 : 대한적십자사 기부금 360,000원

이론시험

01 다음 중 재고자산에 대한 설명으로 옳은 것은?

① 평균법은 기초재고와 기중에 매입 또는 생산한 재고가 별도의 구분 없이 판매 또는 사용된다고 가정하는 원가의 흐름이다.
② 제품의 기말재고가 과소계상되면 이익잉여금이 과대계상된다.
③ 재고자산의 수량결정방법에는 실지재고조사법, 개별법, 계속기록법이 있다.
④ 정상적인 재고자산감모손실이 발생한 경우 영업외비용으로 처리한다.

02 다음 중 자본에 대한 설명으로 틀린 것은?

① 자본은 자본금, 자본잉여금, 자본조정, 기타포괄손익누계액, 이익잉여금으로 구성된다.
② 미교부주식배당금은 자본잉여금이다.
③ 주식할인발행차금은 자본조정이다.
④ 무상증자가 진행되도 자본총계의 변화가 없다.

03 다음은 ㈜한국산업의 대손충당금과 관련된 내용이다. 거래 내용을 반영한 후 당기 대손충당금으로 설정될 금액은 얼마인가?

- 전기말의 매출채권 잔액은 500,000원이고 대손충당금 잔액은 180,000원이다.
- 당기 매출채권 중에 150,000원이 대손확정되었다.
- 전기 대손처리한 매출채권 중에 10,000원이 회수되었다.
- 당기 말 대손충당금 잔액은 210,000원이다.

① 180,000원 ② 170,000원 ③ 150,000원 ④ 130,000원

04 다음 중 유형자산에 대한 설명으로 틀린 것은?

① 정액법이란 취득원가에서 잔존가치를 차감한 금액을 내용연수 동안 균등하게 배분하는 감가상각의 방법이다.
② 상당한 원가절감을 가져오는 지출은 자본적지출로 처리한다.
③ 영업활동에 필요한 토지도 유형자산으로 분류한다.
④ 유형자산의 감가상각방법을 선택할 때는 절세를 고려하여 선택하여야 한다.

05 다음 중 회계변경과 오류수정에 대한 설명으로 옳지 않은 것은?

① 원칙적으로 변경된 새로운 회계정책은 소급하여 적용한다.
② 회계추정의 변경은 전진법으로 처리하여 그 효과를 당기와 당기 이후의 기간에 반영한다.
③ 전기 이전기간에 발생한 중대한 오류의 수정은 당기 영업외손익 중 전기오류수정손익으로 보고한다.
④ 회계정책의 변경효과와 회계추정의 변경효과로 구분하기가 불가능한 경우 회계추정의 변경으로 본다.

06 다음 자료에 의하여 선입선출법에 의한 재료비 완성품환산량을 계산하면 얼마인가?

- 당사는 종합원가계산시스템을 도입하여 원가계산을 하고 있다.
- 재료비는 공정의 초기에 전량 투입되고, 가공비는 공정의 진행에 따라서 균일하게 발생한다.
- 기초재공품 : 1,000개(가공비 완성도 40%)
- 당기착수분 : 5,000개
- 기말재공품 : 2,000개(가공비 완성도 50%)

① 3,000개 ② 4,000개 ③ 4,600개 ④ 5,000개

07 다음 내용에서 설명하고 있는 원가의 행태는 무엇인가?

- 조업도가 증가하거나 감소하더라도 단위당 원가는 일정하다.
- 조업도가 0이면 총원가도 0이다.

① 고정비 ② 변동비 ③ 준고정비 ④ 준변동비

08 다음 중 보조부문원가의 배분기준과 배분방법에 대한 설명으로 옳지 않은 것은?

① 직접배분법은 보조부문원가를 오로지 제조부문에만 배분하는 방법이다.
② 단계배분법은 배분이 끝난 보조부문에 원가를 다시 배분하지 않는 방법이다.
③ 상호배분법은 배분순서를 결정해서 배분하는 방법이다.
④ 건물관리부문원가의 발생과 배분기준인 면적 사이에는 합리적인 인과관계가 있다고 볼 수 있다.

09 **다음 중 개별원가계산에 대한 설명으로 옳지 않은 것은?**

① 개별원가계산에서는 개별작업별로 원가를 집계하므로 제조직접비와 제조간접비의 구분이 중요하다.

② 실제개별원가계산에서는 제조간접비를 기말 전에 배부할 수 있으므로 제품원가계산이 신속하다.

③ 정상개별원가계산에서는 월별·계절별로 제품단위원가가 변동하게 되는 것을 극복할 수 있다.

④ 제조간접비 배부차이 처리방법 중 매출원가조정법은 재고자산에 배분하지 않는 방법이다.

10 **다음 자료를 이용하여 당기총제조원가를 계산하면 얼마인가?**

• 기초재공품재고 : 10,000원	• 기말재공품재고 : 20,000원
• 기초제품재고 : 60,000원	• 기말제품재고 : 30,000원
• 매출원가 : 270,000원	

① 250,000원 ② 240,000원 ③ 220,000원 ④ 200,000원

11 **다음 중 사업장의 범위에 대한 설명으로 옳지 않은 것은?**

① 제조업 : 최종제품을 완성하는 장소

② 건설업 : 법인인 경우 법인의 등기부상 소재지

③ 부동산매매업 : 개인인 경우 사업에 관한 업무를 총괄하는 장소

④ 부동산임대업 : 사업에 관한 업무를 총괄하는 장소

12 **다음 중 부가가치세법상 과세대상인 재화가 아닌 것끼리 짝지은 것은?**

㉠ 지상권	㉡ 영업권	㉢ 특허권
㉣ 선하증권	㉤ 상품권	㉥ 주식

① ㉠, ㉡ ② ㉢, ㉥ ③ ㉤, ㉥ ④ ㉡, ㉣

13 **다음 중 부가가치세법상 재화의 간주공급에 해당하지 않은 것은?(단, 아래의 모든 재화, 용역은 매입시에 매입세액 공제를 받은 것으로 가정한다.)**

① 제조업을 운영하던 사업자가 폐업하는 경우 창고에 보관되어 있는 판매용 재화

② 직원의 결혼 선물로 시가 50만원 상당액의 판매용 재화를 공급한 경우

③ 자기의 과세사업을 위하여 구입한 재화를 자기의 면세사업에 사용한 경우

④ 주유소를 운영하는 사업자가 사업 관련 트럭에 연료를 무상으로 공급하는 경우

14 거주자 방탄남씨의 소득이 다음과 같을 경우 종합소득금액은 얼마인가?

• 양도소득금액 : 20,000,000원	• 근로소득금액 : 30,000,000원
• 배당소득금액 : 22,000,000원	• 퇴직소득금액 : 2,700,000원

① 30,000,000원
② 52,000,000원
③ 54,700,000원
④ 74,700,000원

15 다음 중 소득세법상 수입시기로 옳지 않은 것은?

① 잉여금의 처분에 의한 배당소득의 수입시기는 법인의 당해 사업연도 종료일이다.
② 비영업대금의 이익의 수입시기는 약정에 의한 이자지급일이다.
③ 장기할부조건에 의한 상품 등의 판매에 대한 수입시기는 그 상품 등을 인도한 날이다.
④ 퇴직소득의 수입시기는 퇴직한 날로 한다.

실무시험

㈜문경전자(회사코드 : 2384)는 제조, 도 · 소매 및 무역업을 영위하는 중소기업이며, 당기(10기)회계기간은 2021.1.1.~2021.12.31.이다. 전산세무회계 수험용 프로그램을 이용하여 다음 물음에 답하시오.

문제에서 한국채택국제회계기준을 적용하도록 하는 전제조건이 없는 경우, 일반기업회계기준을 적용하여 회계처리 한다.

문제 01 다음 거래를 일반전표입력 메뉴에 추가 입력하시오. (15점)

01 7월 21일 투자목적으로 ㈜경주로부터 부동산을 30,000,000원에 외상으로 매입하였다. (3점)

02 8월 25일 ABC사의 외상매출금 $20,000을 회수하여 당사의 보통예금 계좌에 입금하였다. 환율은 다음과 같다. (3점)

· 외상매출금 인식 당시 적용환율은 1$당 1,200원
· 입금시점의 적용환율은 1$당 1,300원

03 9월 27일 ㈜바른자동차로부터 업무용 승용차를 구입하는 과정에서 취득해야 하는 공채를 현금 300,000원(액면금액)에 구입하였다. 공채의 공정가치는 220,000원이며 회사는 이를 단기매매증권으로 처리하고 있다. (3점)

04 10월 2일 액면가액 10,000,000원(3년 만기)인 사채를 10,200,000원에 할증발행하였으며, 대금을 전액 보통예금 통장으로 입금하였다. (3점)

05 11월 21일 보유중인 단기매매증권(취득가액 9,500,000원)을 ㈜에스제이물산에게 9,000,000원에 매각하고, 대금은 다음달에 받기로 하였다. (3점)

문제 02 다음 거래자료를 매입매출전표입력 메뉴에 추가로 입력하시오. (15점)

01 5월 30일 당사는 ㈜우리임대에게 전자제품을 2,200,000원(부가가치세 포함)에 공급하였으며 ㈜우리임대는 결제대금을 신용카드(하나카드)로 결제하였다. (3점)

02 6월 24일 미국 Y&G사에 제품을 $10,000에 해외 직수출하고, 수출대금 전액을 이달 말일에 미국달러화로 받기로 하였다. 수출과 관련된 내용은 다음과 같다. (3점)

일자	6월 19일(수출신고일)	6월 24일(선적일)	6월 30일(대금회수일)
기준환율	1,100원/1$	1,150원/1$	1,200원/1$

03 6월 29일 당사는 영국 머티리얼사로부터 원재료를 수입하고 인천세관으로부터 수입전자세금계산서(공급가액 : 30,000,000원, 부가가치세 : 3,000,000원)를 수취하였다. 이와 관련하여 부가가치세를 보통예금 계좌에서 이체하였다.(단, 부가가치세와 관련한 회계처리만 하시오) (3점)

04 7월 10일 당사의 영업부서에서 매달 신문을 구독 중에 있고, 전자신문사로부터 전자계산서를 발급받았다. 대금은 매달 20일에 지급하기로 하였다. (3점)

<table>
<tr><td colspan="6">전자계산서(공급받는자 보관용)</td><td colspan="2">승인번호</td><td colspan="2">20210710-2038712-00009327</td></tr>
<tr><td rowspan="5">공급자</td><td>사업자 등록번호</td><td>327-91-73444</td><td>종사업장 번호</td><td></td><td rowspan="5">공급받는자</td><td>사업자 등록번호</td><td>125-81-77559</td><td>종사업장 번호</td><td></td></tr>
<tr><td>상호(법인명)</td><td>전자신문사</td><td>성 명(대표자)</td><td>박송신</td><td>상호(법인명)</td><td>㈜문경전자</td><td>성 명</td><td>고은성</td></tr>
<tr><td>사업장주소</td><td colspan="3">서울특별시 강남구 학동로 415</td><td>사업장 주소</td><td colspan="3">서울특별시 강남구 영동대로 701(청담동)</td></tr>
<tr><td>업 태</td><td>도소매</td><td>종 목</td><td>신문</td><td>업 태</td><td>제조, 도소매,무역</td><td>종 목</td><td>전자제품</td></tr>
<tr><td>이메일</td><td colspan="3"></td><td>이메일</td><td colspan="3"></td></tr>
<tr><td colspan="2">작성일자</td><td colspan="3">공급가액</td><td colspan="5">수정사유</td></tr>
<tr><td colspan="2">2021. 7. 10.</td><td colspan="3">15,000</td><td colspan="5"></td></tr>
<tr><td colspan="2">비고</td><td colspan="8"></td></tr>
</table>

<table>
<tr><td>월</td><td>일</td><td>품 목</td><td>규 격</td><td>수 량</td><td>단 가</td><td>공 급 가 액</td><td>비 고</td></tr>
<tr><td>7</td><td>10</td><td>신문</td><td></td><td></td><td></td><td>15,000</td><td></td></tr>
<tr><td></td><td></td><td></td><td></td><td></td><td></td><td></td><td></td></tr>
</table>

<table>
<tr><td>합 계 금 액</td><td>현 금</td><td>수 표</td><td>어 음</td><td>외 상 미 수 금</td><td rowspan="2">이 금액을 영수/청구 함</td></tr>
<tr><td>15,000</td><td></td><td></td><td></td><td>15,000</td></tr>
</table>

05 8월 11일 사업자등록증이 없는 비사업자 장결희(주민등록번호 780103-1234567)씨에게 제품을 1,320,000원(부가가치세 포함)에 현금판매하고 현금영수증을 발급하였다. (3점)

문제 03 부가가치세신고와 관련하여 다음 물음에 답하시오. (10점)

01 이 문제에 한해서 당사는 음식업을 영위하는 법인기업이라고 가정한다. 다음의 자료를 이용하여 2021년 1기 확정 부가가치세 과세기간의 [의제매입세액공제신고서]를 작성하시오.(단, 의제매입세액 공제대상이 되는 거래는 다음 거래뿐이며 불러오는 자료는 무시하고 직접 입력한다.) (3점)

(1) 매입자료

공급자	사업자번호	취득일자	물품명	수량(kg)	매입가액	증빙	건수
㈜서울농산	119-81-32858	4월 5일	농산물	200	106,000,000원	계산서	1
㈜강남마트	229-81-28156	5월 6일	농산물	50	42,400,000원	신용카드	1

(2) 추가자료

· 1기 예정 과세표준은 140,000,000원이며, 1기 확정 과세표준은 200,000,000원이다.

· 1기 예정신고(1월 1일 ~ 3월 31일)까지는 면세품목에 대한 매입이 없어 의제매입세액공제를 받지 않았다.

02 다음의 자료를 이용하여 제조업을 영위하는 ㈜문경전자의 2021년 제2기 확정 부가가치세 신고서를 작성하시오.(단, 부가가치세 신고서 이외의 부속서류 등의 작성은 생략하고, 기존에 입력된 자료는 무시할 것.) (7점)

구분	자 료
매출	1. 전자세금계산서 발급 제품 매출액 : 250,000,000원(부가가치세 별도) 2. 신용카드로 결제한 제품 매출액 : 55,000,000원(부가가치세 포함) 3. 내국신용장에 의한 제품 매출액(영세율 세금계산서 발급) : 공급가액 30,000,000원 4. 수출신고필증 및 선하증권에서 확인된 수출액(직수출) : 3,500,000원(원화 환산액)
매입	1. 세금계산서 수취분 일반매입 : 공급가액 150,000,000원, 세액 15,000,000원 2. 세금계산서 수취분 9인승 업무용 차량 매입(위 1번항과 별개) : 공급가액 35,000,000원, 세액 3,500,000원 3. 법인신용카드매출전표 수취분 중 공제대상 일반매입 : 공급가액 30,000,000원, 세액 3,000,000원 4. 2기 예정신고시 누락된 세금계산서 매입 : 공급가액 10,000,000원, 세액 1,000,000원 5. 2기 예정신고시 미환급된세액 : 1,000,000원
기타	1. 당사는 홈택스로 직접 전자신고하여 전자신고세액공제를 적용받기로 함

문제 04 다음 결산자료를 입력하여 결산을 완료하시오. (15점)

01 당기말 장기투자목적으로 보유한 유가증권(주식)의 내역은 다음과 같다. (3점)

주식명	취득당시			2021년 12월 31일 현재	
	취득일	취득 주식수	주당 취득단가	보유 주식수	주당 공정가치
㈜우리세무	2021년 12월 06일	100주	10,000원	50주	12,000원

02 영업외수익 중 임대료 계정에 10월 1일자로 입금된 6,000,000원은 2021년 10월 1일부터 2022년 9월 30일까지 1년간의 임대료이다.(단, 음수로 회계처리 하지 말고, 월할로 계산하시오.) (3점)

03 작년에 외화은행에서 $15,000를 차입한 금액이 당기말 현재 외화장기차입금으로 남아 있고 환율은 다음과 같다. (3점)

- 차입일 현재 환율 : 1,000원/$1
- 전기말 현재 환율 : 1,050원/$1
- 당기말 현재 환율 : 1,030원/$1

04 영업부서가 5월에 구입한 소모품 900,000원 중 결산일까지 사용하지 못하고 남아 있는 것이 200,000원이다. 회사는 소모품 구입시 모두 당기비용으로 회계처리한다. (3점)

05 기말 현재 제품에 대한 실지재고조사 결과는 다음과 같다. 감모된 수량 중 70개는 정상적인 것이며, 나머지는 모두 비정상적인 것이다. 재고자산감모손실과 관련된 회계처리와 기말제품가액을 반영하여 결산을 완료하시오.(단, 다른 기말재고자산은 없는 것으로 가정한다) (3점)

- 장부 재고수량 : 500개
- 실제 재고수량 : 330개
- 단위당 취득원가(또는 공정가치) : 10,000원

문제 05 2021년 귀속 원천징수자료와 관련하여 다음의 물음에 답하시오. (15점)

01 다음 자료를 보고 내국인이며 거주자인 사무직사원 김미소(여성, 입사일자 2021년 6월 1일, 국내근무)를 사원등록(코드번호 105)하고, 김미소의 부양가족을 모두 부양가족명세에 등록 후 세부담이 최소화 되도록 공제여부를 입력하시오.(단, 기본공제 대상자가 아닌 경우 기본공제 여부에 '부'로 표시할 것) (5점)

성명	관계	주민등록번호	내/외국인	동거여부	비 고
김미소	본인	750123-2548753	내국인	-	연간 총급여액 2,850만원
박재민	배우자	690420-1434567	내국인	동거	사업소득금액 300만원
김성호	본인의 아버지	450324-1354875	내국인	영국 거주	소득 없음
유미영	본인의 어머니	470520-2324875	내국인	영국 거주	복권당첨소득 800만원
박예슬	딸	020705-4123456	내국인	미국 유학중	소득 없음
박호식	아들	080103-3143578	내국인	동거	소득 없음
김미정	언니	730112-2454528	내국인	동거	퇴직소득금액 100만원

※ 본인 및 부양가족의 소득은 위의 소득이 전부이며, 위의 주민등록번호는 정확한 것으로 가정한다.

02 김영철 사원(코드 700번)의 부양가족 및 연말정산과 관련된 자료는 다음과 같다. 이를 바탕으로 연말정산추가자료입력 메뉴의 [연말정산입력] 탭을 작성하시오.(단, 세부담이 최소화 되도록하고, 부양가족은 모두 현실적으로 생계를 같이하며, 제시된 자료 이외의 타소득은 없다고 가정한다.) (10점)

<부양가족>

성 명	관 계	나 이	내 역
김영철	본인	38	2021년의 월세액 4,200,000원 현금결제(12. 31. 기준 무주택자)
김희미	배우자	38	계약자와 피보험자 모두 배우자로 하여 가입한 보장성 보험료 700,000원 현금으로 결제, 소득없음
박주희	모 520509-2063692	69	현금으로 절에 시주한 기부금 2,000,000원, 소득없음
김장훈	장인 570103-1234567	64	장애(장애인등록증)가 있으신 장인어른의 질병치료비 4,000,000원 신용카드 결제, 소득없음
김경민	자	24	대학교 등록금 2,500,000원 현금 결제, 소득없음
김상민	자	23	논술 학원비 1,000,000원 신용카드 결제, 소득없음

<김영철 기타 지출내역>

· 총급여액은 55,000,000원이고, 부양가족의 주민등록번호는 맞는 것으로 가정한다.
· 신용카드 사용액 20,000,000원(장인 치료비 미포함)
· 현금영수증, 전통시장, 대중교통, 도서공연비 사용액 없음.
· 연금저축 2,000,000원 납입(2016년도 가입, ㈜국민은행, 212-902367-62791 계좌)

<임차내역>

· 임대인 : 여운혁(780103-1234567)
· 소재지 : 서울 종로구 효자동(아파트, 계약면적 85㎡)
· 임대기간 : 2021년 6월 1일 ~ 2022년 5월 31일
· 세대주 : 김영철(전입신고 완료)

최근 기출문제

85회

이론시험

01 다음 중 재고자산에 대한 설명으로 가장 옳지 않은 것은?

① 도착지 인도조건인 경우 미착상품은 매입자의 재고자산에 포함된다.
② 매입자가 매입의사를 표시하지 않은 경우 시송품은 판매자의 재고자산에 포함된다.
③ 수탁자가 제3자에게 판매를 한 경우 적송품은 위탁자의 재고자산에 포함되지 않는다.
④ 할부판매상품의 경우 대금이 모두 회수되지 않더라도 판매자의 재고자산에서 제외한다.

02 다음 자료를 보고 2021년에 인식할 처분손익을 계산하면 얼마인가?

- 2020년 기말 단기매매증권 1,000주, 주당 공정가치 10,000원
- 2020년 기말 단기매매증권 평가이익 1,500,000원
- 2021년 8월 1일에 1,000주를 주당 8,000원에 처분하였다.

① 처분이익 500,000원
② 처분손실 1,500,000원
③ 처분이익 1,500,000원
④ 처분손실 2,000,000원

03 다음 중 현금 및 현금성자산에 해당하지 않는 것은?

① 타인발행수표
② 질권이 설정된 보통예금
③ 취득 당시 만기가 3개월 이내에 도래하는 금융상품
④ 당좌예금

04 다음은 일반기업회계기준상 재무제표의 목적에 대한 설명이다. 틀린 것끼리 묶인 것은?

㉠ 재무상태표 : 일정 기간 동안의 자산, 부채, 자본에 대한 정보를 제공한다.
㉡ 손익계산서 : 일정 시점의 경영성과에 대한 정보를 제공한다.
㉢ 자본변동표 : 일정 기간 동안의 자본의 크기와 그 변동에 관한 정보를 제공한다.
㉣ 현금흐름표 : 일정 기간 동안의 현금흐름에 대한 정보를 제공한다.

① ㉠, ㉡　② ㉠, ㉢　③ ㉡, ㉣　④ ㉡, ㉢

05 ㈜한국은 업무용 기계장치를 구입하고 다음과 같은 금액을 지출하였다. 이때 기계장치의 취득원가는?

• 기계장치 구입가액 : 9,000,000원	· 기계장치 배송료 : 200,000원
• 기계장치 설치비 : 300,000원	

① 10,200,000원 ② 8,700,000원 ③ 9,500,000원 ④ 8,000,000원

06 다음의 그래프가 나타내는 원가에 대한 설명으로 틀린 것은?

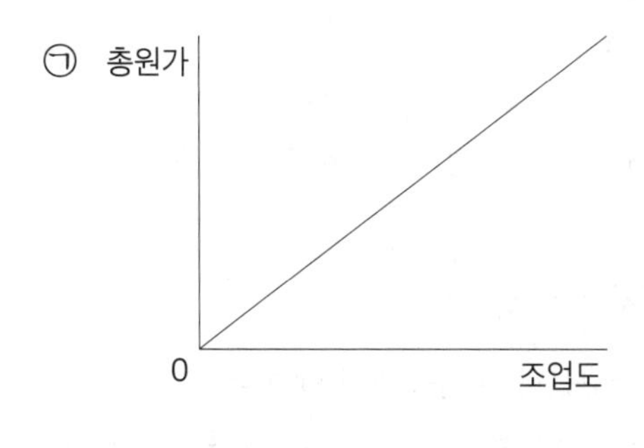

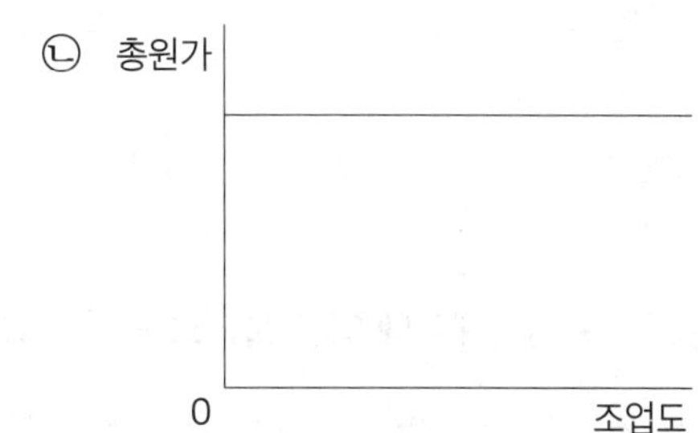

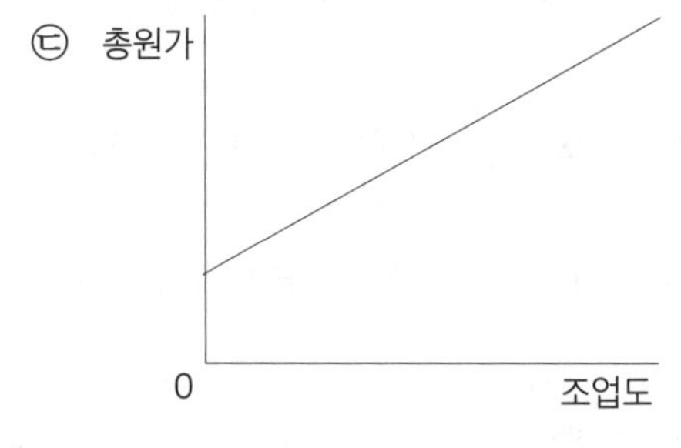

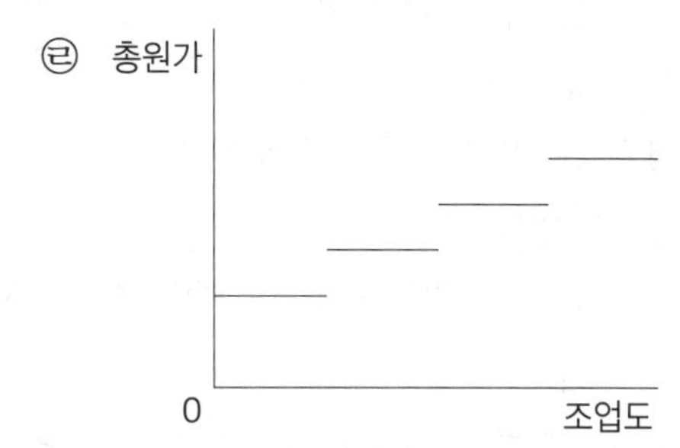

① ㉠은 조업도의 변동에 따라 원가총액이 비례적으로 변화하는 변동비에 대한 그래프이다.
② ㉡은 단위당 원가가 일정한 고정비에 대한 그래프이다.
③ ㉢의 대표적인 예로는 전기요금, 수도요금 등이 있다.
④ ㉣은 일정한 범위의 조업도 내에서는 일정한 금액이 발생하지만 그 범위를 벗어나면 원가발생액이 달라지는 준고정비를 나타낸다.

07 삼일㈜는 악기를 제조하고 있는 회사로써 당기 원가는 다음과 같다. 당기말 제품재고액은 얼마인가?

1. 재무상태표금액

구분	전기말	당기말
원재료	0원	0원
재공품	150,000원	110,000원
제품	130,000원	(　　　)

2. 제조원가명세서와 손익계산서상의 금액
- 직접노무비 : 100,000원
- 제조간접비 : 50,000원
- 직접재료비 : 160,000원
- 제품매출원가 : 280,000원

① 160,000원　② 180,000원　③ 200,000원　④ 220,000원

08 다음 중 종합원가계산에 대한 설명으로 가장 옳지 않은 것은?

① 종합원가계산은 동종제품을 연속적으로 대량생산하는 업종에 적합하다.

② 선입선출법은 기초재공품부터 먼저 완성시키고 난 후에 당기 착수분을 완성시킨다고 가정하는 방법이다.

③ 평균법은 전기에 이미 착수된 기초재공품의 기완성도를 무시하고 당기에 착수한 것처럼 가정하는 방법이다.

④ 기초재공품이 없는 경우 평균법과 선입선출법의 완성품환산량이 일치하지 않는다.

09 ㈜세무는 제조간접비를 직접노무시간을 기준으로 배부하고 있다. 당해 제조간접비의 배부차이는 100,000원(과대배부)였으며 당기말 제조간접비 실제발생액은 400,000원이였다면 제조간접비 예정배부율은 얼마인가?(단, 실제 직접노무시간은 10,000시간이다.)

① 50원/시간당　② 40원/시간당　③ 30원/시간당　④ 20원/시간당

10 다음 중 제조원가명세서상 당기제품제조원가에 영향을 미치지 않는 회계상의 오류는 무엇인가?

① 생산직 근로자의 인건비를 과대계상하였다.

② 당기에 투입된 원재료를 과소계상하였다.

③ 기말 제품원가를 과소계상하였다.

④ 기초 원재료를 과대계상하였다.

11 **다음은 부가가치세법상 재화 또는 용역의 공급시기에 대한 설명이다. 옳지 않은 것은?**

① 재화의 이동이 필요한 경우에는 재화가 인도되는 때가 재화의 공급시기이다.

② 상품권을 현금으로 판매하고 그 후 그 상품권 등이 현물과 교환되는 경우에는 재화가 실제로 인도되는 때가 재화의 공급시기이다.

③ 사업자가 폐업할 때 자기생산 · 취득재화 중 남아 있는 재화는 그 재화가 실제 판매될 때가 재화의 공급시기이다.

④ 중간지급조건부로 용역을 공급하는 경우에는 대가의 각 부분을 받기로 한 때를 용역의 공급시기로 본다.

12 **다음 중 소득세법상 소득의 구분이 다른 하나는 무엇인가?**

① 공장재단의 대여 ② 사무실용 오피스텔의 임대

③ 상가의 임대 ④ 산업재산권의 대여

13 **다음 중 소득세법상 소득세가 과세되는 것은?**

① 논 · 밭을 작물 생산에 이용하게 함으로써 발생하는 소득

② 고용보험법에 따라 받는 육아휴직급여

③ 연 1천만원의 금융소득(국내에서 받는 보통예금이자)

④ 고용보험법에 따라 받는 실업급여

14 **다음 중 면세의 범위에 해당하지 않는 것은?**

① 외국에서 생산된 식용으로 제공되지 아니하는 농산물로서 미가공 된 것

② 시내버스에 의한 여객운송 용역

③ 금융·보험용역으로서 자금의 대출 또는 어음의 할인

④ 주무관청의 허가를 받은 교습소가 제공하는 교육 용역

15 **부가가치세법상 일반과세사업자가 다음과 같이 과세사업용으로 수취한 매입세액 중 매입세액이 공제되지 않는 것은?**

① 일반과세사업자로부터 컴퓨터를 구입하고 법인카드로 결제한 후 공급가액과 세액을 별도로 기재한 신용카드매출전표를 받았다.

② 간이과세자로부터 소모품을 매입하고 공급가액과 세액을 별도로 기재한 사업자지출증빙용 현금영수증을 발급받았다.

③ 원재료를 6월 30일에 구입하고 공급가액과 세액을 별도로 기재한 세금계산서(작성일자 6월 30일)를 수취하였다.

④ 공장의 사업용 기계장치를 수리하고 수리비에 대하여 공급가액과 세액을 별도로 기재한 전자세금계산서를 받았다.

실무시험

㈜공주전자(회사코드: 2385)는 제조, 도 · 소매 및 무역업을 영위하는 중소기업이며, 당기(10기)회계기간은 2021.1.1.~2021.12.31.이다. 전산세무회계 수험용 프로그램을 이용하여 다음 물음에 답하시오.

문제에서 한국채택국제회계기준을 적용하도록 하는 전제조건이 없는 경우, 일반기업회계기준을 적용하여 회계처리 한다.

문제 01 다음 거래를 일반전표입력 메뉴에 추가 입력하시오. (15점)

01 7월 16일 당사는 성희롱 예방교육 의무대상 사업자에 해당하여 교육 전문가인 나전파를 초빙하여 제조부서의 직원들을 대상으로 성희롱 예방교육을 실시하였고, 그 대가로 나전파에게 600,000원 중 원천징수세액 19,800원을 제외한 금액을 보통예금 계좌에서 지급하였다.(단, '수수료비용' 계정과목으로 회계처리 하시오) (3점)

02 8월 5일 원재료를 매입하기 위해 ㈜SJH전자와 계약하고, 계약금 5,000,000원을 보통예금 계좌에서 인출하여 지급하였다. (3점)

03 8월 11일 당사의 대주주로 있는 이강인씨는 본인이 50,000,000원에 취득한 기계장치를 무상으로 회사에 기증하였다.(시가 70,000,000원 상당이고, 고정자산 등록은 생략한다.) (3점)

04 8월 17일 당사는 8월 10일에 미국에 있는 볼케이노에 제품 1,000개를 개당 $50에 외상으로 판매하였고, 8월 17일에 전액 외화로 보통예금 계좌에 입금되었다.(단, 8월 10일 환율은 $1당 1,000원이고, 8월 17일 환율은 $1당 1,025원이다.) (3점)

05 9월 30일 당사의 토지 중 영업부 토지와 관련한 재산세 700,000원과 제조부 토지와 관련한 재산세 1,200,000원을 보통예금 계좌에서 이체하였다. (3점)

문제 02 다음 거래자료를 매입매출전표입력 메뉴에 추가로 입력하시오. (15점)

01 7월 26일 당사는 신제품 판매를 목적으로 광고회사인 ㈜우리광고에 신제품에 대한 광고비(공급가액 500,000원, 세액 50,000원)를 현금으로 지급하고 지출증빙용 현금영수증을 수취하였다. (3점)

02 7월 28일 당사가 ㈜나라물산에서 원재료를 매입하면서 받은 전자세금계산서는 다음과 같다. 대금 중 30%는 당좌수표를 발행하여 지급하고 잔액은 다음 달에 지급하기로 하였다. (3점)

전자세금계산서 (공급받는자 보관용)	승인번호	20210728-410000012-7c00mk5

구분	항목	내용	항목	내용	구분	항목	내용	항목	내용
공급자	등록번호	113-86-11578	종사업장 번호		공급받는자	등록번호	143-81-14912	종사업장 번호	
	상호(법인명)	(주)나라물산	성명	박민수		상호(법인명)	㈜공주전자	성명	양민구
	사업장주소	서울 서초구 강남대로267				사업장주소	서울 구로구 안양천로 539길 6		
	업태	도소매,무역,제조	종목	전자부품		업태	제조,도소매	종목	전자제품
	이메일	paksemi@naver.com				이메일	min08@daum.net		

작성일자	공급가액	세액	수정사유	비고
2021-07-28	100,000,000	10,000,000		

월	일	품목	규격	수량	단가	공급가액	세액	비고
07	28	원재료		10,000	10,000	100,000,000	10,000,000	

합계금액	현금	수표	어음	외상미수금	이 금액을 (영수,청구)함
110,000,000		33,000,000		77,000,000	

03 8월 2일 당사의 제조공장에서 제품을 운반하고 있는 지게차에 연료가 부족하여 ㈜부어주유소에서 경유(공급가액 150,000원, 세액 15,000원)를 넣고 법인명의의 국민카드로 결제하였다. (3점)

04 8월 28일 영업부 특정 매출 거래처의 체육대회에 후원할 목적으로 수건 200장(한 장당 1,000원)을 월화타월에서 구입하고 대금 220,000원(공급가액 200,000원, 세액 20,000원)은 전액 보통예금으로 지급하고 종이 세금계산서를 수취하였다. (3점)

05 9월 2일 ㈜다낭에 제품을 7,100,000원(부가가치세 별도)에 판매하고 전자세금계산서를 발급하였다. 대금은 ㈜중동이 발행한 약속어음(만기 3개월)으로 수령하였다. (3점)

문제 03 부가가치세신고와 관련하여 다음 물음에 답하시오. (10점)

01 다음 자료를 이용하여 제1기 확정 부가가치세 과세기간의 신용카드매출전표등발행금액집계표를 작성하시오.(단, 아래의 거래 내역만 있고 전표입력은 생략할 것.) (3점)

일 자	거 래 내 역
4월 7일	㈜프레디에 제품 6,600,000원(부가가치세 포함)을 공급하고 전자세금계산서를 발급하였다. 대금은 자금 사정으로 인해 10일 후에 신용카드로 결제를 받았다.
5월 13일	비사업자인 고창석씨에게 제품 880,000원(부가가치세 포함)을 판매하고 대금 중 절반은 신용카드로 결제를 받고 나머지 절반은 현금영수증을 발급하였다.

02 다음 자료를 이용하여 제2기 확정 신고기간의 부가가치세 신고서를 작성하시오.(단, 아래 제시된 자료만 있는 것으로 가정하며, 가산세도 입력할 것.) (7점)

1. 매출 관련 자료
- 전자세금계산서 발급분 과세 매출액(10월~12월) : 150,000,000원(부가가치세 별도)
- 종이세금계산서 발급분 과세 매출액(12월) : 10,000,000원(부가가치세 별도)
- 신용카드 및 현금영수증 과세 매출액(10월~12월) : 6,820,000원(부가가치세 포함)
- 거래처의 파산을 사유로 확정된 대손금액[주1] : 4,400,000원(부가가치세 포함)
  주1) 동 금액은 2021년 제2기 확정신고시 적법하게 대손세액공제를 받으려고 한다.

2. 매입 관련 자료
- 전자세금계산서 수취분 과세 매입액(10월~12월)[주2] : 공급가액 100,000,000원, 부가가치세 10,000,000원
  주2) 제조공장에서 화물을 운반할 목적으로 취득한 중고화물트럭(공급가액 20,000,000원, 부가가치세 2,000,000원)이 포함된 가액임.
- 예정신고누락분(7월~9월) : 제2기 예정신고기간의 매입세액공제 가능한 종이세금계산서 수취분(공급가액 4,500,000원, 부가가치세 450,000원)을 누락하여 확정신고시에 반영함.

문제 04 다음 결산자료를 입력하여 결산을 완료하시오. (15점)

01 8월 1일에 제조공장의 화재보험료(2021. 8. 1. ~ 2022. 7. 31.) 1,200,000원을 현금으로 납부하면서 모두 자산계정으로 처리하였다. 결산일의 회계처리를 하시오.(단, 보험료는 월할계산 하도록 한다.) (3점)

02 당기 중 실제 현금보다 장부상 현금이 100,000원 과다하여 현금과부족으로 처리했던 금액이 결산일 현재까지 원인을 찾지 못했다. (3점)

03 다음 자료를 이용하여, 제2기 확정 부가가치세 신고기간의 부가가치세예수금과 부가가치세대급금을 정리하는 회계처리를 하시오.(단, 환급세액의 경우는 미수금으로, 납부세액의 경우는 미지급세금으로, 전자신고세액공제액은 잡이익으로 인식할 것.) (3점)

- 부가가치세 예수금 : 25,000,000원
- 부가가치세 대급금 : 35,000,000원
- 전자신고세액공제 : 10,000원

04 2021년 1월 1일 영업권(무형자산) 상각 후 잔액이 4,000,000원이 있으며, 이 영업권은 2019년 1월 초에 취득한 것이다. 회사는 당해년도부터 영업권의 내용연수를 기존 10년에서 6년으로 변경하였다.(단, 회계추정의 변경은 기업회계기준에 적합한 것으로 가정하며 감가상각방법은 정액법이고 상각기간 계산 시 1월 미만의 기간은 1월로 간주한다.) (3점)

05 결산일 현재 외상매출금 잔액에 대하여 1%의 대손추정률과 단기대여금 잔액에 대하여 2%의 대손추정률을 적용하여 보충법에 의해 대손충당금을 설정하시오. (3점)

문제 05 2021년 귀속 원천징수자료와 관련하여 다음의 물음에 답하시오. (15점)

01 당사는 매월 말일에 급여를 지급하고 있다. 오나라(사번 200)의 아래 7월 급여대장을 바탕으로 [급여자료입력]탭에서 급여항목과 공제항목을 입력하고, 원천징수이행상황신고서를 작성하시오. (단, 수당공제등록시 해당없는 항목은 사용여부를 '부'로 체크하고, 월정액 여부는 무시한다. 또한, 식대와 자가운전보조금은 비과세 요건을 충족했으며, 전월이월된 미환급세액은 20,000원으로 가정한다.) (5점)

2021년 7월 급여대장

■ 지급일 : 2021년 7월 31일 (단위 : 원)

직 책	급 여 항 목			
사 원	기본급	직책수당	상 여	
	2,500,000원	200,000원	500,000원	
	식 대	자가운전보조금	계	
	100,000원	200,000원	3,500,000원	
성 명	공 제 항 목			
오 나 라	소득세	지방소득세	고용보험	국민연금
	21,960원	2,190원	20,800원	112,500원
	건강보험	장기요양	공제계	차감수령액
	80,750원	6,870원	245,070원	3,254,930원
귀하의 노고에 감사드립니다.				

02 아래는 최민호(사번 201)와 부양가족(자녀를 제외하고는 본인과 생계를 같이함)에 대한 자료이다. 이 자료를 바탕으로 연말정산추가자료입력메뉴의 [부양가족]탭을 수정하여 완성하고 [연말정산입력]탭을 작성하시오.(단, 제시된 자료 이외에는 부양가족의 소득금액은 없으며, 최민호의 세부담 최소화를 위해 모든 가능한 공제는 최민호가 받기로 한다.) (10점)

본인(최민호)	• 야간대학원 학비 : 5,000,000원 • 자동차 손해보험료 : 400,000원 • 본인의 신용카드사용액 : 21,000,000원(이 중에는 대중교통요금 3,000,000원, 전통시장사용액 7,000,000원, 도서공연 사용액주1) 1,000,000원 포함됨, 직불/선불카드·현금영수증 사용액 없음)
아버지(최종원 : 73세)	• 질병치료비 : 12,000,000원
어머니(김숙자 : 67세)	• 상가임대소득금액 : 12,000,000원 • 노인대학학비 : 1,200,000원 • 임대상가의 화재보험료 : 1,200,000원
배우자(신우리 : 48세)	• 연간총급여 : 17,000,000원(이 중에는 일용근로소득자로서 받은 총급여 12,000,000원 포함되어 있음) • 시력보정용 안경구입비 : 900,000원 • 질병치료비 : 3,000,000원 • 배우자 명의의 신용카드사용액 : 5,000,000원(이 중에는 대중교통요금 2,000,000원, 전통시장사용액 1,000,000원 포함, 직불/선불카드·현금영수증 사용액 없음)
자녀(최신동 : 18세)	• 고등학교 학비 : 6,000,000원(학업상의 이유로 외국에서 생활하고 있음)

주1) 신용카드사용액 중 도서공연 사용액은 문체부장관이 지정한 사업자에 해당한다.

이론시험

01 재고자산의 원가흐름에 대한 가정 내용 중 틀린 것은?

① 일반적으로 선입선출법은 후입선출법보다 수익 · 비용 대응이 적절하다.
② 이동평균법은 상품을 구매할 때마다 가중평균단가를 계산하여 기말재고액을 결정하는 방법이다.
③ 후입선출법은 재무상태표보다는 손익계산서에 충실한 방법이다.
④ 개별법은 실제 물량의 원가 대응에 충실한 방법이다.

02 다음은 자본적 지출과 수익적 지출에 대한 설명이다. 틀린 것은?

① 엘리베이터 설치 등 자산의 가치를 증대시키는 지출은 자본적 지출로 처리한다.
② 증축, 개축 등 자산의 내용 연수를 연장시키는 지출은 자본적 지출로 처리한다.
③ 파손된 유리 교체 등 자산의 원상복구를 위한 지출은 수익적 지출로 처리한다.
④ 건물의 도색 등 자산의 현상유지를 위한 지출은 자본적 지출로 처리한다.

03 다음 중 사채와 관련된 설명으로 잘못된 것은?

① 사채의 발행가액은 사채의 미래현금흐름을 발행 당시 해당 사채의 시장이자율(유효이자율)로 할인한 가치인 현재가치로 결정된다.
② 사채발행차금은 유효이자율법에 의하여 상각(또는 환입)하도록 되어 있다.
③ 사채가 할인발행되면 매년 인식하는 이자비용은 감소한다
④ 사채가 할증발행되면 매년 인식하는 이자비용은 감소한다.

04 다음 중 자본에 관한 내용으로 틀린 것은?

① 미교부주식배당금은 주식배당을 받는 주주들에게 주식을 교부해야하므로 부채로 계상한다.
② 자본잉여금은 증자나 감자 등 주주와의 거래에서 발생하여 자본을 증가시키는 잉여금이다.
③ 주식할인발행차금은 주식발행초과금의 범위 내에서 상계처리한다.
④ 자기주식은 자본에서 차감되는 항목이며, 자기주식처분이익은 자본에 가산되는 항목이다.

05 다음 중 회계추정의 변경에 대한 설명으로 틀린 것은?

① 회계추정의 변경효과는 변경 전에 사용하였던 손익계산서 항목과 동일한 항목으로 처리한다.
② 감가상각방법의 변경은 회계추정의 변경에 해당한다.
③ 회계추정의 변경은 전진적으로 처리하여 그 효과를 당기와 당기 이후 기간에 반영한다.
④ 회계변경이 회계정책의 변경인지 회계추정의 변경인지 구분하기가 어려운 경우에는 이를 회계정책의 변경으로 본다.

06 원가구성요소의 분류상 해당 항목에 포함되는 내용 중 틀린 것은?

	기본원가	가공비	제조원		기본원가	가공비	제조원가
①	직접노무비	제조간접비	직접재료비	②	직접재료비	제조간접비	직접노무비
③	직접노무비	직접재료비	간접노무비	④	직접노무비	간접재료비	간접노무비

07 다음의 자료를 이용하여 당기 말 제품 재고액을 계산하면 얼마인가?

- 당기 말 재공품은 전기와 비교하여 45,000원이 증가하였다.
- 전기 말 제품 재고는 620,000원이었다.
- 당기 중 발생원가집계
  - 직접재료비 : 360,000원 - 직접노무비 : 480,000원 - 제조간접비 : 530,000원
- 당기 손익계산서상 매출원가는 1,350,000원이다.

① 640,000원 ② 595,000원 ③ 540,000원 ④ 495,000원

08 다음 자료를 이용하여 제조부문 A에 배분해야 하는 보조부문 총변동원가는 얼마인가?

㈜동일제조는 두 개의 보조부문 S1, S2와 두 개의 제조부문 A, B를 두고 있다. 당년도 6월 중에 각 보조부문에서 생산한 보조용역의 사용원가율은 다음과 같았다.

제공 \ 사용	보조부문		제조부문	
	S1	S2	A	B
S1	0	0.2	0.4	0.4
S2	0.4	0	0.2	0.4

S1부문과 S2부문에서 당월에 발생한 변동원가는 각각 400,000원과 200,000원이었다. ㈜동일제조는 보조부문원가의 배분에 단계배분법을 사용하며 S2부문부터 배분한다.

① 310,000원 ② 140,000원 ③ 200,000원 ④ 280,000원

09 ㈜서림은 제조간접비를 직접노동시간을 기준으로 배부한다. 2021년 제조간접비 예상액은 6,000,000원, 예상 직접노동시간은 40,000시간이다. 2021년 말 실제로 발생한 제조간접비는 5,860,000원, 실제 발생 직접노동시간은 39,000시간이라고 할 때, 제조간접비 배부차이는 얼마인가?

① 10,000원 과대배부　② 10,000원 과소배부
③ 140,000원 과대배부　④ 140,000원 과소배부

10 완성품이 2,000개이고, 기말 재공품은 500개(완성도 40%)인 경우 평균법에 의한 종합원가계산에서 재료비 및 가공비 완성품 환산량은 몇 개인가?(단, 재료는 공정 50% 시점에 전량 투입되며, 가공비는 전 공정에 균일하게 투입됨.)

	재료비 완성품 환산량	가공비 완성품 환산량
①	2,000개	2,200개
②	2,000개	2,500개
③	2,500개	2,200개
④	2,500개	2,500개

11 다음 중 부가가치세법상 과세대상인 재화의 공급으로 보는 것은?

① 공장건물, 기계장치가 국세징수법에 따라 공매된 경우
② 택시운수업을 운영하는 사업자가 구입 시 매입세액공제를 받은 개별소비세과세대상 소형승용차를 업무목적인 회사 출퇴근용으로 사용하는 경우
③ 컴퓨터를 제조하는 사업자가 원재료로 사용하기 위해 취득한 부품을 동 회사의 기계장치 수리에 대체하여 사용하는 경우
④ 회사가 종업원에게 사업을 위해 착용하는 작업복을 제공하는 경우

12 다음 중 부가가치세법상 사업자등록과 관련된 설명으로 틀린 것은?

① 사업자는 원칙적으로 사업장마다 사업개시일부터 20일 이내에 사업자등록을 하여야 한다.
② 신규로 사업을 시작하려는 자는 사업개시일 전에 사업자등록을 할 수 없다.
③ 사업장이 둘 이상인 사업자는 사업자 단위로 해당 사업자의 본점 또는 주사무소 관할 세무서장에게 등록을 신청할 수 있다.
④ 사업자는 사업자등록의 신청을 사업장 관할 세무서장이 아닌 다른 세무서장에게도 할 수 있다.

13 **컴퓨터를 제조하여 판매하는 ㈜백두산의 다음 자료를 이용하여 부가가치세법상 납부세액을 계산하면 얼마인가?**

- 매출처별세금계산서합계표상의 공급가액은 10,000,000원이다.
- 매입처별세금계산서합계표상의 공급가액은 5,000,000원이다. 이중 개별소비세 과세대상 소형 승용자동차의 렌트비용과 관련한 공급가액은 100,000원이다.
- 모든 자료 중 영세율 적용 거래는 없다.

① 410,000원 ② 490,000원 ③ 500,000원 ④ 510,000원

14 **다음 중 과세되는 근로소득으로 보지 않는 것은?**

① 여비의 명목으로 받은 연액 또는 월액의 급여

② 법인세법에 따라 상여로 처분된 금액

③ 사업자가 그 종업원에게 지급한 경조금 중 사회통념상 타당하다고 인정되는 범위 내의 금액

④ 임원·사용인이 주택(주택에 부수된 토지를 포함)의 구입 · 임차에 소요되는 자금을 저리 또는 무상으로 대여 받음으로써 얻는 이익

15 **다음 중 소득세법상 원천징수에 대한 설명으로 틀린 것은?**

① 원천징수의무자는 원칙적으로는 원천징수대상 소득을 지급하는 자이다.

② 모든 이자소득의 원천징수세율은 14%이다.

③ 신고기한 내에 원천징수이행상황신고를 못했더라도 신고불성실가산세는 없다.

④ 원천징수세액은 원천징수의무자가 납부한다.

실무시험

㈜현대기업(회사코드 : 2386)은 제조, 도 · 소매 및 무역업을 영위하는 중소기업이며, 당기(7기)회계기간은 2021.1.1.~2021.12.31.이다. 전산세무회계 수험용 프로그램을 이용하여 다음 물음에 답하시오.

문제에서 한국채택국제회계기준을 적용하도록 하는 전제조건이 없는 경우, 일반기업회계기준을 적용하여 회계처리 한다.

문제 01 다음 거래를 일반전표입력 메뉴에 추가 입력하시오. (15점)

01 1월 17일 공장에서 사용할 청소용품 22,000원을 경기철물에서 현금으로 구입하고 간이영수증을 받았다.(단, 전액 당기 비용 처리할 것) (3점)

No. 117

영 수 증 (공급받는자용)

(주)현대기업 귀하

공급자	사업자등록번호	118-05-73435		
	상호	경기철물	성명	김철물
	사업장소재지	경기도 광주시 오포면		
	업태	도소매	종목	청소용품

작성일자	금액합계	비고
2021.1.17	22,000	

공급내역				
월 / 일	품명	수량	단가	금액
1 / 17	청소용품	2	11,000	22,000
합계				₩ 22,000

위 금액을 영수(청구)함

02 3월 27일 우리은행에 예치된 정기예금이 만기가 되어 원금 50,000,000원과 이자 1,000,000원 중 소득세 등 154,000원이 원천징수되어 차감 잔액인 50,846,000원이 보통예금 계좌로 입금되었다.(단, 원천징수세액은 자산으로 처리 할 것) (3점)

03 6월 25일 2021년 1기 예정신고기간의 부가가치세 미납세액 1,500,000원(미지급세금으로 처리되어 있음)과 가산세(납부지연가산세로 가정함) 100,000원을 법인카드(신한카드)로 납부하였다. 국세카드납부 수수료는 결제대금의 1%로 가정한다.(단, 가산세는 세금과공과(판), 카드수수료는 수수료비용(판)으로 회계처리하며, 하나의 전표로 회계처리 할 것) (3점)

04 7월 3일 원재료 구매 거래처 직원 김갑수의 결혼축의금으로 500,000원을 보통예금 계좌에서 이체하였다. (3점)

05 11월 30일 ㈜필연에 제품을 판매하고 받은 약속어음 3,000,000원이 ㈜필연의 부도로 인하여 대손이 확정되었다. 받을어음에 대한 대손충당금 2,000,000원이 기설정되어 있으며, 부가가치세법의 대손세액공제는 고려하지 아니한다. (3점)

문제 02 다음 거래자료를 매입매출전표입력 메뉴에 추가로 입력하시오. (15점)

01 4월 22일 물품의 운송을 목적으로 사용하던 운반용 트럭을 ㈜해후에 아래와 같이 매각을 하고 전자세금계산서를 발급하였다. 매각대금은 매각일에 보통예금 계좌로 즉시 수령 하였으며 매각관련 처분손익분개를 매입매출전표입력메뉴에서 진행한다. (3점)

- 취득가액 : 12,500,000원(감가상각누계액 : 5,200,000원)
- 공급가액 : 9,000,000원(부가가치세 별도)
- 매각일까지 감가상각비는 무시한다.

02 4월 30일 중앙상사에 2월 3일 외상 판매했던 제품 중 3대(대당 2,500,000원, 부가가치세 별도)가 불량으로 반품 처리되었다. 이에 따라 반품 전자세금계산서를 발급하였다. 대금은 외상매출금과 상계처리하기로 하며 음의부수(-)로 회계처리한다. (3점)

03 6월 30일 ㈜영세상사로부터 구매확인서에 의해 원재료를 15,000,000원에 매입하고 대금 중 5,000,000원은 현금으로 결제하고 잔액은 3개월 외상으로 하여 영세율전자세금계산서를 발급받았다. (3점)

04 7월 9일 미국 STAR사에 제품을 $10,000에 직수출 (수출신고일 7월 1일, 선적일 7월 9일)하고, 수출대금 전액을 7월 31일에 미국 달러화로 받기로 하였다. 수출과 관련된 내용은 다음과 같다.(단, 수출신고번호입력은 생략함.) (3점)

일 자	7월 1일	7월 9일	7월 31일
기준환율	1,100원/$	1,200원/$	1,150원/$

05 8월 25일 영업부 사무실의 임대인에게서 받은 전자계산서의 내역은 다음과 같다. 수도료는 수도광열비로 회계처리하고 대금은 이달 말일에 지급하기로 한다. (3점)

<table>
<tr><td colspan="7">전자계산서 (공급받는자 보관용)</td><td>승인번호</td><td colspan="3">20210825-3420211-86d02gk1</td></tr>
<tr><td rowspan="5">공급자</td><td>등록번호</td><td>211-86-78456</td><td>종사업장번호</td><td></td><td rowspan="5">공급받는자</td><td>등록번호</td><td>610-81-22436</td><td>종사업장번호</td><td colspan="2"></td></tr>
<tr><td>상호(법인명)</td><td>㈜성일빌딩</td><td>성명</td><td>박성일</td><td>상호(법인명)</td><td>㈜현대기업</td><td>성명</td><td colspan="2">박찬호</td></tr>
<tr><td>사업장주소</td><td colspan="3">서울시 서초구 강남대로 265</td><td>사업장주소</td><td colspan="4">충북 청주시 흥덕구 오송읍 오송생명로 305</td></tr>
<tr><td>업태</td><td>부동산업</td><td>종목</td><td>부동산임대</td><td>업태</td><td>제조,도소매</td><td>종목</td><td colspan="2">전자제품</td></tr>
<tr><td>이메일</td><td colspan="3">sung11t@naver.com</td><td>이메일</td><td colspan="4">cidar@daum.net</td></tr>
<tr><td colspan="2">작성일자</td><td>공급가액</td><td colspan="2">수정사유</td><td colspan="6">비고</td></tr>
<tr><td colspan="2">2021-08-25</td><td>50,000</td><td colspan="2">해당없음</td><td colspan="6"></td></tr>
<tr><td>월</td><td>일</td><td>품목</td><td>규격</td><td>수량</td><td colspan="2">단가</td><td colspan="3">공급가액</td><td>비고</td></tr>
<tr><td>08</td><td>25</td><td>수도료</td><td></td><td></td><td colspan="2"></td><td colspan="3">50,000</td><td></td></tr>
<tr><td colspan="2">합계금액</td><td>현금</td><td colspan="2">수표</td><td colspan="2">어음</td><td colspan="2">외상미수금</td><td colspan="2" rowspan="2">이 금액을 (청구)함</td></tr>
<tr><td colspan="2">50,000</td><td></td><td colspan="2"></td><td colspan="2"></td><td colspan="2">50,000</td></tr>
</table>

문제 03 부가가치세신고와 관련하여 다음 물음에 답하시오. (10점)

01 다음 자료를 이용하여 2021년 제2기 부가가치세 예정신고기간(7월~9월)의 신용카드매출전표등수령명세서(갑)를 작성하시오. 사업용신용카드는 신한카드(1000-2000-3000-4000)를 사용하고 있으며, 현금지출의 경우에는 사업자등록번호를 기재한 현금영수증을 수령하였다. 상대 거래처는 모두 일반과세자라고 가정하며, 매입매출전표 입력은 생략한다. (3점)

일자	내 역	공급가액	부가가치세	상 호	사업자 등록번호	증 빙
07/15	직원출장 택시요금	100,000원	10,000원	신성택시	409-21-73215	신용카드
07/31	사무실 복합기 토너 구입	150,000원	15,000원	㈜오피스	124-81-04878	현금영수증
08/12	사무실 탕비실 음료수 구입	50,000원	5,000원	이음마트	402-14-33228	신용카드
09/21	원재료구입 시 법인카드 결제(세금계산서 수취함)	8,000,000원	800,000원	㈜스마트	138-86-01157	신용카드

02 다음은 ㈜현대기업의 2021년 제2기 부가가치세 확정신고기간(2021.10.1~2021.12.31)에 대한 관련 자료이다. 이를 반영하여 2021년 제2기 확정 신고기간 분 [대손세액공제신고서]를 작성하고 [부가가치세 신고서]를 작성하시오.(부가가치세신고서, 대손세액공제신고서 이외의 부속서류 작성은 생략하고, 기존에 입력된 자료는 무시할 것.) (7점)

구분	내용
매출 자료	① 세금계산서 과세 매출액 : 970,000,000원(부가가치세 별도) ② 신용카드 과세 매출액 : 33,000,000원(부가가치세 포함) ③ 현금 과세 매출액 : 11,550,000원(부가가치세 포함), 현금영수증 미발급분임 ④ 직수출액 : 70,000,000원 ⑤ 아래의 대손확정은 재화용역의 공급일로부터 5년이내에 발생한 것이다. - ㈜세무에 대한 외상매출금으로써 2021년 10월 5일 소멸시효 완성 분 : 44,000,000원(부가가치세 포함) - ㈜회계에 대한 받을어음 (㈜회계는 2021년 2월 6일 부도발생함) : 55,000,000원(부가가치세 포함)
매입 자료	① 전자 세금계산서 과세 매입액 : 공급가액 710,000,000원, 세액 71,000,000원 → 원재료 매입분 : 공급가액 620,000,000원, 세액 62,000,000원 업무용 기계장치 매입분 : 공급가액 90,000,000원, 세액 9,000,000원 ② 제2기 예정신고시 미환급된 세액 : 3,000,000원
기타	① 당사는 부가가치세법상 현금영수증 의무발행 업종이 아님.(현금영수증 미발급 가산세 없음)

문제 04 다음 결산자료를 입력하여 결산을 완료하시오. (15점)

01 당사는 하나은행으로부터 1년 갱신조건의 마이너스통장 대출을 받고 있다. 12월 31일 현재 통장 잔고는 (-)16,965,000원이다. 결산분개를 하시오.(단, 음수(-)회계처리하지 마시오) (3점)

02 다음 자료를 이용하여 정기예금에 대한 당기분 경과이자를 회계처리하시오.(단, 월할계산할 것) (3점)

- 예금금액 : 200,000,000원
- 가입기간 : 2021.07.01. ~ 2022.06.30.
- 연이자율 : 2%
- 이자수령시점 : 만기일(2022.06.30.)에 일시불 수령

03 아래에 제시된 자료를 토대로 당초에 할인발행된 사채의 이자비용에 대한 회계처리를 하시오.(단, 전표는 하나로 입력할 것) (3점)

- 2021년 귀속 사채의 액면이자는 300,000원으로 보통예금에서 이체됨(이자지급일 : 12월 31일)
- 2021년 귀속 사채할인발행차금상각액은 150,254원이다.

04 기말 현재 보유하고 있는 감가상각자산은 다음과 같다. 감가상각비와 관련된 회계처리를 하시오.(단, 제시된 자료 이외에 감가상각자산은 없다고 가정하고, 월할상각할 것) (3점)

- 자산종류 : 차량운반구
- 취득가액 : 30,000,000원
- 취득일 : 2020년 7월 1일
- 내용연수 : 5년
- 사용부서 : 영업부
- 전기말감가상각누계액 : 3,000,000원
- 감가상각방법 : 정액법
- 잔존가치는 없음

05 기말재고자산의 내역은 다음과 같다. 기말재고액 및 비정상감모손실과 관련한 결산사항을 입력하시오. (3점)

재고자산 내역	실사한 금액	장부상 금액	금액 차이 원인
원재료	5,500,000원	5,500,000원	-
제 품	14,000,000원	14,400,000원	비정상감모
상 품	16,000,000원	16,500,000원	정상감모

문제 05 2021년 귀속 원천징수자료와 관련하여 다음의 물음에 답하시오. (15점)

01 다음 자료를 이용하여 사원 김민국씨(사번 101)의 필요한 수당등록과 7월분 급여자료입력(수당등록 및 공제항목은 불러온 자료는 무시하고 아래 자료에 따라 입력함)을 하고, 원천징수이행상황신고서를 작성하시오.(단, 급여지급일은 매월 말일이며, 전월미환급세액 310,000원이 있다. 원천징수이행상황신고서는 매월 작성하며, 김민국씨의 급여내역만 반영 할 것.) (5점)

㈜현대기업 2021년 7월 급여내역

이 름	김 민 국	지 급 일	2021년 07월 31일
기 본 급	2,200,000원	국민연금	135,000원
상 여	0원	건강보험	96,900원
직책수당	200,000원	장기요양보험	8,240원
월차수당	500,000원	고용보험	19,500원
식 대	100,000원	소득세	84,850원
자가운전보조금	0원	지방소득세	8,480원
육아수당	200,000원		
급 여 계	3,200,000원	공제 합계	352,970원
노고에 감사드립니다.		차인지급액	2,847,030원

※ 식대, 육아수당은 비과세 요건을 충족한다.

02 다음은 사원 박기술(사번 301)의 연말정산을 위한 국세청 제공자료와 기타 증빙자료이다. 부양가족은 제시된 자료 이외에는 소득이 없고, 박기술과 생계를 같이하고 있다. 사원등록 [부양가족명세] 탭에서 부양가족을 입력하고, 연말정산추가자료입력 [연말정산 입력] 탭을 작성하시오.(단, 세부담 최소화를 가정할 것.) (10점)

1. 박기술의 부양가족현황(아래의 주민번호는 정확한 것으로 가정한다.)

관계	성명	주민번호	비고
본인	박기술	730906-1458320	총급여 60,000,000원
배우자	김배우	750822-2184326	총급여 42,000,000원
본인의 직계존속	박직계	401203-1284322	장애인(장애인복지법)
직계비속	박일번	020703-4675359	고등학생
직계비속	박이번	120203-3954114	초등학생

2. 보험료 내역

2021년 귀속 소득공제증명서류 : 기본(지출처별)내역 [보장성보험, 장애인전용보장성보험]

■ 계약자 인적사항

성명	박기술	주민등록번호	730906-*******

■ 보장성보험(장애인전용보장성보험)납입내역 (단위:원)

종류	상호	보험종류		납입금액 계
	사업자번호	증권번호	주피보험자	
	종피보험자1	종피보험자2	종피보험자3	
보장성	교보생명	드림장애인보험		940,000
	106-81-41***		401111-****** 박직계	
인별합계금액				940,000

3. 교육비 내역

2021년 귀속 소득공제증명서류 : 기본(지출처별)내역 [교육비]

■ 학생 인적사항

성명	박일번	주민등록번호	020703-*******

■ 교육비 지출내역 (단위:원)

교육비 종류	학교명	사업자번호	납입금액 계
수업료	**고등학교	**5-82-*****	960,000
교복구입비	**고등학교	***-**-*****	550,000
인별합계금액			1,510,000

4. 기부금 내역

(1) 국세청 자료

2021년 귀속 소득공제증명서류 : 기본(지출처별)내역 [기부금]

■ 기부자 인적사항

성명	박일번	주민등록번호	020703-*******

■ 기부금 납부내역 (단위:원)

사업자번호	상 호	공제대상금액합계
106-83-*****	유엔난민기구(지정기부금)	120,000
인별합계금액		120,000

(2) 기타자료

■ 소득세법 시행규칙 [별지 제45호의2서식]

일련번호	

기부금 영수증

※ 아래의 작성방법을 읽고 작성하여 주시기 바랍니다.

❶ 기부자

성 명	박 기 술	주민등록번호 (사업자등록번호)	730906-1******
주 소	서울 중구 남산동2가 18-6		

❷ 기부금 단체

단 체 명	한세교회	주민등록번호 (사업자등록번호)	106 - 82 - 00445
소 재 지	서울 용산구 효창동 3-6	기부금공제대상 기부금단체 근거법령	소득세법 제34조제1항

❸ 기부금 모집처(언론기관 등)

단 체 명		사업자등록번호	
소 재 지			

❹ 기부내용

유 형	코 드	구 분	년 월	내 용	금 액
종교단체	41	금전	2021.01.01-12.31.	십 일 조	2,400,000
				합 계	2,400,000

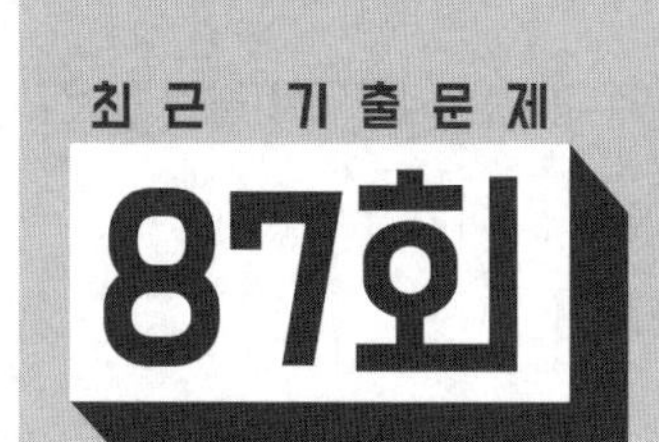

이론시험

01 다음 중 재무제표 작성과 표시에 대한 설명으로 틀린 것은?

① 자산과 부채는 유동성이 높은 항목부터 배열하는 것을 원칙으로 한다.
② 자산은 1년 또는 정상영업주기를 기준으로 유동자산과 비유동자산으로 분류한다.
③ 중요하지 않은 항목은 성격이나 기능이 유사한 항목과 통합하여 표시할 수 있다.
④ 기타포괄손익누계액은 만기보유증권평가손익, 해외사업환산손익 및 현금흐름위험회피 파생상품평가손익 등으로 구분하여 표시한다.

02 다음 중 감가상각 대상자산이 아닌 것은?

① 일시적으로 사용중지 상태인 기계장치
② 할부로 구입한 차량운반구
③ 사옥으로 이용하기 위해 건설중인 건물
④ 정부보조금으로 취득한 기계장치

03 ㈜우연의 단기매매목적으로 취득한 유가증권의 취득 및 처분 내역은 다음과 같다. 2021년 ㈜우연의 손익계산서에 보고될 유가증권의 평가손익은 얼마인가? (㈜우연의 결산일은 12월 31일이며, 시가를 공정가액으로 본다.)

- 2021. 02. 15 : 1주당 액면금액이 4,000원인 ㈜필연의 주식 20주를 주당 150,000원에 취득함
- 2021. 10. 20 : ㈜필연 주식 중 6주를 220,000원에 처분함
- 2021. 12. 31 : ㈜필연의 주식의 시가는 주당 130,000원이었음

① 평가이익 80,000원
② 평가이익 420,000원
③ 평가손실 280,000원
④ 평가손실 120,000원

04 ㈜거성의 2021년 1월 1일 자본금은 40,000,000원(주식수 40,000주, 액면가액 1,000원)이다. 2021년 8월 1일 주당 900원에 10,000주를 유상증자하였다. 2021년 기말 자본금은 얼마인가?

① 49,000,000원
② 50,000,000원
③ 53,000,000원
④ 65,000,000원

05 수익적 지출 항목을 자본적 지출로 잘못 회계처리한 경우 재무제표에 미치는 영향으로 틀린 것은?

① 당기순이익이 과대계상 된다. ② 현금유출액에는 영향을 미치지 않는다.
③ 자산이 과대계상 된다. ④ 자본이 과소계상 된다.

06 다음 중 조업도의 증감에 관계 없이 관련범위 내에서 총액이 항상 일정하게 발생하는 원가요소는?

① 수도광열비 ② 직접노무비 ③ 동력비 ④ 임차료

07 다음 자료를 이용하여 개별원가계산방법으로 직접노무원가를 계산하면 얼마인가?

- 제조간접원가는 직접노무원가의 120%이다.
- 직접재료원가는 900,000원이다.
- 제조간접원가는 1,200,000원이다.

① 900,000원 ② 1,000,000원 ③ 1,080,000원 ④ 1,200,000원

08 정상원가계산제도하에서 제조간접비의 배부차이를 총원가기준법(비례배부법)으로 조정하고 있으나 만약 배부차이 전액을 매출원가에서 조정한다면, 매출총이익의 변화에 대한 설명으로 올바른 것은?

- 과소배부액 : 1,000,000원
- 기말재공품 : 1,000,000원
- 기말제품 : 1,000,000원
- 매출원가 : 3,000,000원

① 400,000원 감소 ② 1,000,000원 감소
③ 600,000원 감소 ④ 400,000원 증가

09 다음 중 제품 생산과정에서 발생하는 비정상적인 공손품원가를 처리하는 항목으로 가장 타당한 것은?

① 제조원가 ② 영업비용 ③ 영업외비용 ④ 판매관리비

10 종합원가계산의 흐름을 바르게 나열한 것은?

> 가. 물량의 흐름을 파악한다.
> 나. 완성품과 기말재공품 원가를 계산한다.
> 다. 재료원가와 가공원가의 완성품환산량 단위당 원가를 구한다.
> 라. 재료원가와 가공원가의 기초재공품원가와 당기총제조원가를 집계한다.
> 마. 재료원가와 가공원가의 완성품환산량을 계산한다.

① 가 → 나 → 다 → 라 → 마　　② 가 → 마 → 라 → 다 → 나
③ 가 → 라 → 마 → 다 → 나　　④ 나 → 가 → 다 → 라 → 마

11 부가가치세법상 재화 또는 용역의 공급이 아래와 같을 경우 세금계산서 발급 대상에 해당하는 공급가액의 합계액은 얼마인가?

> • 내국신용장에 의한 수출 : 25,000,000원
> • 외국으로의 직수출액 : 15,000,000원
> • 부동산임대보증금에 대한 간주임대료 : 350,000원
> • 견본품 무상제공(장부가액 : 4,000,000원, 시가 : 5,000,000원)

① 25,000,000원　② 25,350,000원　③ 30,000,000원　④ 30,350,000원

12 다음 중 부가가치세법상 환급에 대한 설명으로 틀린 것은?

① 일반환급은 각 과세기간별로 확정신고기한 경과 후 30일 이내에 환급하여야 한다.
② 재화 및 용역의 공급에 영세율이 적용되는 경우에는 조기환급이 가능하다.
③ 고정자산매입 등 사업설비를 신설하는 경우 조기환급이 가능하다.
④ 영세율 등 조기환급기간별로 당해 조기환급신고기한 경과 후 25일 이내에 환급해야 한다.

13 다음 중 부가가치세법상 공급시기가 잘못된 것은?

① 상품권 등을 현금 또는 외상으로 판매한 후 해당 상품권 등이 현물과 교환되는 경우 : 재화가 실제로 인도되는 때
② 중간지급조건부로 재화를 공급하는 경우 : 재화가 인도되거나 이용 가능하게 되는 때
③ 현금판매, 외상판매, 할부판매의 경우 : 재화가 인도되거나 이용 가능하게 되는 때
④ 직수출 및 중계무역방식의 수출의 경우 : 수출재화의 선(기)적일

14 다음 중 소득세법상 과세기간에 대한 설명으로 틀린 것은?

① 일반적인 소득세의 과세기간은 1월 1일부터 12월 31일까지 1년으로 한다.
② 거주자가 사망한 경우의 과세기간은 1월 1일부터 사망한 날까지로 한다.
③ 폐업사업자의 사업소득의 과세기간은 1월 1일부터 폐업일까지로 한다.
④ 거주자가 주소 또는 거소를 국외로 이전하여 비거주자가 되는 경우의 과세기간은 1월 1일부터 출국한 날까지로 한다.

15 다음 중 소득세법상 특별세액공제에 대한 설명으로 가장 틀린 것은?

① 의료비는 총급여액의 3%를 초과하지 않는 경우에도 의료비세액공제를 적용받을 수 있다.
② 일반보장성보험료 납입액과 장애인전용보장성보험료 납입액의 공제한도는 각각 100만원이다.
③ 장애인 특수교육비 세액공제는 제외하고, 직계존속의 대학교등록금은 교육비세액공제 대상이 아니다.
④ 근로소득이 있는 거주자가 항목별 특별소득공제 · 항목별 특별세액공제 · 월세세액공제를 신청하지 않은 경우 연 13만원의 표준세액공제를 적용한다.

실무시험

㈜미래전자(회사코드 : 2387)는 제조, 도 · 소매 및 무역업을 영위하는 중소기업이며, 당기(8기)회계기간은 2021.1.1.~2021.12.31.이다. 전산세무회계 수험용 프로그램을 이용하여 다음 물음에 답하시오.

문제에서 한국채택국제회계기준을 적용하도록 하는 전제조건이 없는 경우, 일반기업회계기준을 적용하여 회계처리 한다.

문제 01 다음 거래를 일반전표입력 메뉴에 추가 입력하시오. (15점)

01 1월 20일 ㈜대한에 9,000,000원을 15개월 후 회수조건으로 대여하기로 하고 보통예금 계좌에서 이체하였다. (3점)

02 2월 17일 1월 15일에 자기주식 400주를 1,350,000원에 취득하였다. 이 중 300주를 주당 5,700원에 매각하고 대금은 전액 보통예금 계좌로 입금 받았다. 자기주식의 주당 액면가액은 5,400원이다. (3점)

03 2월 25일 영업부 직원들이 출장업무 중 가나분식에서 다음의 신용카드매출전표(법인우리카드)로 결제하였다. 거래일 현재 가나분식은 간이과세자이고, 복리후생비로 처리할 것. (3점)

가나분식
506-20-43238 TEL: 02-546-1857 김미영
서울시 관악구 관악로 894

2021-02-25 12:21 POS:02 BILL:000042

품명	단가	수량	금액
라면	2,500원	4	10,000원
소계			10,000원
청구금액			10,000원
받은금액			10,000원
거스름액			0원
신용카드			**10,000**원

신용카드 매출전표 [고 객 용]
[카 드 번 호] 1111-****-****-4444
[할 부 개 월] 일시불
[카 드 사 명] 우리카드
[가 맹 번 호] 00856457
[승 인 번 호] 07977800

04 3월 21일 퇴직연금부담금(확정기여형) 10,000,000원(제조 5,000,000원, 판매 5,000,000원)을 당회사의 보통예금 계좌에서 이체하였다. (3점)

05 11월 10일 당사는 액면가액 1주당 10,000원인 보통주 1,000주를 1주당 12,000원에 발행하고 전액 보통예금 계좌로 납입받았으며, 주식발행에 관련된 법무사 수수료(부가가치세는 무시하기로 함) 500,000원은 현금으로 지급하였다.(주식할인발행차금 잔액은 없고, 하나의 전표로 입력하시오.) (3점)

문제 02 다음 거래자료를 매입매출전표입력 메뉴에 추가로 입력하시오. (15점)

01 4월 11일 회사의 판매관리부서에서 업무용으로 사용하기 위한 컴퓨터를 ㈜컴마트에서 구입하고 구매대금 1,650,000원(부가가치세 포함)을 법인카드인 하나카드로 결제하였다. 비품계정으로 회계처리할 것. (3점)

단말기번호		
8002124738	120524128234	
카드종류		
하나카드	신용승인	
회원번호	유효기간	
4906-0302-****-9958	2021/04/11 13:52:46	
일반		
일시불	거래금액	1,500,000원
은행확인	부가세	150,000원
비씨		
판매자	봉사료	0원
	합계	1,650,000원
대표자	가맹점명	
이판매	㈜컴마트	
사업자등록번호	가맹점주소	
116-81-52796	서울 양천 신정4동 973-12	
	서명	Semusa

02 4월 22일 국내 체류 중인 앤드류(현재 국내의 호텔에 200일째 거주하고 있음)에게 제품을 220,000원(공급대가)에 판매하였다. 대금은 현금으로 수령하고 현금영수증을 발급하였다. (3점)

03 5월 9일 수출업체인 ㈜영일에 제품을 같은 날짜로 받은 내국신용장에 의해 납품하고 다음의 영세율 전자세금계산서를 발급하였다. 대금은 아직 결제받지 않았다. (3점)

<table>
<tr><td colspan="8">영세율전자세금계산서(공급자 보관용)</td><td colspan="2">승인번호</td><td colspan="3">20210509-1000000-00002121</td></tr>
<tr><td rowspan="5">공급자</td><td colspan="2">사업자 등록번호</td><td>143-81-17530</td><td colspan="2">종사업장 번호</td><td></td><td rowspan="5">공급받는자</td><td colspan="2">사업자 등록번호</td><td>220-81-39938</td><td>종사업장 번호</td><td></td></tr>
<tr><td colspan="2">상호(법인명)</td><td>㈜미래전자</td><td colspan="2">성명(대표자)</td><td>황석영</td><td colspan="2">상호(법인명)</td><td>㈜영일</td><td>성명</td><td>김영일</td></tr>
<tr><td colspan="2">사업장 주소</td><td colspan="4">서울 마포구 독막로 233</td><td colspan="2">사업장 주소</td><td colspan="3">서울 강남구 도곡로 150</td></tr>
<tr><td colspan="2">업태</td><td>제조외</td><td>종목</td><td colspan="2">전자제품</td><td colspan="2">업태</td><td>도소매</td><td>종목</td><td>전자제품</td></tr>
<tr><td colspan="2">이메일</td><td colspan="4">susu88@naver.com</td><td colspan="2">이메일</td><td colspan="3">young99@daum.net</td></tr>
<tr><td colspan="3">작성일자</td><td>공급가액</td><td colspan="3">세액</td><td colspan="6">수정사유</td></tr>
<tr><td colspan="3">2021-05-09</td><td>30,000,000</td><td colspan="3">0</td><td colspan="6"></td></tr>
<tr><td colspan="2">비고</td><td colspan="11"></td></tr>
<tr><td>월</td><td>일</td><td colspan="2">품목</td><td>규격</td><td colspan="2">수량</td><td colspan="2">단가</td><td>공급가액</td><td>세액</td><td colspan="2">비고</td></tr>
<tr><td>5</td><td>9</td><td colspan="2">제품</td><td>set</td><td colspan="2">20</td><td colspan="2">1,500,000</td><td>30,000,000</td><td>0</td><td colspan="2"></td></tr>
<tr><td></td><td></td><td colspan="2"></td><td></td><td colspan="2"></td><td colspan="2"></td><td></td><td></td><td colspan="2"></td></tr>
<tr><td colspan="3">합계금액</td><td>현금</td><td colspan="2">수표</td><td colspan="2">어음</td><td colspan="2">외상미수금</td><td colspan="3" rowspan="2">이 금액을 영수 / 청구 함</td></tr>
<tr><td colspan="3">30,000,000</td><td></td><td colspan="2"></td><td colspan="2"></td><td colspan="2">30,000,000</td></tr>
</table>

04 5월 16일 ㈜선우에 제품판매계약을 체결하고 5,500,000원(부가가치세 포함)을 보통예금 계좌로 수령하여 전자세금계산서를 발급하였다. 해당 제품은 6월 10일에 인도하기로 하였다. (3점)

05 7월 3일 마케팅 부서의 업무용 차량(5인승 승용차, 2,500cc)을 ㈜K자동차에서 35,000,000원(부가가치세 별도)에 취득하면서 전자세금계산서를 수취하였다. 대금은 취득세 2,240,000원과 함께 보통예금 계좌에서 지급하였다.(하나의 전표로 회계처리하시오.) (3점)

문제 03 부가가치세신고와 관련하여 다음 물음에 답하시오. (10점)

01 다음은 수출신고필증의 일부자료와 선적일 및 환율정보이다. 제품매출에 대한 거래 자료를 [매입매출전표에 입력]하고 제2기 부가가치세 확정신고를 위한 [수출실적명세서]를 작성하시오. (5점)

- 품목 : ADAS A1
- 거래처 : Ga.Co.Ltd(US)
- 수출신고번호 : 010-05-23-0000010-2
- 수량 : 150 EA
- 단가 : $300 USD
- 거래구분 : 직수출
- 결제금액 : FOB($45,000 USD)
- 수출신고일 : 12월 12일
- 선적일 : 12월 15일
- 결제조건 : T/T후불(결재기일 : 적재일로부터 35일 후)
- 기준환율

  12월 12일 : ₩ 1,150/USD 12월 15일 : ₩ 1,210/USD

02 다음 자료는 2021년 제2기 확정 부가가치세 신고기간(10월 ~12월)의 부동산 임대내역이다. 부동산임대공급가액명세서를 작성하시오.(이자율은 1.8%로 가정한다.)(5점)

거래처명	층/호수	면적	용도	임대기간	보증금	월세	관리비
㈜고향상사 (102-81-95063)	1층/ 102호	88㎡	사무실	2020.11.01.~ 2021.10.31.	10,000,000원	1,000,000원	100,000원
				2021.11.01.~ 2022.10.31.	20,000,000원	1,500,000원	150,000원
대영 (101-02-21108)	2층/ 201호	88㎡	사무실	2021.12.01.~ 2022.11.30.	15,000,000원	2,000,000원	150,000원

문제 04 다음 결산자료를 입력하여 결산을 완료하시오. (15점)

01 다음 자료를 이용하여 12월 31일 부가세대급금과 부가세예수금을 정리하는 분개를 입력하시오. 제2기 부가가치세 예정신고 시 예정신고와 관련된 부가세대급금과 부가세예수금에 대한 회계처리는 적절하게 이루어진 것으로 가정한다.(납부세액은 미지급세금으로 계상하고 환급세액은 미수금으로 계상하되, 거래처는 입력하지 말 것) (3점)

02 기말 현재 장기대여금 계정과목 중에는 RET사에 외화로 빌려준 10,000,000원($10,000)이 계상되어 있다. 기말 현재 기준환율은 1$당 1,200원이다. (3점)

03 당기 말 현재 보유하고 있는 매도가능증권(투자자산)에 대한 내역은 다음과 같다. 기말 매도가능증권 평가에 대한 회계처리를 하시오.(단, 제시된 자료만 고려하며 하나의 전표로 입력할 것) (3점)

회사명	2020년 취득가액	2020년 기말 공정가액	2021년 기말 공정가액
㈜마인드	25,000,000원	24,500,000원	26,000,000원

04 당기 법인세(법인세에 대한 지방소득세 포함)는 8,500,000원이고 결산일 현재 선납세금계정에는 법인의 이자수익에 대한 선납법인세 및 선납지방소득세 합계 956,000원과 법인세 중간예납액 3,456,000원이 존재한다. 적절한 회계처리를 하시오. (3점)

05 당기의 이익잉여금 처분은 다음과 같이 결의되었다. (3점)

- 당기처분 예정일 : 2022년 3월 15일
- 전기처분 확정일 : 2021년 2월 28일
- 보통주 현금배당 : 20,000,000원
- 보통주 주식배당 : 20,000,000원
- 이익준비금 : 현금배당액의 10%
- 사업확장적립금 : 5,000,000원

문제 05 2021년 귀속 원천징수자료와 관련하여 다음의 물음에 답하시오. (15점)

01 사원코드 150번인 사원 김최고(사무직, 배우자와 부양가족은 없음)는 2021년 3월 31일에 퇴사하였다. 김최고 사원은 퇴사일에 3월분 급여를 받았고 이에 대한 자료는 아래와 같다. 퇴사에 관련된 [급여자료입력]을 입력하고, 중도퇴사에 대한 연말정산을 실행하여 2021년 4월 10일에 신고해야 할 [원천징수이행상황신고서]를 작성하시오.(단, 그 외의 사원은 없는 것으로 가정한다.) (5점)

<사원 김최고의 2021년 3월 급여내역, 지급일 : 2021년 3월 31일>

1. 지급내역
   - 기본급 : 3,500,000원
   - 식대 : 120,000원
   - 자가운전보조금 : 180,000원
   - 야간근로수당 : 300,000원
   - 상여금 : 1,200,000원

2. 공제내역
   - 국민연금 : 157,500원
   - 건강보험 : 113,050원
   - 고용보험 : 32,630원
   - 장기요양보험 : 9,620원

3. 추가사항
   - 김최고사원은 본인 소유의 차량을 직접 운전하여 출퇴근 및 업무에 사용하고 있으며, 자가운전보조금은 비과세요건을 충족한다. 식대도 비과세 요건을 충족한다.

02 다음의 연말정산자료를 토대로 최수지 사원(사원코드 151)의 연말정산추가자료입력 메뉴의 [연말정산입력]탭에 반영하시오. 아래의 표시된 부양가족 이외의 가족은 없으며, 부양가족의 소득금액은 없고 지출내역은 모두 국세청 연말정산 간소화 자료에서 확인된 내역이다. (10점)

■ **최수지 (본인, 세대주, 주민번호 : 790530 - 2345671)**

1. 보험료 : 720,000원(생명보험료 : 보장성보험)
2. 의료비
   (1) 미용을 목적으로한 성형수술비 : 4,500,000원
   (2) 시력보정용 안경구입비 : 500,000원
   (3) 동네약국에서 질병에 대한 약품구입비 : 450,000원
3. 교육비
   (1) 대학원등록금 : 9,600,000원
   (2) 요가학원 수업료 : 250,000원
4. 기부금
   (1) 정당의 후원금 : 300,000원
   (2) 지정기부금 단체(종교단체 아님)에 기부한 후원금 : 360,000원
5. 신용카드
   (1) 대중교통 이용분 : 150,000원
   (2) 기타 공제가능 신용카드 사용액 15,000,000원(자녀의 건강진단비 결제분 : 900,000원 포함)
6. 현금영수증 : 250,000원(요가학원 수업료)

■ **최딸기 (자녀, 주민번호 : 140405 - 4401232)**

1. 의료비 : 900,000원(건강진단비)
2. 교육비 : 300,000원(어린이집 납입액)

최근 기출문제

88회 이론시험

01 다음의 자료에서 설명하는 재고자산의 평가방법은?

- 일반적인 물가상승시 당기순이익이 과대계상된다.
- 기말재고자산이 현시가를 반영하고 있다.
- 인플레이션시에는 경영진의 경영 실적을 높이려는 유혹을 가져올 수 있다.

① 선입선출법 ② 후입선출법 ③ 개별법 ④ 이동평균법

02 다음 중 유형자산의 취득원가에 포함되는 요소를 모두 고른 것은?

ㄱ. 설계와 관련하여 전문가에게 지급하는 수수료
ㄴ. 매입관련 운송비
ㄷ. 설치장소 준비를 위한 지출
ㄹ. 취득세
ㅁ. 재산세

① ㄴ, ㄷ, ㅁ ② ㄱ, ㄴ, ㄷ, ㄹ ③ ㄴ, ㄷ, ㄹ, ㅁ ④ ㄱ, ㄴ, ㄷ, ㄹ, ㅁ

03 다음 중 무형자산에 대한 설명으로 틀린 것은?

① 기업회계기준에서는 사업 결합 등 외부에서 취득한 영업권만 인정하고, 내부에서 창출된 영업권은 인정하지 않는다.
② 무형자산은 인식기준을 충족하지 못하면 그 지출은 발생한 기간의 비용으로 처리 한다.
③ 무형자산을 개별적으로 취득한 경우에는 매입가격에 매입 부대비용을 가산한 금액을 취득원가로 한다.
④ 무형자산의 합리적인 상각방법을 정할 수 없는 경우에는 정률법을 사용한다.

04 다음 중 유가증권에 대한 설명으로 틀린 것은?

① 단기매매증권에 대한 미실현보유손익은 기타포괄누계액으로 처리한다.
② 단기매매증권이 시장성을 상실한 경우에는 매도가능증권으로 분류하여야 한다.
③ 채무증권은 취득한 후에 만기보유증권, 단기매매증권, 매도가능증권 중의 하나로 분류한다.
④ 지분증권과 만기보유증권으로 분류되지 않는 채무증권은 단기매매증권 또는 매도가능증권으로 분류한다.

05 다음 중 사채에 대한 설명으로 틀린 것은?

① 사채의 액면이자율이 시장이자율보다 더 크면 사채는 할증발행 된다.
② 사채발행시 발생한 비용은 발행가액에서 직접 차감한다.
③ 사채할증발행차금은 자본잉여금에 해당한다.
④ 사채할인발행시에 유효이자율법 적용시 기간이 경과함에 따라 사채의 장부가액은 증가한다.

06 공장에 설치하여 사용하던 기계가 고장이 나서 처분하려고 한다. 취득원가는 2,000,000원, 고장 시점까지의 감가상각누계액은 1,500,000원이다. 동 기계를 바로 처분하는 경우 600,000원에 처분 가능하며 100,000원의 수리비를 들여 수리하는 경우 800,000원에 처분할 수 있다. 이 때 매몰원가는 얼마인가?

① 100,000원　② 500,000원　③ 600,000원　④ 800,000원

07 다음의 원가특성에 대한 설명으로 틀린 것은?

> 전기료, 수도료 등은 사용하지 않는 경우에도 기본요금을 부담해야 하고 또한 사용량에 비례하여 종량요금은 증가한다.

① 조업도의 변동과 관계없이 일정하게 발생하는 고정비와 조업도의 변동에 따라 비례하여 발생하는 변동비의 두 요소를 모두 가지고 있다.
② 계단원가(step costs)라고도 한다.
③ 준변동비의 특성에 대한 설명이다.
④ 혼합원가(mixed costs)라고도 한다.

08 다음 중 보조부문원가를 제조부문에 배부하는 기준으로 가장 적합한 것은?

① 건물관리부문 : 종업원 수　② 종업원복리후생부문 : 종업원의 연령
③ 식당부문 : 사용면적　④ 전력부문 : 전력사용량

09 다음은 ㈜경성의 제조원가와 관련된 자료이다. 당기제품제조원가는 얼마인가?

• 기초원재료매입 : 100,000원	• 기말원재료재고 : 50,000원
• 당기원재료매입 : 200,000원	• 직접노무비 : 150,000원
• 제조간접비 : 200,000원	• 기초재공품재고 : 200,000원
• 기말재공품재고 : 100,000원	• 기초제품재고 : 150,000원
• 당기매출원가 : 450,000원	

① 500,000원 ② 600,000원 ③ 700,000원 ④ 800,000원

10 ㈜우연은 선입선출법에 의한 종합원가계산을 채택하고 있다. 당기 가공원가(전공정에서 균등하게 발생함)에 대한 완성품환산량 단위당 원가가 12,000원인 경우 다음의 자료에 의하여 당기 가공원가 발생액을 계산하면 얼마인가?

• 기초재공품 : 400단위(완성도 75%)	• 기말재공품 : 700단위(완성도 40%)
• 당기착수수량 : 3,500단위	• 당기완성수량 : 3,200단위

① 38,160,000원 ② 41,760,000원 ③ 42,960,000원 ④ 45,360,000원

11 다음 중 부가가치세법상 재화공급의 특례에 해당하지 않는 것은? (단, 아래의 보기에서는 모두 구입시 정상적으로 매입세액공제를 받았다고 가정한다.)

① 자기의 과세사업을 위하여 구입한 재화를 자기의 면세사업에 사용하는 경우
② 직접 제조한 과세재화(1인당 연간 10만원 이내)를 직원 생일선물로 제공하는 경우
③ 과세사업자가 사업을 폐업할 때 잔존하는 재화
④ 특정거래처에 선물로 직접 제조한 과세재화를 제공하는 경우

12 다음 중 부가가치세법상 영세율 적용대상이 아닌 것은?

① 사업자가 내국신용장 또는 구매확인서에 의하여 공급하는 수출용 재화
② 수출업자와 직접 도급계약에 의한 수출재화임가공용역
③ 국외에서 공급하는 용역
④ 수출업자가 타인의 계산으로 대행위탁수출을 하고 받은 수출대행수수료

13 다음 중 부가가치세법상 납부세액 계산 시 공제대상 매입세액에 해당되는 것은?

① 대표자의 개인적인 구입과 관련된 부가가치세 매입세액
② 공장부지 및 택지의 조성 등에 관련된 부가가치세 매입세액
③ 렌트카업의 영업에 직접 사용되는 승용자동차 부가가치세 매입세액
④ 거래처 체육대회 증정용 과세물품 부가가치세 매입세액

14 다음 중 소득세법상 배당소득 중 Gross-up 적용 대상이 아닌 것은?

① 내국법인으로부터 받는 배당
② 감자·해산·합병·분할로 인한 의제배당
③ 법인세법에 따라 배당으로 처분된 금액
④ 주식발행액면초과액을 재원으로 한 의제배당

15 소득세법상 다음 자료에 의한 소득만 있는 거주자 김영민의 2021년 종합소득금액을 계산하면 얼마인가? (단, 이월결손금은 전기에 부동산임대업을 제외한 사업소득금액에서 이월된 금액이다.)

• 부동산임대 이외의 사업소득금액 : 25,000,000원	• 근로소득금액 : 10,000,000원
• 부동산임대 사업소득금액 : 15,000,000원	• 이월결손금 : 40,000,000원

① 10,000,000원 ② 15,000,000원 ③ 20,000,000원 ④ 25,000,000원

실무시험

㈜반도전자(회사코드 : 2388)은 제조, 도・소매 및 부동산임대업을 영위하는 중소기업이며, 당기(9기) 회계기간은 2021.1.1.~2021.12.31. 이다. 전산세무회계 수험용 프로그램을 이용하여 다음 물음에 답하시오.

문제에서 한국채택국제회계기준을 적용하도록 하는 전제조건이 없는 경우, 일반기업회계기준을 적용하여 회계처리 한다.

문제 01 다음 거래를 일반전표입력 메뉴에 추가 입력하시오. (15점)

01 1월 15일 영업사원 직무교육에 대한 강사료 3,500,000원을 지급하고 원천징수 하였다. 강사료는 원천징수세액(지방소득세 포함) 115,500원을 차감하고 보통예금 계좌에서 이체하였다. (3점)

02 3월 24일 회사가 보유하고 있던 매도가능증권(투자자산)을 다음과 같은 조건으로 처분하고 대금은 현금으로 회수하였다.(단, 전기의 기말평가는 일반기업회계기준에 따라 처리하였다.) (3점)

취득가액	시가(전기 12월 31일 현재)	처분가액	비고
28,000,000원	24,000,000원	26,000,000원	시장성이 있다.

03 6월 11일 당사는 확정급여형(DB)퇴직연금을 가입하고 있으며, 가입한 퇴직연금에 대한 이자 150,000원이 퇴직연금계좌로 입금되었다. (3점)

04 7월 9일 단기 투자목적으로 주식시장에 상장되어 있는 ㈜중앙의 주식을 주당 13,000원의 가격으로 1,000주를 매입하였으며, 이 매입과정에서 카오증권에 80,000원의 수수료가 발생하였다. 주식 매입과 관련된 모든 대금은 보통예금에서 이체하였다. (3점)

05 12월 15일 전기에 제품을 수출한 수출거래처 STAR사의 외화외상매출금 $100,000이 전액 보통예금으로 입금되었다. 전기말 적용 환율은 $1당 1,200원으로서 외화자산, 부채평가는 적절하게 이루어졌고, 회수 시 적용환율은 $1당 1,100원이다.(단, 외화외상매출금은 외상매출금 계정과목으로 반영할 것.) (3점)

문제 02 다음 거래자료를 매입매출전표입력 메뉴에 추가로 입력하시오. (15점)

01 7월 1일 영업부서에서 사용할 컴퓨터를 ㈜전자상회에서 현금으로 구입하고 현금영수증(지출증빙용)을 발급받았다.(단, 자산으로 처리할 것.) (3점))

㈜전자상회
114-81-80641 남재안
서울 송파구 문정동 101-2 TEL:3289-8085
홈페이지 http://www.kacpta.or.kr

현금(지출증빙)

구매 2021/07/01/13:06 거래번호 : 0026-0107

상품명	수량	금액
컴퓨터	2대	4,400,000원
	과세물품가액	4,000,000원
	부 가 세	400,000원
합 계		4,400,000원
받은금액		4,400,000원

02 7월 21일 ㈜서울지게차로부터 공장에 사용할 지게차(차량운반구)를 구입하고 전자세금계산서를 발급받았다. 매입매출전표에 입력하시오.(외상대금은 미지급금으로 처리 할 것) (3점)

전자세금계산서(공급자 보관용)	승인번호	20210721-31000013-44346631

구분	항목	내용	항목	내용	구분	항목	내용	항목	내용
공급자	사업자 등록번호	114-81-32149	종사업장 번호		공급받는자	사업자 등록번호	137-81-87797	종사업장 번호	
	상호(법인명)	㈜서울지게차	성명(대표자)	김서울		상호(법인명)	㈜반도전자	성명(대표자)	손흥민
	사업장주소	서울시 서초구 방배동 2136-9				사업장주소	경기도 오산시 외삼미로 104-12		
	업 태	도소매	종 목	지게차		업 태	제조외	종 목	전자제품
	이메일	aa@dauum.com				이메일	sl@dauum.com		

작성일자	공급가액	세액	수정사유
2021.07.21.	35,000,000	3,500,000	
비 고			

월	일	품 목	규 격	수 량	단 가	공 급 가 액	세 액	비 고
7	21	지게차	1대	1	35,000,000	35,000,000	3,500,000	

합 계 금 액	현 금	수 표	어 음	외 상 미 수 금	이 금액을 영수/청구 함
38,500,000				38,500,000	

03 8월 9일 미국의 벤토사로부터 수입한 상품과 관련하여 부산세관으로부터 과세표준 30,000,000원(부가가치세 별도)의 수입전자세금계산서를 수취하고 관련 부가가치세는 보통예금에서 이체하였다.(단, 재고자산의 회계처리는 생략할 것.) (3점)

04 9월 30일 경영지원팀 직원들이 야근식사를 하고 다음과 같이 종이세금계산서를 수취하였다. 제2기 부가가치세 예정신고 시 해당 세금계산서를 누락하여 제2기 확정 신고기간의 부가가치세 신고서에 반영하려고 한다. 반드시 해당 세금계산서를 제2기 확정 신고기간의 부가가치세 신고서에 반영시킬 수 있도록 입력 · 설정하시오.(단, 외상대금은 미지급금으로 처리할 것.) (3점)

세금계산서(공급받는자 보관용)

책 번 호	권	호
일 련 번 호	-	

공급자				공급받는자			
등록번호	106-54-73541			등록번호	137-81-87797		
상호(법인명)	남해식당	성 명(대표자)	박미소	상호(법인명)	㈜반도전자	성 명(대표자)	손흥민
사업장 주소	경기도 오산시 외삼미로 200			사업장 주소	경기도 오산시 외삼미로 104-12		
업 태	음식	종 목	한식	업 태	제조외	종 목	전자제품

작성 연	월	일	공란수	공급가액 백	십	억	천	백	십	만	천	백	십	일	세액 십	억	천	백	십	만	천	백	십	일	비 고
21	9	30						1	0	0	0	0	0	0					1	0	0	0	0	0	

월	일	품 목	규 격	수 량	단 가	공 급 가 액	세 액	비 고
9	30	야근식대		1		1,000,000원	100,000원	

합 계 금 액	현 금	수 표	어 음	외 상 미 수 금	이 금액을 영수/청구 함
1,100,000원				1,100,000원	

05 12월 16일 최종소비자인 김전산씨에게 세금계산서나 현금영수증을 발행하지 아니하고 제품을 판매하였는데 대금 660,000원(부가가치세 포함)이 당일 보통예금계좌에 입금되었다. (3점)

문제 03 부가가치세신고와 관련하여 다음 물음에 답하시오. (10점)

01 다음의 자료에 의하여 2021년 제1기 부가가치세 예정신고기간(1.1. ~ 3.31.)의 부가가치세 신고서를 작성하시오.(단, 과세표준명세의 입력 및 신고서 이외의 부속서류의 작성은 생략한다.) (7점)

- 매출내역
  - 신용카드매출전표의 발행 : 27,500,000원(VAT 포함)
  - 현금매출 : 2,200,000원(VAT 포함), 이는 전액 현금영수증 미발행임(소비자와의 거래로서 현금영수증 의무발행업종이 아님)
  - 전자세금계산서 발급 : 250,000,000원(VAT 별도), 이 중 공급가액 30,000,000원(공급시기 : 2월 15일)은 발급시기를 경과하여 3월 20일에 전자세금계산서를 발급하였다.
- 매입내역
  - 세금계산서 수취분 : 공급가액 180,000,000원, 부가세 18,000,000원[이 중에는 업무용소형승용차(1,500CC, 5인승)의 공급가액 25,000,000원, 부가세 2,500,000원과 기계장치의 공급가액 13,000,000원, 부가세 1,300,000원이 포함된 금액이다.]

02 다음의 자료를 이용하여 2021년 1기 확정신고기간에 대한 [건물등감가상각자산취득명세서]를 작성하시오. (3점)

일자	내 역	공급가액	부가가치세	상 호	사업자등록번호
04월 15일	영업부의 업무용 승용차(2,000CC) 구입(전자세금계산서 수취)	30,000,000원	3,000,000원	㈜한세모터스	204-81-12349
04월 18일	공장에서 사용할 포장용 기계구입 (전자세금계산서 수취)	25,000,000원	2,500,000원	㈜한세기계	201-81-98746
04월 30일	영업부 환경개선을 위해 에어컨 구입 (전자세금계산서 수취)	3,000,000원	300,000원	㈜한세전자	203-81-55457

문제 04 다음 결산자료를 입력하여 결산을 완료하시오. (15점)

01 8월 1일 임차인인 ㈜최강상사로부터 6개월 동안의 임대료 3,600,000원(2021.08.01. ~ 2022.01.31.)을 미리 받고, 임대료를 받은 날에 전액 임대료 계정(0904)으로 계상하였다.(단, 월할계산하고 회계처리시 음수로 입력하지 말 것.) (3점)

02 당사는 2021년 초에 소모품 6,000,000원을 구입하고 소모품 계정과목으로 회계 처리하였으며, 기말에 소모품 잔액을 확인해보니 600,000원이 남아있었다. 사용한 소모품 중 40%는 영업부서에서 사용하고 나머지는 생산부서에서 사용한 것으로 밝혀졌다.(단, 회계처리 시 음수로 입력하지 말 것.) (3점)

03 기말 현재 외화장기차입금으로 계상된 외화차입금 10,000,000원은 외환은행에서 차입한 금액($10,000)으로 결산일 현재 환율은 1,200원/$이다. (3점)

04 결산 마감 전 영업권(무형자산) 잔액이 6,000,000원이 있으며 이 영업권은 2018년 1월 초에 취득한 것이다. (단, 회사는 무형자산에 대하여 5년간 월할 균등상각하고 있으며, 상각기간 계산시 1월 미만은 1월로 간주한다.) (3점)

05 기말 현재 외상매출금 잔액의 2%와 단기대여금 잔액의 1%에 대하여 대손을 예상하고 대손충당금을 보충법으로 설정하기로 한다. 당기 중 대손처리된 금액은 없다. (3점)

문제 05 2021년 귀속 원천징수자료와 관련하여 다음의 물음에 답하시오. (15점)

01 다음 자료를 이용하여 영업직 사원 김영수씨(사번 : 201)의 필요한 수당과 8월분 급여자료를 입력하고(수당등록 및 공제항목은 불러온 자료는 무시하고 아래 자료에 따라 입력하며, 사용하는 수당 이외의 항목은 '부'로 체크할 것), 원천징수이행상황신고서를 작성하시오.(단, 전월 미환급액은 300,000원 있다. 원천징수이행상황신고서는 매월 작성하며, 김영수씨의 급여내역만 반영한다.) (5점)

이 름	김영수	지 급 일	2021-08-31
기본급	1,800,000원	소 득 세	50,000원
직책수당	200,000원	지방소득세	5,000원
상 여	250,000원	고용보험	16,250원
식대	150,000원	국민연금	112,500원
자가운전보조금	200,000원	건강보험	80,750원
육아수당	200,000원	장기요양보험	6,870원
급 여 계	2,800,000원	공제합계	271,370원
노고에 감사드립니다.		지급총액	2,528,630원

<추가자료>

- 급여 지급일은 매달 말일이다.
- 회사는 별도의 식사를 제공하고 있다.
- 실제여비를 받는 대신 자가운전보조금을 받고 있다.(비과세 요건을 갖추었음)
- 김영수씨는 만 3세와 만 5세의 자녀가 있으며, 자녀 1인당 10만원씩 육아수당을 지급받고 있다.

02 2021년 6월 1일 입사한 장현성(사번 : 300번)의 연말정산 자료는 다음과 같다. 연말정산추가입력에 전근무지를 반영한 소득명세, 연금저축 등, 연말정산입력 탭을 작성하시오.(10점)

1. 2021년 5월 말까지 다니던 직장(㈜삼영전자)에서 받은 근로소득원천징수영수증 자료를 입력하시오.
2. 장현성씨는 2021년 1월에 관악구 오피스텔에 월세 계약을 하였다.(월세소득공제 요건을 충족한다고 가정한다.)
3. 장현성씨는 과세기간 종료일 현재 주택을 소유하지 아니한 세대의 세대주이며 부양가족은 없다.

<장현성의 전근무지 근로소득원천징수영수증>

	구 분	주(현)	종(전)	⑯-1 납세조합	합 계
Ⅰ 근무처별소득명세	⑨ 근 무 처 명	㈜삼영전자			
	⑩ 사업자등록번호	245-81-22547			
	⑪ 근무기간	2021.1.1.~2021.5.31.	~	~	~
	⑫ 감면기간	~	~	~	~
	⑬ 급 여	20,000,000			
	⑭ 상 여	5,000,000			
	⑮ 인 정 상 여				
	⑮-1 주식매수선택권 행사이익				
	⑮-2 우리사주조합인출금				
	⑮-3 임원 퇴직소득금액 한도초과액				
	⑯ 계	25,000,000			

	구 분		주(현)	종(전)	⑯-1 납세조합	합 계
Ⅱ 비과세및감면소득명세	⑱ 국외근로	M0X				
	⑱-1 야간근로수당	O0X				
	⑱-2 출산·보육수당	Q0X				
	⑱-4 연구보조비	H0X				
	~					
	⑱-29					
	⑲ 수련보조수당	Y22				
	⑳ 비과세소득 계					
	⑳-1 감면소득 계					

	구 분			⑱ 소 득 세	⑲ 지방소득세	⑳ 농어촌특별세
Ⅲ 세액명세	⑫ 결 정 세 액			320,000	32,000	
	기납부세액	⑬ 종(전)근무지 (결정세액란의 세액을 적습니다)	사업자등록번호			
		⑭ 주(현)근무지		1,360,000	136,000	
	⑮ 납부특례세액					
	⑯ 차 감 징 수 세 액(⑫-⑬-⑭-⑮)			△1,040,000	△104,000	

(국민연금 980,000원 건강보험 807,500원 장기요양보험 68,700원 고용보험 162,500원)
위의 원천징수액(근로소득)을 정히 영수(지급)합니다.

<장현성의 2021년 연말정산자료>

항목	내용
보험료	· 자동차보험료 : 880,000원 · 저축성보험료 : 500,000원
교육비	· 야간대학원 등록금 : 6,000,000원
의료비(의료증빙 국세청장)	· 시력보정용 안경구입비 : 500,000원(본인 신용카드 결제) · 질병치료비 : 4,500,000원(본인 신용카드 결제)
신용카드 등 사용액	· 신용카드 사용액 : 11,700,000원(의료비지출액 포함) · 직불카드 사용액 : 1,530,000원 · 현금영수증 사용액 : 1,200,000원
월세	· 연간월세지급액 : 6,000,000원 · 임대인의 인적사항 - 임대인 : 김민수(470531-1535487) - 주소지 : 서울 관악구 관악로 155 - 계약면적 : 55.00(㎡) - 임대차 계약기간 : 2021.1.1.~ 2021.12.31. - 주택유형 : 오피스텔
퇴직연금	· 퇴직연금 본인불입액 : 1,200,000원(㈜우리은행, 계좌번호 120-350-120)
· 위의 내역은 본인이 사용하고 지출한 금액이다.	

이론시험

01 다음 중 재무제표 작성과 표시에 대한 설명으로 틀린 것은?

① 자산과 부채는 유동성이 높은 계정부터 차례로 배열하여 작성해야 한다.
② 자산과 부채는 원칙적으로 상계하여 순액으로 표시하여야 한다.
③ 수익과 비용은 각각 총액으로 보고하는 것을 원칙으로 한다.
④ 자본금은 발행 주식 수에 액면금액을 곱하여 계산한다.

02 물가가 하락한다고 가정할 경우 당기순이익이 가장 적게 계상되는 재고자산의 평가방법은 무엇인가?

① 선입선출법 ② 후입선출법 ③ 총평균법 ④ 이동평균법

03 유형자산의 취득원가로 볼 수 없는 항목은?

① 유형자산의 취득과 관련된 취득세 ② 자본화대상인 금융비용
③ 유형자산의 보유와 관련된 재산세 ④ 유형자산의 설계와 관련된 설계비용

04 다음의 사채를 2019년 1월 1일 발행하였다. 이자는 매년 말에 지급한다고 가정할 경우 사채와 관련한 다음 설명 중 잘못된 것은?

액면가액	액면이자율	유효이자율	만기	발행가액
100,000원	8%	10%	3년	92,669원

① 2019년 결산일 현재 사채 장부가액은 사채 액면가액보다 작다.
② 2019년 현금으로 지급된 이자는 8,000원이다.
③ 2021년 말 이자비용 인식 후 사채할인발행차금 잔액은 0원이다.
④ 사채할인발행차금 상각액은 매년 감소한다.

05 재화의 판매로 인한 수익 인식의 조건에 대한 설명으로 옳지 않은 것은?

① 수익금액을 신뢰성 있게 측정할 수 있다.
② 경제적 효익의 유입 가능성이 매우 높다.
③ 재화의 소유에 따른 유의적인 위험과 보상이 판매자에게 있다.
④ 거래와 관련하여 발생했거나 발생할 원가를 신뢰성 있게 측정할 수 있다.

06 다음은 제조원가 및 재고자산에 관한 자료이다. 2021년의 매출원가는 얼마인가?

구분	기초재고	기말재고
재공품	500,000원	2,000,000원
제 품	1,000,000원	2,000,000원
당기총제조원가는 10,500,000원이다.		

① 6,000,000원 ② 7,000,000원 ③ 8,000,000원 ④ 9,000,000원

07 제조간접원가를 각 부문에 배부하는 기준으로 가장 적합하지 않은 것은?

① 건물관리부문 : 사용면적 ② 노무관리부문 : 종업원 수
③ 검사부문 : 검사수량, 검사시간 ④ 구매부문 : 기계시간

08 ㈜한국의 제조간접비 예정배부율은 작업시간당 5,000원이다. 실제 작업시간이 1,000시간이고, 제조간접비 배부 차이가 2,000,000원 과소 배부인 경우 실제 발생한 제조간접비는 얼마인가?

① 7,000,000원 ② 8,000,000원 ③ 9,000,000원 ④ 10,000,000원

09 다음 중 개별원가계산과 종합원가계산에 대한 설명으로 틀린 것은?

① 개별원가는 작업원가계산표에 원가를 집계하나, 종합원가는 제조원가보고서에 원가를 집계한다.
② 개별원가는 공정별로 원가를 집계하나, 종합원가는 각 작업별로 원가를 집계한다.
③ 개별원가는 원가를 직접비와 간접비로 구분하나, 종합원가는 재료비와 가공비로 구분한다.
④ 개별원가는 다품종 소량 생산에, 종합원가는 동종제품 대량생산업종에 적합하다.

10 원재료는 공정 초기에 전량 투입되고, 가공비는 전공정에 걸쳐 균등하게 투입된다. 종합원가계산에의한 재료비와 가공비의 완성품환산량은?

• 기초재공품 : 0개	• 당기투입량 : 600개	• 기말재공품 : 400개(완성도 60%)

① 재료비 : 600개, 가공비 : 440개
② 재료비 : 360개, 가공비 : 300개
③ 재료비 : 240개, 가공비 : 300개
④ 재료비 : 160개, 가공비 : 400개

11 다음 중 부가가치세법상 영세율과 면세제도에 관한 설명으로 옳지 않은 것은?

① 면세사업자가 영세율을 적용받기 위해서는 면세를 포기하여야 한다.
② 국내거래도 영세율 적용대상이 될 수 있다.
③ 면세제도는 부가가치세 부담이 전혀 없는 완전면세형태이다.
④ 면세의 포기를 신고한 사업자는 신고한 날로부터 3년간 면세 재적용을 받지 못한다.

12 다음은 부가가치세법상 사업자등록에 대한 설명이다. 가장 틀린 것은?

① 사업자는 원칙적으로 사업장마다 사업개시일부터 20일 이내에 사업자등록을 신청하여야 한다.
② 신규로 사업을 시작하려는 자는 사업개시일 전에 사업자등록을 신청할 수 없다.
③ 사업장이 둘 이상인 사업자는 사업자 단위로 해당 사업자의 본점 또는 주사무소 관할 세무서장에게 등록을 신청할 수 있다.
④ 사업자 단위로 등록신청을 한 경우에는 원칙적으로 사업자 단위 과세 적용 사업장에 한 개의 등록번호가 부여된다.

13 다음 중 부가가치세법상 세금계산서에 대한 설명으로 옳지 않은 것은?

① 법인사업자와 직전연도의 사업장별 재화 및 용역의 공급가액(면세공급가액 포함)의 합계액이 3억원 이상인 개인사업자는 세금계산서를 발급하려면 전자세금계산서를 발급하여야 한다.
② 전자세금계산서의 기재 사항을 착오로 잘못 적은 경우 수정전자세금계산서를 발급할 수 있다.
③ 전자세금계산서를 발급하여야 하는 사업자가 아닌 사업자는 전자세금계산서를 발급할 수 없다.
④ 전자세금계산서를 발급하였을 때에는 전자세금계산서 발급일의 다음 날까지 전자세금계산서 발급명세를 국세청장에게 전송하여야 한다.

14 다음 중 소득세법상 거주자의 종합소득에 해당하지 않는 것은?

① 배당소득 ② 사업소득 ③ 기타소득 ④ 퇴직소득

15 다음 중 종합소득세에 대한 설명으로 틀린 것은?

① 종합과세 제도이므로 거주자의 모든 소득을 합산하여 과세한다.

② 소득세의 과세기간은 사업개시나 폐업에 의하여 영향을 받지 않는다.

③ 이자, 배당 및 연금소득을 제외하고는 원칙적으로 열거주의 과세 방식을 적용한다.

④ 거주자의 소득세 납세지는 원칙적으로 주소지로 한다.

실무시험

용마물산㈜(회사코드 : 2390)은 제조, 도 · 소매 및 무역업을 영위하는 중소기업이며, 당기(16기) 회계기간은 2021.1.1.~2021.12.31. 이다. 전산세무회계 수험용 프로그램을 이용하여 다음 물음에 답하시오.

문제에서 한국채택국제회계기준을 적용하도록 하는 전제조건이 없는 경우, 일반기업회계기준을 적용하여 회계처리 한다.

문제 01 다음 거래를 일반전표입력 메뉴에 추가 입력하시오. (15점)

01 3월 13일 제조공장의 직원을 위한 확정기여형(DC) 퇴직연금에 가입하고 18,000,000원을 보통예금 계좌에서 퇴직연금계좌로 이체하였다. (3점)

02 3월 17일 영업팀의 고객응대친절교육을 위해 항공사에서 근무하는 스튜어디스를 초빙하여 교육을 진행하였다. 총 강의료 400,000원에서 원천세 35,200원을 차감한 금액을 보통예금으로 지급하였다. (3점)

03 7월 12일 당사는 ㈜미라컴에 제품을 판매하여 계상되었던 외상매출금 3,000,000원(부가가치세 불포함 금액)이 회수불능채권으로 확정되어 대손처리하였다.(단, 부가가치세는 고려하지 않으며 대손충당금을 조회한 후 분개하시오.) (3점)

04 10월 11일 회사가 발행 중인 사채(액면가액 50,000,000원) 중 액면가 30,000,000원을 30,850,000원에 보통예금 계좌에서 이체하여 조기에 상환하였다. 당사의 사채할인(할증)발행차금 계정의 잔액은 없었다. (3점)

05 12월 10일 유상증자로 신주 10,000주(주당 액면가액 1,000원)를 1주당 2,000원에 발행하여 대금은 보통예금에 입금되었다. 주식 발행과 관련하여 김법무사 수수료 300,000원이 미지급 되었다.(단, 현재 주식 할인 발행차금 500,000원이 있으며, 하나의 전표로 입력할 것.) (3점)

문제 02 다음 거래자료를 매입매출전표입력 메뉴에 추가로 입력하시오. (15점)

01 7월 10일 다음과 같이 원재료를 매입하면서 대금 중 50%는 보통예금에서 지급하고 잔액은 다음 달말에 지급하기로 하였다. (3점)

<table>
<tr><td colspan="8">전자세금계산서(공급받는자 보관용)</td><td colspan="2">승인번호</td><td colspan="2">20210710-410000012-7c00mk0</td></tr>
<tr><td rowspan="5">공급자</td><td>사업자등록번호</td><td>110-86-05330</td><td>종사업장번호</td><td></td><td rowspan="5">공급받는자</td><td>사업자등록번호</td><td>110-81-41568</td><td>종사업장번호</td><td colspan="3"></td></tr>
<tr><td>상호(법인명)</td><td>㈜필프리</td><td>성명(대표자)</td><td>이종석</td><td>상호(법인명)</td><td>용마물산㈜</td><td>성명(대표자)</td><td colspan="3">김도윤</td></tr>
<tr><td>사업장주소</td><td colspan="3">경기 김포시 양촌읍 황금1로80번길 39</td><td>사업장주소</td><td colspan="5">서울특별시 금천구 가산디지털1로 104(가산동)</td></tr>
<tr><td>업 태</td><td>도소매,무역,제조</td><td>종 목</td><td>전자부품,수출</td><td>업 태</td><td>제조,도소매</td><td>종 목</td><td colspan="3">전자제품</td></tr>
<tr><td>이메일</td><td colspan="3">dlwhdtjri@naver.com</td><td>이메일</td><td colspan="5">rlaenaks@daum.net</td></tr>
<tr><td colspan="2">작성일자</td><td>공급가액</td><td>세액</td><td colspan="8">수정사유</td></tr>
<tr><td colspan="2">2021.07.10.</td><td>50,000,000</td><td>5,000,000</td><td colspan="8"></td></tr>
<tr><td colspan="2">비 고</td><td colspan="10"></td></tr>
<tr><td>월</td><td>일</td><td>품 목</td><td>규 격</td><td>수 량</td><td>단 가</td><td>공 급 가 액</td><td>세 액</td><td colspan="4">비 고</td></tr>
<tr><td>7</td><td>10</td><td>CN24-k2</td><td></td><td>5,000</td><td>10,000</td><td>50,000,000</td><td>5,000,000</td><td colspan="4"></td></tr>
<tr><td></td><td></td><td></td><td></td><td></td><td></td><td></td><td></td><td colspan="4"></td></tr>
<tr><td colspan="2">합 계 금 액</td><td>현 금</td><td>수 표</td><td>어 음</td><td>외 상 미 수 금</td><td colspan="6" rowspan="2">이 금액을 영수/청구 함</td></tr>
<tr><td colspan="2">55,000,000</td><td>27,500,000</td><td></td><td></td><td>27,500,000</td></tr>
</table>

02 7월 20일 ㈜두산기공에서 2월 5일 구입한 기계장치에 하자가 있어 반품하고 수정전자세금계산서(공급가액 -20,000,000원, 부가가치세 -2,000,000원)를 발급받고 대금은 전액 미지급금과 상계처리하였다. (3점)

03 8월 2일 ㈜한국에 부가가치세가 면제되는 제품을 2,000,000원에 판매하고 전자계산서를 발급하였다. 판매대금은 10월 16일에 보통예금으로 입금될 예정이다. (3점)

04 9월 9일 수출업체인 ㈜영스타에 구매확인서에 의하여 제품 100개(개당 150,000원)를 판매하고 영세율전자세금계산서를 발급하였으며, 대금은 다음달 10일까지 지급받기로 하였다. (3점)

05 9월 16일 다음과 같이 대표이사가 업무용으로 사용하는 소형승용차(2,500CC)의 타이어를 교체하면서 대금 중 150,000원은 현금으로 지급하고 잔액은 외상으로 하였다.(차변 계정과목을 차량유지비로 회계 처리할 것.) (3점)

<table>
<tr><td colspan="5">전자세금계산서(공급받는자 보관용)</td><td colspan="2">승인번호</td><td colspan="3">20210916-410000012-7c00mk0</td></tr>
<tr><td rowspan="5">공급자</td><td>사업자등록번호</td><td>129-86-11103</td><td>종사업장번호</td><td></td><td rowspan="5">공급받는자</td><td>사업자등록번호</td><td>110-81-41568</td><td>종사업장번호</td><td></td></tr>
<tr><td>상호(법인명)</td><td>㈜이영타이어</td><td>성명(대표자)</td><td>김이영</td><td>상호(법인명)</td><td>용마물산㈜</td><td>성명(대표자)</td><td>김도윤</td></tr>
<tr><td>사업장주소</td><td colspan="3">서울 영등포구 영중로 225</td><td>사업장주소</td><td colspan="3">서울특별시 금천구 가산디지털1로 104(가산동)</td></tr>
<tr><td>업태</td><td>도소매,무역,제조</td><td>종목</td><td>타이어,자동차부품</td><td>업태</td><td>제조,도소매</td><td>종목</td><td>전자제품</td></tr>
<tr><td>이메일</td><td colspan="3">ezero@daum.net</td><td>이메일</td><td colspan="3">rlaenaks@daum.net</td></tr>
</table>

작성일자	공급가액	세액	수정사유
2021.09.16.	480,000	48,000	
비고			

월	일	품목	규격	수량	단가	공급가액	세액	비고
09	16	타이어		4	120,000	480,000	48,000	

합계금액	현금	수표	어음	외상미수금	이 금액을 영수/청구 함
528,000	150,000			378,000	

문제 03 부가가치세신고와 관련하여 다음 물음에 답하시오. (10점)

01 다음의 자료에 근거하여 중소기업에 해당하는 용마물산㈜의 2021년 1기 부가가치세 확정신고시 제출하여야 할 대손세액공제신고서를 작성하시오. (3점)

• 대손관련 자료

매출채권 유형	거래일자	대손금액 (VAT포함)	거래처	비고
받을어음	2020. 7. 31.	7,700,000원	㈜가경	부도발생일 2020. 10. 31.
외상매출금	2020. 5. 31.	5,500,000원	㈜비하	2021. 4. 1.에 법원으로부터 파산 확정판결을 받음
미수금 (기계장치판매대금)	2019. 6. 10.	8,800,000원	정리상회	2021. 5. 9. 대손 처리함 (해당 법인이 채무자의 재산에 대하여 저당권을 설정하고 있음)

02 다음 자료를 토대로 2021년 제2기 확정 신고기간의 부가가치세신고서를 작성하시오. (7점)

<table>
<tr><td>매출
자료</td><td>1. 전자세금계산서 과세 매출액 : 843,000,000원(부가가치세 별도)
2. 임대보증금에 대한 간주임대료 : 619,045원
3. 일본 도쿄상사 제품 직수출 : 선적일의 환율에 의한 대금 45,000,000원이 선적일에 보통예금으로 입금됨</td></tr>
<tr><td>매입
자료</td><td>1. 제품생산용으로 구입한 기계장치 : 공급가액 235,000,000원, 세액 23,500,000원
2. 제조관련 원재료 일반매입액 : 공급가액 450,000,000원, 세액 45,000,000원
(원재료 매입액에는 지연수취분 공급가액 20,000,000원, 세액 2,000,000원이 포함되어 있음)
3. 법인신용카드매출전표 수취분 중 공제대상 일반매입 : 공급가액 9,000,000원, 세액 900,000원</td></tr>
<tr><td>기타
자료</td><td>· 2021년 2기 예정신고 미환급세액은 13,500,000원이다.
· 종이세금계산서 과세매입액(공급가액 : 10,000,000원, 세액 : 1,000,000원) 예정신고시 누락됨</td></tr>
<tr><td>유의
사항</td><td>· 불러오는 자료는 무시하고 직접 입력할 것.
· 세부담 최소화를 가정하고 전자신고세액공제는 생략함.
· 부가가치세신고서 이외의 과세표준명세 등 기타 부속서류의 작성은 생략함.</td></tr>
</table>

문제 04 다음 결산자료를 입력하여 결산을 완료하시오. (15점)

01 2021년 3월 1일에 영업부 건물에 대한 화재보험료(보험기간: 2021. 3. 1.~2022. 2. 28.) 12,000,000원을 일시에 납입하고 선급비용으로 회계 처리하였다. 기말 수정 분개를 하시오(단, 월할계산할 것.) (3점)

02 당기 말 현재 보유하고 있는 단기매매증권의 내역은 다음과 같다. (3점)

주식명	취득일	주식수	전기 말 주당 시가	당기 말 주당 시가
㈜갑	2020.12.30.	1,000주	105,000원	115,000원

03 기말 현재 외화장기차입금(ABC은행)이 65,000,000원(미화 $50,000)으로 계상되어 있으며, 결산일 현재 환율은 1,200원/$이다. 결산분개를 하시오. (3점)

04 당사는 당해 연도 결산을 하면서 법인세 20,000,000원(지방소득세 포함)을 확정하였다. 이자수익에 대한 원천징수세액 500,000원 및 법인세 중간예납세액 6,000,000원은 선납세금으로 계상하였다. (3점)

05 기말 현재 보유하고 있는 제조부의 감가상각자산은 다음과 같다. 감가상각비와 관련된 회계 처리를 하시오.(단, 제시된 자료 이외에 감가상각자산은 없다고 가정하고, 월할상각하며 고정자산등록은 생략한다.) (3점)

계정과목	취득일자	취득원가	잔존가치	내용연수	상각방법	상각률
기계장치	2021년 09월 01일	30,000,000원	0원	5년	정률법	0.451

문제 05 2021년 귀속 원천징수자료와 관련하여 다음의 물음에 답하시오. (15점)

01 다음 자료를 보고 거주자인 사무직 사원 박민해(여성, 입사일자 2021년 8월 1일, 국내근무)를 사원등록(사번 107)하고, 박민해의 부양가족을 모두 부양가족명세에 등록 후 세부담이 최소화 되도록 공제 여부를 입력하시오. 본인 및 부양가족의 소득은 다음의 소득이 전부이며, 주민등록번호는 정확한 것으로 가정한다.(단, 기본공제 대상자가 아닌 경우 기본공제 여부에 '부'로 표시할 것.) (5점)

성명	관계	주민등록번호	내/외국인	동거여부	비 고
박민해	본인	751003-2549756	내국인	세대주	연간 총급여액 2,900만원
김영광	배우자	791120-1634566	내국인	동거	양도소득금액 500만원
박노현	본인의 아버지	471224-1870981	내국인	미국 거주	소득 없음
김예슬	딸	030505-4186452	내국인	미국 유학중	소득 없음
김예찬	아들	061214-3143575	내국인	동거	소득 없음
박민호	오빠	730112-1549722	내국인	동거	퇴직소득금액 90만원

02 다음은 강호성(사번 1010)의 2021년 귀속 연말정산 관련 자료이다. 다음 자료를 이용하여 연말정산 추가자료입력 메뉴의 ① 「월세,주택임차」탭과 ② 「연말정산입력」탭에 입력하시오. (10점)

[부양가족 현황] : 모두 동거중임

성 명	관 계	연령(만)	비 고
강호성	본인	40세	총급여 6,000만원(근로소득자), 무주택자 세대주
강민철	부	69세	양도소득금액 1,000만원(무직)
이금희	모	59세	일용근로소득 960만원(세법상 장애인에 해당)
안윤정	배우자	40세	소득 없음(전업주부)
안윤석	처남	22세	소득 없음(대학생)
강지희	자녀	12세	소득 없음(초등학생)
강샘물	자녀	6세	소득 없음(취학전아동)

[연말정산 관련 자료]

항목	내용
보험료	· 보장성보험료(피보험자 : 강민철, 계약자 : 강호성) 60만원 · 보장성보험료(피보험자 : 강샘물, 계약자 : 강호성) 40만원
의료비	· 어머니(이금희) : 보청기구입비 100만원, 질병치료용 한약구입비 50만원 · 배우자(안윤정) : 어깨수술비(미용·성형수술아님) 100만원, 시력보정용 안경구입비 30만원
교육비	· 처남(안윤석) : 대학교 교육비 400만원(강호성이 납입함) · 자녀(강지희) : 초등학교 현장 체험학습비 60만원, 방과후학교 수업료 30만원 · 자녀(강샘물) : 유치원수업료 240만원, 미술학원 수업료(월단위 실시, 1주 2일 수업) 30만원
기부금	· 본인(강호성) : 정치자금기부금 20만원 · 처남(안윤석) : 국군장병 위문금품 50만원
월세, 주택임차	· 임대인 : 김광일(사업자등록번호 747-46-01155) · 임차인 : 강호성 · 주택유형 : 아파트 · 주택계약면적 : 84.00m2 · 임대차계약서상 주소지(주민등록표등본상의 주소지) : 서울시 금천구 가산로 99 · 임대차계약기간 : 2020. 7. 1.~2021. 6. 30. · 매월 월세액 : 80만원(2021년 총 지급액 960만원)
신용카드등사용액	· 신용카드 : 2,500만원(전통시장사용액 40만원, 대중교통이용액 60만원, 회사경비사용금액 200만원 포함) · 현금영수증 : 중고자동차 구입비 1,000만원, 미술학원 수업료 30만원(자녀 강샘물에 대한 교육비 지출액임) · 위 신용카드등사용액은 모두 본인이 지출한 것임

[유의사항]

· 부양가족의 소득·세액공제 내용 중 강호성이 공제받을 수 있는 내역은 모두 강호성이 공제받는 것으로 함.
· 「월세,주택임차」탭은 월세액 세액공제 대상이 아니면 작성하지 말 것.

최근 기출문제

91회 이론시험

01 다음 중 대손금 회계처리에 대한 설명으로 틀린 것은?

① 모든 채권에서 발생된 대손처리 비용은 판매비와 관리비로 처리한다.
② 매출채권잔액기준법에 의한 대손예상금액은 기말 매출채권 잔액에 대손추정률을 곱하여 산정한다.
③ 전기에 대손된 채권을 회수하는 경우에는 대손충당금을 회복시킨다.
④ 대손발생시 대손충당금 잔액이 있으면 먼저 대손충당금과 상계한다.

02 다음 중 유형자산에 대한 설명으로 틀린 것은?

① 유형자산은 재화와 용역 등의 생산 및 판매관리 활동에 사용하기 위한 비화폐성자산이다.
② 유형자산의 취득시 국공채를 매입하는 경우 매입가액을 자산가액에 합산한다.
③ 유형자산을 현물출자시 유형자산의 취득원가는 원칙적으로 발행한 주식의 시가로 한다.
④ 동종자산을 교환하는 경우에는 유형자산의 처분손익(교환손익)을 인식하지 않는다.

03 ㈜우리가 보유한 다음의 유가증권을 단기매매증권으로 분류하는 경우와 매도가능증권으로 분류하는 경우의 2021년에 계상되는 당기손익의 차이 금액은 얼마인가?

- A회사 주식 1,000주를 주당 10,000원(공정가치)에 매입하였다.
- 기말에 A회사 주식의 주당 공정가치가 10,500원으로 평가되었다.

① 400,000원　② 450,000원　③ 500,000원　④ 550,000원

04 다음은 재고자산에 대한 설명이다. 가장 옳지 않은 것은?

① 할부판매상품의 경우 대금이 모두 회수되지 않더라도 상품의 판매시점에서 판매자의 재고자산에서 제외한다.

② 재고자산의 매입원가는 매입금액에 매입운임, 하역료 및 보험료 등 취득과정에서 정상적으로 발생한 부대원가를 가산한 금액이다.

③ 선적지 인도조건인 경우 판매되어 운송중인 상품은 판매자의 재고자산에 포함된다.

④ 재고자산의 장부상 수량과 실제 수량과의 차이에서 발생하는 감모손실의 경우 정상적으로 발생한 감모손실은 매출원가에 가산한다.

05 다음 중 일반기업회계기준에 따른 자본의 표시에 대한 설명으로 옳지 않은 것은?

① 자본금은 보통주자본금과 우선주자본금으로 구분하여 표시한다.

② 자본잉여금은 주식발행초과금과 기타자본잉여금으로 구분하여 표시한다.

③ 자본조정 중 자기주식은 별도 항목으로 구분하여 표시한다.

④ 기타포괄손익누계액은 법정적립금, 임의적립금 및 미처분이익잉여금(또는 미처리결손금)으로 구분하여 표시한다.

06 다음 자료에 의하여 제조원가에 포함될 금액은 얼마인가?

• 간접 재료비 :	250,000원	• 제조 공장 화재보험료 :	50,000원
• 제조 공장장 급여 :	85,000원	• 영업부 건물 화재보험료 :	80,000원
• 제조 기계 감가상각비 :	75,000원	• 영업부 여비 교통비 :	20,000원
• 제조 공장 임차료 :	120,000원	• 영업부 사무실 임차료 :	100,000원

① 495,000원 ② 580,000원 ③ 600,000원 ④ 660,000원

07 다음 중 보조부문원가의 배분방법에 대한 설명으로 옳지 않은 것은?

① 직접배분법은 보조부문간 용역수수관계를 전혀 고려하지 않는 배부방법이다.

② 단계배분법은 배분순위를 고려한 배부방법이다.

③ 직접배분법은 가장 정확성이 높은 배부방법이다.

④ 단계배분법과 상호배분법은 보조부문 상호 간의 용역제공관계를 고려한다.

08 다음은 실제개별원가계산과 정상개별원가계산에 대한 설명이다. 틀린 것은?

① 실제개별원가계산과 정상개별원가계산 모두 직접재료비와 직접노무비는 실제발생액을 개별 작업에 직접 부과한다.

② 실제개별원가계산은 일정기간 동안 실제 발생한 제조간접비를 동일기간의 실제 배부기준 총수로 나눈 실제배부율에 의하여 개별제품에 배부한다.

③ 정상개별원가계산은 개별작업에 직접 부과할 수 없는 제조간접비를 예정배부율을 이용하여 배부한다.

④ 원가계산이 기말까지 지연되는 문제를 해결하고자 실제개별원가계산이 도입되었다.

09 다음 자료를 이용하여 정상공손 수량과 비정상공손 수량을 계산했을 때 옳은 것은?(단, 정상공손은 당기 완성품의 5%로 가정한다)

• 기초재공품 : 200개	• 기말재공품 : 150개	• 당기착수량 : 900개	• 당기완성량 : 800개

① 정상공손 40개, 비정상공손 100개 ② 정상공손 40개, 비정상공손 110개
③ 정상공손 50개, 비정상공손 100개 ④ 정상공손 50개, 비정상공손 110개

10 당해연도에 제조간접비의 예정배부에 따른 제조간접비가 2,500원이 과대배부된 경우 다음 조건하에서 제조간접비 예정배부액은 얼마인가?(직접재료비 12,000원, 간접재료비 2,000원, 직접노무비 20,000원, 간접노무비 4,000원, 간접경비 4,000원이 실제로 발생하였다)

① 10,000원 ② 10,500원 ③ 11,500원 ④ 12,500원

11 부가가치세법상 재화의 공급시기에 관한 설명이다. 틀린 것은?

① 재화의 이동이 필요하지 않은 경우 : 재화의 공급이 확정되는 때

② 상품권 등을 현금 또는 외상으로 판매하고 그 후 그 상품권 등이 현물과 교환되는 경우 : 재화가 실제로 인도되는 때

③ 사업자가 자기의 과세사업과 관련하여 생산하거나 취득한 재화로서 자기의 고객에게 증여하는 경우 : 재화를 증여하는 때

④ 2회 이상으로 분할하여 대가를 받고 해당 재화의 인도일의 다음 날부터 최종 할부금 지급기일까지의 기간이 1년 이상인 장기할부판매의 경우 : 대가의 각 부분을 받기로 한 때

12 다음 중 세금계산서의 필요적 기재사항이 아닌 것은?

① 작성연월일 ② 공급가액 ③ 공급받는 자의 등록번호 ④ 공급품목

13 ㈜구룡은 제품을 외국에 수출하는 업체이다. 당사 제품 $50,000를 수출하기 위하여 2021년 11월 20일에 선적하고 대금은 2021년 12월 10일에 수령하였다. 수출관련 과세표준은 얼마인가?

11월 20일 기준환율	1,000원/$	12월 10일 기준환율	1,100원/$
11월 20일 대고객매입율	1,050원/$	12월 10일 대고객매입율	1,200원/$

① 50,000,000원　② 55,000,000원　③ 50,500,000원　④ 60,000,000원

14 소득세법상 종합소득공제 중 기본공제에 대한 설명으로 가장 옳지 않은 것은?

① 종합소득이 있는 거주자(자연인만 해당)에 대해서는 기본공제대상자 1명당 연 100만원을 곱하여 계산한 금액을 그 거주자의 해당 과세기간의 종합소득금액에서 공제한다.

② 거주자의 배우자로서 해당 과세기간의 소득금액 합계액이 100만원 이하인 사람은 기본공제대상자에 해당한다.

③ 거주자의 배우자로서 해당 과세기간에 총급여액 500만원 이하의 근로소득만 있는 배우자는 기본공제대상자에 해당한다.

④ 거주자의 형제자매(장애인 아님)가 기본공제대상자에 해당하기 위해서는 형제자매의 나이가 20세 이하이거나 60세 이상이어야 한다.

15 다음 중 이자소득의 원칙적인 수입시기에 관한 설명으로 맞는 것은?

① 보통예금의 수입시기는 이자를 지급받기로 한 날이다.

② 통지예금의 이자는 통지한 날을 수입시기로 한다.

③ 정기적금의 이자는 실제로 이자를 지급받는 날을 수입시기로 한다.

④ 비영업대금의 이자는 실제로 이자를 지급받는 날을 수입시기로 한다.의 소득세 납세지는 원칙적으로 주소지로 한다.

실무시험

㈜두타전자(회사코드 : 2391)은 제조, 도 · 소매, 무역업 및 부동산임대업을 영위하는 중소기업이며, 당기(13기) 회계기간은 2021.1.1.~2021.12.31. 이다. 전산세무회계 수험용 프로그램을 이용하여 다음 물음에 답하시오.

문제에서 한국채택국제회계기준을 적용하도록 하는 전제조건이 없는 경우, 일반기업회계기준을 적용하여 회계처리 한다.

문제 01 다음 거래를 일반전표입력 메뉴에 추가 입력하시오. (15점)

01 4월 20일 당사는 단기투자목적으로 시장성이 있는 주식을 주당 20,000원에 2,000주를 매입하고, 매입수수료 300,000원을 포함하여 보통예금에서 이체하였다. (3점)

02 5월 2일 액면가액 20,000,000원인 3년 만기의 사채를 19,200,000원에 발행하였으며, 대금은 보통예금에 입금되었다. (3점)

03 5월 9일 미지급세금으로 처리되어 있던 1기 예정신고분의 부가가치세 미납분 1,200,000원을 납부불성실가산세 10,000원과 함께 보통예금에서 이체하여 납부하였다.(단, 납부지연가산세는 판매비와 관리비의 세금과공과로 처리할 것) (3점)

04 7월 30일 착한토스트에서 공장직원들이 먹을 간식을 주문하고 아래와 같은 신용카드매출전표를 받았다.(단, 거래일 현재 착한토스트는 간이과세자이다) (3점)

착한토스트
123-45-65438 TEL: 031-224-8282 안지성
경기도 평택시 세교산단로 10
2021-07-30 20:05(화) POS:01 BILL:000125

품명	단가	수량	금액
햄치즈토스트	2,500원	4	10,000원
샐러드토스트	2,000원	5	10,000원
소계			20,000원
청구금액			20,000원
받은금액			20,000원
거스름액			0원
신용카드			**20,000원**

신용카드 매출전표 [고 객 용]
[카 드 번 호] 2541-****-****-4848
[할 부 개 월] 일시불
[카 드 사 명] 현대카드
[가 맹 번 호] 00616543
[승 인 번 호] 01975885

05 8월 21일 외상매출금계정에 있는 해외 매출처인 NewYork Co. Ltd. 에 대한 외화 외상매출금 $40,000이 전액 회수되고 원화로 환가되어 보통예금에 입금되었다. (3점)

- 외상매출금 인식 당시 적용환율 : 1,150원/$
- 입금시점의 적용환율 : 1,200원/$

문제 02 다음 거래자료를 매입매출전표입력 메뉴에 추가로 입력하시오. (15점)

01 7월 10일 공장을 신축하기 위하여 구입한 토지에 대한 토지정지비로 백두건설㈜로부터 전자세금계산서를 발급받았다. 토지정지비용으로 11,000,000원(부가가치세포함)을 보통예금으로 이체하였다. (3점)

02 8월 10일 당사는 수출대행업체인 ㈜대일통상에 구매확인서에 의해 제품을 판매하고 영세율전자세금계산서를 발급하였다. (3점)

영세율전자세금계산서(공급자 보관용)						승인번호	20210810-1000000-00002111		
공급자	사업자 등록번호	127-81-86165	종사업장 번호		공급받는자	사업자 등록번호	130-81-55668	종사업장 번호	
	상호(법인명)	㈜두타전자	성명(대표자)	박윤식		상호(법인명)	㈜대일통상	성명(대표자)	정선채
	사업장주소	경기도 양주시 고덕로 219 (고읍동)				사업장주소	서울 강남구 역삼로 1504-20		
	업 태	제조외	종 목	컴퓨터		업 태	도소매	종 목	전자제품
	이메일					이메일			

작성일자	공급가액	세액	수정사유
2021.08.10.	40,000,000	0	
비 고			

월	일	품 목	규 격	수 량	단 가	공 급 가 액	세 액	비 고
08	10	제품	set	10	4,000,000	40,000,000	0	

합 계 금 액	현 금	수 표	어 음	외 상 미 수 금	이 금액을 영수/청구 함
40,000,000	10,000,000		30,000,000		

03 9월 3일 공장에서 사용하던 기계장치를 ㈜대운상사에 매각하고 전자세금계산서를 발급하였다. 판매대금은 다음 달 말일에 받기로 하였다.(단, 당기의 감가상각비는 고려하지 말고 하나의 전표로 입력할 것) (3점)

- 매각대금 : 3,300,000원 (부가가치세 포함)
- 취득가액 :6,000,000원
- 매각 당시 감가상각누계액 : 2,000,000원

04 9월 9일 ㈜서울로부터 원재료를 매입하고 전자세금계산서(공급가액 13,000,000원, 세액 1,300,000원)를 발급 받았다. 매입대금 중 5월 1일에 지급한 선급금 1,000,000원을 제외한 나머지 금액을 보통예금으로 지급하였다(단, 하나의 전표로 처리할 것) (3점)

05 10월 8일 당사의 판매부서는 거래처 접대용 근조 화환을 주문하고, 다음과 같은 전자계산서를 발급받았다. (3점)

전자계산서(공급받는자 보관용)					승인번호	20211008-2038712-00009327			
공급자	사업자등록번호	134-91-72824	종사업장번호		공급받는자	사업자등록번호	127-81-86165	종사업장번호	
	상호(법인명)	제이슨꽃화원	성명(대표자)	이제이슨		상호(법인명)	㈜두타전자	성명(대표자)	박윤식
	사업장주소	경기도 과천시 과천대로 12				사업장주소	경기도 양주시 고덕로 219 (고읍동)		
	업 태	도매	종 목	생화, 분재		업 태	제조, 도소매, 무역	종 목	컴퓨터
	이메일					이메일			

작성일자	공급가액	수정사유
2021.10.08.	80,000	
비 고		

월	일	품 목	규 격	수 량	단 가	공 급 가 액	비 고
10	08	근조 화환		1	80,000	80,000	

합 계 금 액	현 금	수 표	어 음	외 상 미 수 금	이 금액을 영수/청구 함
80,000				80,000	

문제 03 부가가치세신고와 관련하여 다음 물음에 답하시오. (10점)

01 이 문제에 한하여 ㈜두타전자는 과일인 사과와 복숭아를 가공하여 통조림을 제조하는 중소기업으로 가정한다. 다음 자료를 이용하여 제1기 확정신고(4월~6월) 의제매입세액공제 신고서를 작성하시오.(단, 전표입력은 생략하고 원단위 미만은 절사하며, 불러오는 자료는 무시하고 직접 입력하시오) (3점)

1. 매입자료

공 급 자	사업자등록번호	매 입 일	물품명	수 량	매입가격	증 빙 서	건수
한솔청과	123-45-67891	2021.05.31.	사 과	1,000	10,000,000원	계 산 서	1
두솔청과	101-21-34564	2021.06.10.	복숭아	500	5,000,000원	신용카드	1

2. 제1기 예정시 과세표준은 15,000,000원이며, 확정시 과세표준은 20,000,000원(기계공급가액 5,000,000원은 제외한 것임)이다.
3. 예정신고시(1월~3월) 의제매입세액 180,000원을 공제받았다.

02 다음 자료를 이용하여 ㈜두타전자의 2021년 제2기 확정신고기간(10.1.~12.31.)에 대한 부가가치세 신고서를 작성하시오. 단, 부가가치세 신고서 이외의 부속서류 및 과세표준명세 입력은 생략하며(신고서 작성을 위한 전표입력도 생략), 세부담이 최소화되도록 작성하시오. (7점)

구분	내 역	공급가액	부가가치세	비 고
매출자료	제품매출	200,000,000원	20,000,000원	전자세금계산서 발급
	신용카드로 결제한 제품매출	60,000,000원	6,000,000원	전자세금계산서 미발급
	내국신용장에 의한 재화 공급	50,000,000원	0원	영세율전자세금계산서 발급
	재화의 직수출액	120,000,000원	0원	영세율 대상이며, 전자세금계산서 미발급
	대손확정된 매출채권	20,000,000원	2,000,000원	대손세액공제 요건 충족
매입자료	원재료 매입	150,000,000원	15,000,000원	전자세금계산서 수취
	법인카드로 구입한 원재료 매입	8,000,000원	800,000원	세금계산서 미수취, 매입세액공제 요건 충족
	거래처 접대용 선물세트 매입	7,700,000원	770,000원	전자세금계산서 수취, 고정자산 아님
	원재료 매입	9,000,000원	900,000원	예정신고 누락분이며, 전자세금계산서는 정상적으로 수취
기타	· 부가가치세 신고는 홈택스에서 전자신고하기로 한다. · 전자세금계산서 발급 시 국세청 전송도 정상적으로 이뤄졌다.			

문제 04 다음 결산자료를 입력하여 결산을 완료하시오. (15점)

01 2021년 2기 부가가치세 확정신고와 관련하여 부가가치세대급금 12,000,000원 및 부가가치세예수금 20,000,000원 그리고 전자신고세액공제액 10,000원이 발생하였다. 부가가치세 관련 회계처리를 하시오.(납부세액의 경우 미지급세금, 환급세액의 경우 미수금, 전자세액공제액은 잡이익으로 처리하시오) (3점)

02 당사는 부동산임대사업을 하고 있다. 11월 1일 임차인으로부터 6개월치 임대료 1,200,000원 (2021. 11. 01. ~ 2022. 04. 30.)을 미리 받고, 수령일에 전액 임대료수입(매출)으로 계상하였다.(단, 월할계산으로 하며, 회계처리시 음수로 입력하지 말 것) (3점)

03 아래에 제시된 자료를 토대로 당초에 할증발행된 사채의 이자비용에 대한 회계처리를 하시오.(단, 전표는 하나로 입력할 것) (3점)

· 2021년 귀속 사채의 액면이자는 550,000원으로 보통예금에서 이체됨. (이자지급일 : 12월 31일)
· 2021년 귀속 사채할증발행차금상각액은 215,300원이다.

04 당해 연도 퇴직급여추계액은 생산직 100,000,000원, 관리직 60,000,000원이고 이미 설정된 퇴직급여충당부채액으로는 생산직 50,000,000원, 관리직은 25,000,000원이다. 당사는 퇴직급여추계액의 100%를 퇴직급여충당부채로 계상한다. (3점)

05 결산일 현재 외상매출금 잔액과 미수금 잔액의 3%에 대하여 대손을 예상하고 대손충당금을 보충법에 의해 설정하시오. (3점) 월할상각하며 고정자산등록은 생략한

문제 05 2021년 귀속 원천징수자료와 관련하여 다음의 물음에 답하시오. (15점)

01 당사는 매월 말일에 급여를 지급하고 있다. 이영미(사번 : 100번)의 아래 5월 급여대장을 바탕으로 [급여자료입력]메뉴에서 급여항목과 공제항목을 입력하고, 원천징수이행상황신고서를 작성하시오.(단, 수당공제 등록시 해당 없는 항목은 사용여부를 '부'로 체크하고, 월정액 정기, 부정기 여부를 무시한다. 또한, 식대와 육아수당은 비과세요건을 충족하며, 전월이월된 미환급세액은 63,000원으로 가정한다.) (5점)

2021년 5월 급여대장

■ 지급일 : 2021년 5월 31일 (단위:원)

이 름	이영미	직 책	사 원
급 여 항 목			
기본급	월차수당	상 여	
2,300,000원	100,000원	200,000원	
식 대	육아수당	계	
100,000원	100,000원	2,800,000원	
공 제 항 목			
소득세	지방소득세	고용보험	국민연금
50,190원	5,010원	20,800원	112,500원
건강보험	장기요양보험	공제계	차감수령액
80,750원	8,270원	277,520원	2,522,480원
귀하의 노고에 진심으로 감사드립니다.			

02 다음의 연말정산 관련자료를 보고 사무직 사원 최민상(771001-1234563, 사번 : 105, 입사일 : 2019년 1월 14일, 세대주, 총급여액 : 50,000,000원으로 가정한다.)의 세부담 최소화를 위한 연말정산추가자료입력 메뉴의 연말정산입력 탭을 입력하시오.(단, 부양가족탭은 무시할 것) (10점)

항목	내용
보험료	· 본인 저축성보험료 : 1,200,000원 · 본인 자동차보험료 : 550,000원 · 배우자 보장성보험료 : 720,000원 · 자녀 보장성보험료 : 240,000원
의료비	· 본인 보약구입(건강증진목적) : 700,000원 · 모친 질병치료목적 병원비 : 2,200,000원(최민상 신용카드 결제됨) · 배우자 임플란트시술비 : 2,000,000원
교육비	· 본인 대학원비 : 6,000,000원 · 모친 노인대학등록금 : 400,000원 · 자녀 유치원비 : 1,000,000원
기부금	· 본인 종교단체 기부금 : 3,000,000원 · 배우자 정치자금 기부금 : 100,000원
신용카드 등 사용액	· 본인 신용카드 : 13,050,000원(의료비 항목 중 신용카드로 결제한 모친 병원비 2,200,000원, 대중교통 이용분 900,000원, 전통시장 사용액 90,000원 포함) · 배우자 신용카드 : 7,000,000원(대중교통이용분 150,000원, 전통시장사용분 910,000원 포함)

〈추가자료〉

1. 부양가족
- 배우자(만 41세) 소득 없음.
- 자녀 만 6세(유치원), 소득 없음.
- 모친(주거형편상 별거, 만 72세), 부동산 임대소득금액 24,000,000원

최근 기출문제

92회 이론시험

01 다음 중 회계정보의 질적특성에 대한 설명으로 틀린 것은?

① 목적적합성에는 예측가치, 피드백가치, 적시성이 있다.
② 신뢰성에는 표현의 충실성, 검증가능성, 중립성이 있다.
③ 예측가치는 정보이용자의 당초 기대치를 확인 또는 수정할 수 있는 것을 말한다.
④ 중립성은 회계정보가 신뢰성을 갖기 위해서는 편의 없이 중립적이어야 함을 말한다.

02 다음 중 유가증권에 대한 설명으로 가장 틀린 것은?

① 채무증권은 취득한 후에 만기보유증권, 단기매매증권, 매도가능증권 중의 하나로 분류한다.
② 만기보유증권으로 분류되지 아니하는 채무증권은 매도가능증권으로 분류한다.
③ 매도가능증권에 대한 미실현보유손익은 기타포괄손익누계액 항목으로 처리한다.
④ 단기매매증권에 대한 미실현보유손익은 당기손익항목으로 처리한다.

03 다음 중 충당부채, 우발부채 및 우발자산에 대한 설명으로 틀린 것은?

① 우발부채는 부채로 인식하지 않으나 우발자산은 자산으로 인식한다.
② 우발부채는 자원 유출 가능성이 아주 낮지 않는 한, 주석에 기재한다.
③ 충당부채는 자원의 유출가능성이 매우 높은 부채이다.
④ 충당부채는 그 의무 이행에 소요되는 금액을 신뢰성 있게 추정할 수 있다.

04 다음 중 자본거래에 관한 설명으로 가장 틀린 것은?

① 자기주식은 취득원가를 자기주식의 과목으로 하여 자본조정으로 회계처리한다.
② 자기주식을 처분하는 경우 처분금액이 장부금액보다 크다면 그 차액을 자기주식처분이익으로 하여 자본조정으로 회계처리한다.
③ 처분금액이 장부금액보다 작다면 그 차액을 자기주식처분이익의 범위내에서 상계처리하고, 미상계된 잔액이 있는 경우에는 자본조정의 자기주식처분손실로 회계처리한다.
④ 이익잉여금(결손금) 처분(처리)로 상각되지 않은 자기주식처분손실은 향후 발생하는 자기주식처분이익과 우선적으로 상계한다.

05 다음 중 현금 및 현금성자산에 대한 설명으로 틀린 것은?

① 취득당시 만기가 1년인 양도성 예금증서(CD)는 현금및현금성자산에 속한다.
② 지폐와 동전(외화 포함)은 현금 및 현금성자산에 속한다.
③ 우표와 수입인지는 현금 및 현금성자산이라고 볼 수 없다.
④ 직원가불금은 단기대여금으로서 현금 및 현금성자산이라고 볼 수 없다.

06 다음 중 원가에 대한 설명으로 가장 틀린 것은?

① 직접재료비는 기초원가에 포함되지만 가공원가에는 포함되지 않는다.
② 직접노무비는 기초원가와 가공원가 모두에 해당된다.
③ 기회비용(기회원가)은 현재 이 대안을 선택하지 않았을 경우 포기한 대안 중 최소 금액 또는 최소 이익이다.
④ 제조활동과 직접 관련없는 판매관리활동에서 발생하는 원가를 비제조원가라 한다.

07 다음 중 재공품 및 제품에 관한 설명으로 틀린 것은?

① 당기제품제조원가는 재공품계정의 대변에 기입한다.
② 매출원가는 제품계정의 대변에 기입한다.
③ 기말재공품은 손익계산서에 반영된다.
④ 직접재료비, 직접노무비, 제조간접비의 합계를 당기총제조원가라고 한다.

08 ㈜세계는 직접배부법을 이용하여 보조부문 제조간접비를 제조부문에 배부하고자 한다. 보조부문 제조간접비를 배분한 후 절단부문의 총원가는 얼마인가?

구분	보조부문		제조부문	
	수선부문	전력부문	조립부문	절단부문
전력부문 공급(kw)	60	-	500	500
수선부문 공급(시간)	-	100	600	200
자기부문원가(원)	400,000	200,000	600,000	500,000

① 600,000원 ② 700,000원 ③ 800,000원 ④ 900,000원

09 다음 중 개별원가계산에 대한 설명이 아닌 것은?

① 기말재공품의 평가문제가 발생하지 않는다
② 제조간접비의 배분이 중요한 의미를 갖는다.
③ 동종 대량생산형태보다는 다품종 소량주문생산형태에 적합하다.
④ 공정별로 원가 집계를 하기 때문에 개별작업별로 작업지시서를 작성할 필요는 없다.

10 다음 자료를 이용하여 비정상공손 수량을 계산하면 얼마인가?(단, 정상공손은 당기 완성품의 10%로 가정한다)

• 기초재공품 : 200개	• 기말재공품 : 50개	• 당기착수량 : 600개	• 당기완성량 : 650개

① 25개 ② 28개 ③ 30개 ④ 35개

11 다음은 부가가치세법상 사업자 단위 과세제도에 대한 설명이다. 가장 틀린 것은?

① 사업장이 둘 이상 있는 경우에는 사업자 단위과세제도를 신청하여 주된 사업장에서 부가가치세를 일괄하여 신고와 납부, 세금계산서 수수를 할 수 있다.
② 주된 사업장은 법인의 본점(주사무소를 포함한다) 또는 개인의 주사무소로 한다. 다만, 법인의 경우에는 지점(분사무소를 포함한다)을 주된 사업장으로 할 수 있다.
③ 주된 사업장에 한 개의 사업자등록번호를 부여한다.
④ 사업장 단위로 등록한 사업자가 사업자 단위 과세 사업자로 변경하려면 사업자 단위 과세 사업자로 적용받으려는 과세기간 개시 20일 전까지 변경등록을 신청하여야 한다.

12 다음은 부가가치세법상 영세율과 면세에 대한 설명이다. 가장 틀린 것은?

① 재화의 공급이 수출에 해당하면 면세를 적용한다.
② 면세사업자는 부가가치세법상 납세의무가 없다.
③ 간이과세자는 간이과세를 포기하지 않아도 영세율을 적용받을 수 있다.
④ 토지를 매각하는 경우에는 부가가치세가 면제된다.

13 다음은 수정세금계산서 또는 수정전자세금계산서의 발급사유 및 발급절차를 설명한 것이다. 가장 틀린 것은?

① 계약의 해제로 재화나 용역이 공급되지 아니한 경우 : 계약이 해제된 때에 그 작성일은 계약해제일로 적고 비고란에 처음 세금계산서 작성일을 덧붙여 적은 후 붉은색 글씨로 쓰거나 음(陰)의 표시를 하여 발급한다.
② 면세 등 발급대상이 아닌 거래 등에 대하여 발급한 경우 : 처음에 발급한 세금계산서의 내용대로 붉은색 글씨로 쓰거나 음(陰)의 표시를 하여 발급한다.
③ 처음 공급한 재화가 환입된 경우 : 처음 세금계산서를 작성한 날을 작성일로 적고 비고란에 재화가 환입된 날을 덧붙여 적은 후 붉은색 글씨로 쓰거나 음(陰)의 표시를 하여 발급한다.
④ 착오로 전자세금계산서를 이중으로 발급한 경우 : 처음에 발급한 세금계산서의 내용대로 음(陰)의 표시를 하여 발급한다.

14 다음은 소득세법상 납세의무자에 관한 설명이다. 가장 틀린 것은?

① 외국을 항행하는 선박 또는 항공기 승무원의 경우 생계를 같이하는 가족이 거주하는 장소 또는 승무원이 근무기간 외의 기간 중 통상 체재하는 장소가 국내에 있는 때에는 당해 승무원의 주소는 국내에 있는 것으로 본다.

② 국내에 거소를 둔 기간은 입국하는 날의 다음날부터 출국하는 날까지로 한다.

③ 거주자란 국내에 주소를 두거나 183일 이상의 거소를 둔 개인을 말한다.

④ 영국의 시민권자나 영주권자의 경우 무조건 비거주자로 본다.

15 다음은 소득세법상 결손금과 이월결손금에 관한 설명이다. 가장 틀린 것은?

① 해당 과세기간의 소득금액에 대하여 추계신고를 하거나 추계조사 결정하는 경우에는 예외없이 이월결손금공제규정을 적용하지 아니한다.

② 사업소득의 이월결손금은 사업소득, 근로소득, 연금소득, 기타소득, 이자소득, 배당소득의 순서로 공제한다.

③ 주거용 건물 임대 외의 부동산임대업에서 발생한 이월결손금은 타소득에서는 공제할 수 없다.

④ 결손금 및 이월결손금을 공제할 때 해당 과세기간에 결손금이 발생하고 이월결손금이 있는 경우에는 그 과세기간의 결손금을 먼저 소득금액에서 공제한다.

실무시험

용인전자㈜(회사코드 : 2392)은 제조, 도 · 소매 및 무역업을 영위하는 중소기업이며, 당기(10기) 회계기간은 2021.1.1.~2021.12.31. 이다. 전산세무회계 수험용 프로그램을 이용하여 다음 물음에 답하시오.

문제에서 한국채택국제회계기준을 적용하도록 하는 전제조건이 없는 경우, 일반기업회계기준을 적용하여 회계처리 한다.

문제 01 다음 거래를 일반전표입력 메뉴에 추가 입력하시오. (15점)

01 3월 21일 ㈜SJ컴퍼니의 외상매입금(11,000,000원)을 결제하기 위하여 ㈜영동물산으로부터 받은 약속어음 6,000,000원을 ㈜SJ컴퍼니에게 배서양도하고 잔액을 보통예금에서 지급하였다. (3점)

02 4월 30일 회사는 영업부서 직원들에 대해 확정급여형 퇴직연금(DB)에 가입하고 있으며, 4월 불입액인 3,000,000원을 보통예금에서 지급하였다. (3점)

03 5월 12일 당사는 자금 악화로 주요 매입 거래처인 ㈜상생유통에 대한 외상매입금 40,000,000원 중 38,000,000원은 보통예금에서 지급하고, 나머지 금액은 면제받았다. (3점)

04 5월 25일 당사는 1주당 발행가액 4,000원, 주식수 50,000주의 유상증자를 통해 보통예금으로 200,000,000원이 입금되었으며, 증자일 현재 주식발행초과금은 20,000,000원이 있다.(1주당 액면가액은 5,000원이며, 하나의 거래로 입력할 것) (3점)

05 6월 15일 단기매매목적으로 보유 중인 주식회사 삼삼의 주식(장부가액 50,000,000원)을 전부 47,000,000원에 처분하였다. 주식처분 수수료 45,000원을 차감한 잔액이 보통예금으로 입금되었다. (3점)

문제 02 다음 거래자료를 매입매출전표입력 메뉴에 추가로 입력하시오. (15점)

01 6월 13일 당사가 제조한 전자제품을 ㈜대한에게 판매하고 다음과 같은 전자세금계산서를 발급하였으며 판매대금은 전액 다음 달 말일에 받기로 하였다. (3점)

전자세금계산서(공급자 보관용)					승인번호	20210613-3420112-73b		
공급자	사업자 등록번호	122-81-04585	종사업장 번호		공급받는자	사업자 등록번호	203-85-12757	종사업장 번호
	상호(법인명)	용인전자㈜	성명(대표자)	김영도		상호(법인명)	㈜대한	성명(대표자) 김대한
	사업장주소	서울 영등포구 여의나루로 53-1				사업장주소	경기도 고양시 덕양구 삼송동 45	
	업 태	제조 및 도소매업	종 목	전자제품외		업 태	도소매업	종 목 전자제품등
	이메일	45555555@daum.net				이메일	kkllkkll@naver.com	

작성일자	공급가액	세액	수정사유
2021.06.13.	15,000,000	1,500,000	
비 고			

월	일	품 목	규 격	수 량	단 가	공 급 가 액	세 액	비 고
06	13	전자제품		30	500,000	15,000,000	1,500,000	

합 계 금 액	현 금	수 표	어 음	외 상 미 수 금	이 금액을 영수/청구 함
16,500,000				16,500,000	

02 7월 25일 회계부서에서 사용하기 위한 책상을 ㈜카이마트에서 구입하고 구매대금을 다음과 같이 법인카드인 세무카드로 결제하였다.(구입 시 자산계정으로 입력할 것) (3점)

단말기번호	
8002124738	
카드종류	
세무카드	신용승인
회원번호	유효기간
1405-1204-****-4849	2021/7/25 13:52:49
일반	
일시불	거래금액 2,000,000원
	부가세 200,000원
	봉사료 0원
	합계 2,200,000원
판매자	
대표자	가맹점명
최명자	㈜카이마트
사업자등록번호	가맹점주소
116-81-52796	경기 성남 중원구 산성대로382번길 40
	서명

03 9월 15일 생산부문의 매입거래처에 선물을 전달하기 위하여 ㈜영선으로부터 선물세트(공급가액 1,500,000원, 세액 150,000원)를 매입하고 전자세금계산서를 발급받았다. 대금 중 300,000원은 즉시 보통예금으로 지급하였고 나머지는 한 달 후에 지급하기로 하였다. (3점)

04 9월 22일 당사의 보통예금계좌에 1,100,000원(부가가치세 포함)이 입금되어 확인한 바, 동 금액은 비사업자인 김길동에게 제품을 판매한 것이다.(단, 별도의 세금계산서나 현금영수증을 발급하지 않았으며, 거래처는 입력하지 않아도 무방함) (3점)

05 9월 28일 당사는 원재료(공급가액 50,000,000원, 부가세 5,000,000원)를 ㈜진행상사에서 매입하고 전자세금계산서를 발급받았다. 이와 관련하여 대금 중 15,000,000원은 보통예금에서 지급하고 나머지는 외상으로 하였다. (3점)

문제 03 부가가치세신고와 관련하여 다음 물음에 답하시오. (10점)

01 다음 자료를 보고 2021년 제1기 확정신고기간의 [수출실적명세서]를 작성하시오.(단, 거래처코드 및 거래처명도 입력할 것) (3점)

상대국	거래처	수출신고번호	선적일	원화환가일	통화	수출액	기준환율	
							선적일	원화환가일
미국	ABC사	13042-10-044689X	2021.04.06.	2021.04.08.	USD	$50,000	₩1,150/$	₩1,140/$
미국	DEF사	13045-10-011470X	2021.05.01.	2021.04.30.	USD	$60,000	₩1,140/$	₩1,130/$
중국	베이징사	13064-25-247041X	2021.06.29.	2021.06.30.	CNY	700,000위안	₩170/위안	₩171/위안

02 다음은 2021년 제2기 부가가치세 확정신고기간(2021.10.01.~ 2021.12.31.)에 대한 관련 자료이다. 이를 반영하여 2021년 제2기 확정 부가가치세 신고서를 작성하시오.(단, 세부담 최소화를 가정한다.) (7점)

구분	내용
매출자료	· 세금계산서 과세 매출액 : 공급가액 800,000,000원(부가세 별도) · 신용카드 과세 매출액 : 공급대가 55,000,000원(부가세 포함) · 현금영수증 과세 매출액 : 공급대가 11,000,000원(부가세 포함) · 내국 신용장에 의한 영세율매출(세금계산서 발급) : 60,000,000원 · 직수출 : 20,000,000원 · 대손세액공제 : 과세 재화 · 용역을 공급한 후 그 공급일부터 10년이 지난 날이 속하는 과세기간에 대한 확정신고 기한까지 아래의 사유로 대손세액이 확정된다. - 2021년 9월 25일에 부도발생한 ㈜한국에 대한 받을어음 : 33,000,000원(부가세 포함) - 2021년 10월 5일에 소멸시효 완성된 ㈜성담에 대한 외상매출금 : 22,000,000원(부가세 포함)
매입자료	· 전자세금계산서 과세 일반매입액 : 공급가액 610,000,000원, 세액 61,000,000원 · 전자세금계산서 고정자산 매입액 - 업무용 기계장치 매입액 : 공급가액 60,000,000원, 세액 6,000,000원 - 비영업용승용차(5인승, 1,800cc) 매입액 : 공급가액 30,000,000원, 세액 3,000,000원
기타	· 제2기 예정신고시 미환급된 세액 : 3,000,000원 · 정상적으로 수취한 종이세금계산서(원재료 구입) 예정신고 누락분 : 공급가액 10,000,000원, 세액 1,000,000원 · 매출자료 중 전자세금계산서 지연전송분 : 공급가액 5,000,000원, 세액 500,000원

문제 04 다음 결산자료를 입력하여 결산을 완료하시오. (15점)

01 영업사원 출장용 차량에 대한 보험료 전액을 가입 당시(2021.07.01.)에 보통예금으로 계좌이체 후 비용처리 하였다.(단, 월할계산할 것) (3점)

• 자동차보험료 : 10,000,000원   • 가입기간 : 2021년 7월 1일 ~ 2022년 6월 30일

02 2021년 9월 1일 기업은행으로부터 2억원을 연 3%의 이자율로 1년간 차입하였다. 이자는 원금상환과 함께 1년 후 보통예금에서 지급할 예정이다.(단, 월할 계산할 것) (3점)

03 당사가 기말에 공장에서 보유하고 있는 재고자산은 다음과 같다. 추가정보를 고려하여 결산에 반영하시오. (3점)

1. 기말 재고자산
   • 기말원재료 : 1,500,000원   • 기말재공품 : 6,300,000원   • 기말제품 : 6,500,000원
2. 추가정보
   • 매입한 원재료 1,940,000원은 운송 중 : 선적지 인도조건
   • 당사의 제품(적송품) 4,850,000원을 수탁업자들이 보유 중 : 위탁판매용도

04 결산일 현재 외상매출금 잔액에 대하여 1%의 대손추정률을 적용하여 보충법에 의해 일반기업회계기준법에 따라 대손충당금을 설정한다. (3점)

※ 반드시 결산자료입력 메뉴만을 이용하여 입력하시오.

05 결산 마감전 영업권(무형자산) 잔액이 30,000,000원이 있으며, 이 영업권은 2021년 5월 20일에 취득한 것이다.(단, 무형자산에 대하여 5년간 월할 균등상각하며, 상각기간 계산시 1월 미만의 기간은 1월로 한다.) (3점)

문제 05 2021년 귀속 원천징수자료와 관련하여 다음의 물음에 답하시오. (15점)

01 다음은 기업부설연구소의 연구원인 김현철의 9월분 급여명세서이다. [급여자료입력] 및 [원천징수이행상황신고서]를 작성하시오.(단, 수당등록 및 공제항목은 불러온 자료는 무시하고 직접 입력할 것) (5점)

<9월분 급여명세서>

이름	김현철	지급일	10월 10일
기본급	2,500,000원	소득세	110,430원
직책수당	300,000원	지방소득세	11,040원
식대	150,000원	국민연금	146,250원
자가운전보조금	300,000원	건강보험	104,970원
연장수당	200,000원	장기요양보험	10,750원
[기업연구소]연구보조비	300,000원	고용보험	26,000원
급여합계	3,750,000원	공제총액	409,440원
귀하의 노고에 감사드립니다.		차인지급액	3,340,560원

· 수당 등록 시 급여명세서에 적용된 항목 이외의 항목은 사용여부를 '부'로 체크한다.
· 당사는 모든 직원에게 식대를 지급하며 비과세요건을 충족한다.
· 당사는 본인명의의 차량을 업무 목적으로 사용한 직원에게 자가운전보조금을 지급하며, 실제 발생된 시내교통비를 별도로 지급하지 않는다.
· 당사는 기업(부설)연구소의 법적 요건을 충족하며, [기업연구소]연구보조비는 비과세요건을 충족한다.
· 원천징수이행상황신고서 작성과 관련하여 전월미환급세액은 180,000원이다.
· 별도의 환급신청은 하지 않는다.

02 2021년 6월 1일 입사한 최민국(사번 : 102)의 전근무지 근로소득원천징수영수증 자료와 연말정산자료는 다음과 같다. 전 근무지를 반영한 연말정산추가자료입력 메뉴의 [소득명세], [월세주택임차차입명세] 및 [연말정산입력] 탭을 입력하시오.(단, 최민국은 무주택 세대주이며, 부양가족은 없다) (10점)

< 전 근무지 근로소득 원천징수영수증 자료 >

	구 분	주(현)	종(전)	⑯-1 납세조합	합 계
I 근무처별소득명세	⑨ 근 무 처 명	㈜안전양회			
	⑩ 사업자등록번호	114-86-06122			
	⑪ 근무기간	2021.1.1.~2021.5.31.	~	~	~
	⑫ 감면기간	~	~	~	~
	⑬ 급 여	18,000,000원			
	⑭ 상 여	2,000,000원			
	⑮ 인 정 상 여				
	⑮-1 주식매수선택권 행사이익				
	⑮-2 우리사주조합인출금				
	⑮-3 임원 퇴직소득금액 한도초과액				
	⑯ 계	20,000,000원			

	구 분		주(현)	종(전)	⑯-1 납세조합	합 계
II 비과세및감면소득명세	⑱ 국외근로	M0X				
	⑱-1 야간근로수당	O0X				
	⑱-2 출산·보육수당	Q0X				
	⑱-4 연구보조비	H0X				
	~					
	⑱-29					
	⑲ 수련보조수당	Y22				
	⑳ 비과세소득 계					
	⑳-1 감면소득 계					

	구 분			㊻ 소 득 세	㊼ 지방소득세	㊽ 농어촌특별세
III 세액명세	㊷ 결 정 세 액			245,876원	24,587원	
	기납부세액	㊸ 종(전)근무지 (결정세액란의 세액을 적습니다)	사업자등록번호			
		㊹ 주(현)근무지		1,145,326원	114,532원	
	㊺ 납부특례세액					
	㊻ 차 감 징 수 세 액(㊷-㊸-㊹-㊺)			△899,450원	△89,945원	

(국민연금 960,000원 건강보험 785,000원 장기요양보험 49,600원 고용보험 134,000원)
위의 원천징수액(근로소득)을 정히 영수(지급)합니다.

< 연말정산관련자료 >

· 다음의 지출 금액은 모두 본인을 위해 사용한 금액이다.

항목	내용
보험료	· 자동차보험료 : 750,000원, 저축성보험료 : 600,000원
의료비	· 치료목적 허리디스크 수술비 : 3,600,000원(최민국의 신용카드로 결제) · 치료·요양 목적이 아닌 한약 구입비 : 2,400,000원 · 시력보정용 안경구입비 : 550,000원
교육비	· 대학원 등록금 : 10,000,000원 · 영어학원비(업무관련성 없음) : 2,000,000원
기부금	· 종교단체 당해 기부금 : 3,000,000원, · 종교단체외의 지정기부금단체에 기부한 당해 기부금 : 100,000원
신용카드 등 사용액	· 신용카드 : 34,000,000원(이 중 8,000,000원은 본인이 근무하는 법인의 비용해당분이고, 3,600,000원은 허리디스크수술비임) · 현금영수증 : 2,500,000원(이 중 300,000원은 대중교통이용분이고, 120,000원은 공연관람사용분임)
월세 자료	· 임대인 : 임부자 · 주민등록번호 : 631124-1655498 · 주택유형 : 다가구주택 · 주택계약면적 : 52.00m2 · 임대차계약서상 주소지 : 서울시 영등포구 여의나루로 121 · 임대차 계약기간 : 2021.1.1.~2021.12.31. · 매월 월세액 : 700,000원(2021년 총 지급액 8,400,000원) · 월세는 세액공제요건이 충족되는 것으로 한다.

정답 및 해설

82회

[이론시험]

1	2	3	4	5	6	7	8	9	10	11	12	13	14	15
③	③	②	②	④	④	③	④	①	④	①	①	④	④	③

01 ③ 2021년 9월 30일에 취득한 금융상품의 만기일이 2022년 3월 31일인 경우 취득 당시를 기준으로 3개월 이내에 만기가 도래하지 않으므로 현금및현금성자산에 포함될 수 없다.

02 ③ 미래 경제적효익을 창출하기 위하여 발생한 지출이라도 무형자산의 인식기준을 충족하지 못하면 무형자산으로 인식할 수 없다. 그러한 지출은 대부분 내부적으로 영업권을 창출하지만, 내부적으로 창출한 영업권은 원가를 신뢰성 있게 측정할 수 없을 뿐만 아니라 기업이 통제하고 있는 식별가능한 자원도 아니기 때문에 자산으로 인식하지 않는다.

03 ② 재고자산 평가손실은 매출원가에 가산한다.

04 ② 수익을 인식하지 않는다.

05 ④ 만기가 확정된 채무증권으로서 상환금액이 확정되었거나 확정이 가능한 채무증권을 만기까지 보유할 적극적인 의도와 능력이 있는 경우에는 만기보유증권으로 분류한다.

06 ④ 고정비의 설명이다.

07 ③ 당기매출원가 = 기초제품재고 + 당기제품제조원가 - 기말제품재고
= 100,000원 + 500,000원 - 200,000원 = 400,000원

08 ④ 종합원가계산의 특징

09 ①
- 완성품환산량 : 재료비 600개(400개+200개), 가공비 520개(400개+120개)
- 단위당 원가 : 재료비 300원(180,000원/600개), 가공비 500원(260,000원/520개)
- 제품원가 : 400개 × 800원 = 320,000원

10 ④ 정상공손의 허용한도에 대한 설명이다.

11 ① 음식점업은 부가가치세법상 간이과세 적용배제 업종에 해당하지 않는다.

12 ① 매입세액이 불공제된 부가가치세 매입세액은 소득세법상 필요경비에 산입함을 원칙으로 한다.

13 ④ 근로소득과 사업소득이 있는 경우 확정신고 해야함.

14 ④ 부가가치세법 제28조 영세율의 적용 대상이 되는 부가가치세 면세 재화는 면세포기 절차에 의해서 영세율을 적용할 수 있다.

15 ③ 제품매출 100,000,000원 + 1,000,000원 = 101,000,000원

[실무시험]

문제1

01 3월 3일

(차) 임차보증금(㈜동국) 15,000,000 (대) 선급금(㈜동국) 5,000,000
보통예금 10,000,000

02 7월 8일

(차) 여비교통비(판) 6,000 (대) 미지급금(삼성카드) 6,000

03 7월 25일

(차) 미지급세금 1,689,000 (대) 보통예금 1,689,000

04 9월 30일

(차) 보통예금 296,100 (대) 이자수익 350,000
선납세금 53,900

05 12월 20일

(차) 퇴직급여(제) 5,000,000 (대) 보통예금 5,000,000

※ 확정기여형(DC형) 퇴직연금은 종업원이 운용하는 연금계좌로 회사는 퇴직연금 불입액을 당기비용인 퇴직급여 계정으로 처리한다.

문제2

01 7월 7일

유형 : 51.과세, 공급가액 : 150,000, 부가세 : 15,000, 거래처 : 수리왕, 전자 : 여, 분개 : 혼합

(차) 수선비(판) 150,000 (대) 보통예금 165,000
부가세대급금 15,000

02 8월 20일

유형 : 22.현과, 공급가액 : 1,000,000, 부가세 : 100,000, 거래처 : 김성호, 분개 : 현금(혼합)

(차) 현금 1,100,000 (대) 제품매출 1,000,000
부가세예수금 100,000

03 9월 12일

유형 : 16.수출, 구분 : 1, 공급가액 : 115,000,000, 부가세 : 0, 거래처 : OTP사, 분개 : 외상

(차) 외상매출금 115,000,000 (대) 제품매출 115,000,000

※ 선적일 $100,000 × 1,150원 = 115,000,000원 (공급가액)

04 9월 18일

유형 : 14.건별, 공급가액 : 3,000,000, 부가세 : 300,000, 거래처 : (주)동행, 분개 : 혼합

(차) 접대비(판)	2,300,000	(대) 원재료(적요 8.타계정으로 대체액)	2,000,000
		부가세예수금	300,000

※ 간주공급인 경우 14.건별을 선택, 접대목적으로 제공될 경우 공급가액은 시가, 계정 처리는 원가로 처리한다.

05 9월 30일

유형 : 61.현과, 공급가액 : 200,000, 부가세 : 20,000, 거래처 : 미나문구, 분개 : 현금(혼합)

(차) 소모품비(판)	200,000	(대) 현금	220,000
부가세대급금	20,000		

문제3

01 수출실적명세서 (4월~6월)

조회기간 : 2021 년 04 월 ~ 2021 년 06 월 구분 : 1기 확정 과세기간별입력

구분	건수	외화금액	원화금액	비고
⑨합계	3	435,000.00	151,032,000	
⑩수출재화[=⑫합계]	3	435,000.00	151,032,000	
⑪기타영세율적용				

No	□	(13)수출신고번호	(14)선(기)적일자	(15)통화코드	(16)환율	금액 (17)외화	금액 (18)원화	전표정보 거래처코드	전표정보 거래처명
1	□	13041-20-044589X	2021-04-06	JPY	9.9400	300,000.00	2,982,000		
2	□	13055-10-011460X	2021-05-18	USD	1,080.0000	60,000.00	64,800,000		
3	□	13064-25-147041X	2021-06-30	USD	1,110.0000	75,000.00	83,250,000		

※ 선적일 환율을 적용하고, 선적전 환가한 경우 환가일 환율로 계산한다.

02 부가가치세신고서 (10월~12월)

※ • 신고불성실가산세 1,000,000원 × 10% × 25% = 25,000원
- 납부지연가산세 1,000,000원 × 0.025% × 91일 = 22,750원
- 전자세금계산서 발급 및 전송한 경우 매출·매입처별 세금계산서합계표는 제출하지 않을 수 있다.

구분		금액	세율	세액
16.공제받지못할매입세액				
공제받지못할 매입세액	50	5,500,000		550,000
공통매입세액면세등사업분	51			
대손처분받은세액	52			
합계	53	5,500,000		550,000
18.그 밖의 경감·공제세액				
전자신고세액공제	54			10,000
전자세금계산서발급세액공제	55			
택시운송사업자경감세액	56			
대리납부세액공제	57			
현금영수증사업자세액공제	58			
기타	59			
합계	60			10,000

구분			금액	세율	세액
신고불성실	무신고(일반)	69		뒤쪽	
	무신고(부당)	70		뒤쪽	
	과소·초과환급(일반)	71	1,000,000	뒤쪽	25,000
	과소·초과환급(부당)	72		뒤쪽	
납부지연		73	1,000,000	뒤쪽	22,750
영세율과세표준신고불성실		74		5/1,000	
현금매출명세서불성실		75		1/100	
부동산임대공급가액명세서		76		1/100	
매입자 납부특례	거래계좌 미사용	77		뒤쪽	
	거래계좌 지연입금	78		뒤쪽	
합계		79			47,750

구분				정기신고금액		
				금액	세율	세액
과세표준및매출세액	과세	세금계산서발급분	1	220,000,000	10/100	22,000,000
		매입자발행세금계산서	2		10/100	
		신용카드 · 현금영수증발행분	3		10/100	
		기타(정규영수증외매출분)	4			
	영세	세금계산서발급분	5		0/100	
		기타	6	88,000,000	0/100	
	예정신고누락분		7	20,000,000		2,000,000
	대손세액가감		8			
	합계		9	328,000,000	㉮	24,000,000
매입세액	세금계산서수취분	일반매입	10	132,000,000		13,200,000
		수출기업수입분납부유예	10			
		고정자산매입	11			
	예정신고누락분		12	10,000,000		1,000,000
	매입자발행세금계산서		13			
	그 밖의 공제매입세액		14	11,000,000		1,100,000
	합계(10)-(10-1)+(11)+(12)+(13)+(14)		15	153,000,000		15,300,000
	공제받지못할매입세액		16	5,500,000		550,000
	차감계 (15-16)		17	147,500,000	㉯	14,750,000
납부(환급)세액(매출세액㉮-매입세액㉯)					㉰	9,250,000
경감공제세액	그 밖의 경감 · 공제세액		18			10,000
	신용카드매출전표등 발행공제등		19			
	합계		20		㉱	10,000
소규모 개인사업자 부가가치세 감면세액			20		㉲	
예정신고미환급세액			21		㉳	
예정고지세액			22		㉴	
사업양수자의 대리납부 기납부세액			23		㉵	
매입자 납부특례 기납부세액			24		㉶	
신용카드업자의 대리납부 기납부세액			25		㉷	
가산세액계			26		㉸	47,750
차가감하여 납부할세액(환급받을세액)㉰-㉱-㉲-㉳-㉴-㉵-㉶-㉷+㉸					27	9,287,750
총괄납부사업자가 납부할 세액(환급받을 세액)						

구분				금액	세율	세액
7.매출(예정신고누락분)						
예정누락분	과세	세금계산서	33	20,000,000	10/100	2,000,000
		기타	34		10/100	
	영세	세금계산서	35		0/100	
		기타	36		0/100	
	합계		37	20,000,000		2,000,000
12.매입(예정신고누락분)						
예정누락분	세금계산서		38	10,000,000		1,000,000
	그 밖의 공제매입세액		39			
	합계		40	10,000,000		1,000,000
	신용카드매출수령금액합계	일반매입				
		고정매입				
	의제매입세액					
	재활용폐자원등매입세액					
	과세사업전환매입세액					
	재고매입세액					
	변제대손세액					
	외국인관광객에대한환급/					
	합계					
14.그 밖의 공제매입세액						
신용카드매출수령금액합계표		일반매입	41	11,000,000		1,100,000
		고정매입	42			
의제매입세액			43		뒤쪽	
재활용폐자원등매입세액			44		뒤쪽	
과세사업전환매입세액			45			
재고매입세액			46			
변제대손세액			47			
외국인관광객에대한환급세액			48			
합계			49	11,000,000		1,100,000

문제4

01 12월 31일 일반전표입력

(차) 외화환산손실 5,000,000 (대) 외화장기차입금(ABS사) 5,000,000

※ 계산식 : $100,000 × (차입시 1,050원 - 평가시 1,100원) = -5,000,000원 (외화환산손실)

02 12월 31일 일반전표입력

(차) 선급비용 300,000 (대) 보험료(판) 300,000

※ 계산식 : 1,200,000원 × 3/12 = 300,000원 (선급분)

03 12월 31일, 일반전표입력

(차) 단기매매증권 14,000,000 (대) 단기매매증권평가이익 14,000,000

※ 계산식 : (1,000주 - 300주) × (기말 공정가치 120,000원 - 장부가치 100,000원) = 14,000,000원 (평가이익)

04 결산자료입력 메뉴에서 무형자산상각비 200,000원을 입력 후 전표추가

(차) 무형자산상각비 200,000 (대) 영업권 200,000

※ 계산식 : 12,000,000원 ÷ 5 × 1/12 = 200,000원(상각비)

05 결산자료입력 메뉴에서 선납세금란 7,053,900원, 추가계상액란 14,946,100원에 입력 후 전표추가

(차) 법인세등 22,000,000 (대) 선납세금 7,053,900

미지급세금 14,946,100

문제5

01 급여자료입력

1. 수당공제등록

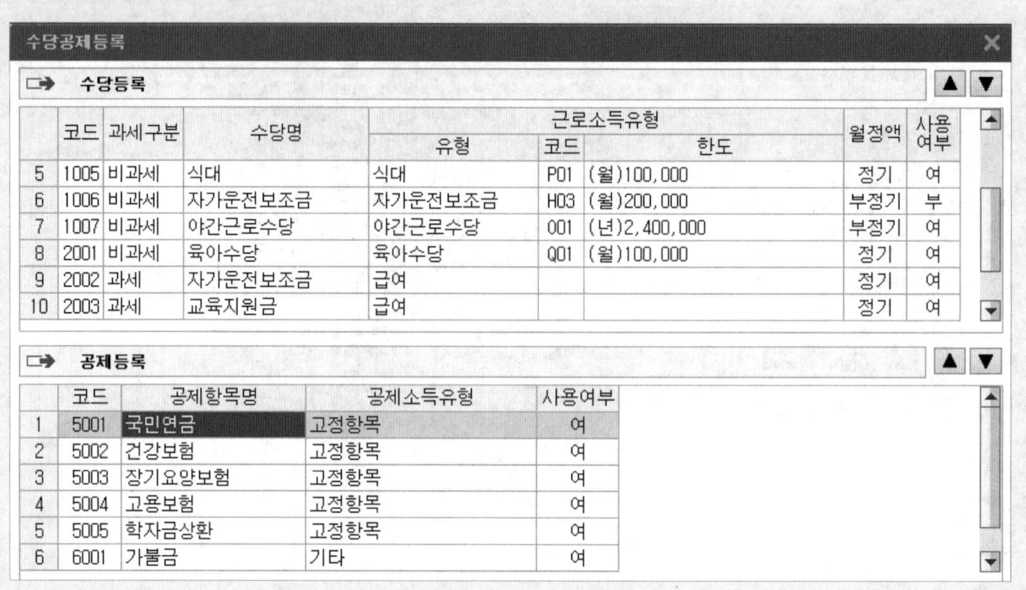

수당공제등록

수당등록

	코드	과세구분	수당명	근로소득유형			월정액	사용여부
				유형	코드	한도		
5	1005	비과세	식대	식대	P01	(월)100,000	정기	여
6	1006	비과세	자가운전보조금	자가운전보조금	H03	(월)200,000	부정기	부
7	1007	비과세	야간근로수당	야간근로수당	O01	(년)2,400,000	부정기	여
8	2001	비과세	육아수당	육아수당	Q01	(월)100,000	정기	여
9	2002	과세	자가운전보조금	급여			정기	여
10	2003	과세	교육지원금	급여			정기	여

공제등록

	코드	공제항목명	공제소득유형	사용여부
1	5001	국민연금	고정항목	여
2	5002	건강보험	고정항목	여
3	5003	장기요양보험	고정항목	여
4	5004	고용보험	고정항목	여
5	5005	학자금상환	고정항목	여
6	6001	가불금	기타	여

※ 식대 비과세, 육아수당 비과세, 자가운전 과세, 교육지원금 과세, 가불금 기타로 입력한다.

2. 급여자료입력 : 귀속연월 2021년 12월, 지급년월일 2021년 12월 31일

□	사번	사원명	감면율
□	101	서주원	
□	103	유재호	
총인원(퇴사자)		2(0)	

급여항목	금액
기본급	2,000,000
식대	180,000
야간근로수당	300,000
육아수당	200,000
자가운전보조금	100,000
교육지원금	220,000
과세	2,800,000
비과세	200,000
지급총액	3,000,000

공제항목	금액
국민연금	90,000
건강보험	62,400
장기요양보험	4,600
고용보험	18,200
가불금	1,000,000
소득세(100%)	25,180
지방소득세	2,510
농특세	
공제총액	1,202,890
차인지급액	1,797,110

02 연말정산추가자료입력

1. 보험료

60.보장성보험	일반		2,000,000	1,000,000	120,000
	장애인				

2. 의료비 : 모친 보약구입비는 공제불가

의료비

구분	지출액	실손의료비	공제대상금액	공제금액
난임시술비				
본인				
65세,장애인.건강보험산정특례자	5,000,000		4,850,000	727,500
그 밖의 공제대상자	1,200,000			

3. 교육비

교육비

구분	지출액	공제대상금액	공제금액
취학전아동(1인당 300만원)	1,000,000		
초중고(1인당 300만원)			
대학생(1인당 900만원)		1,000,000	150,000
본인(전액)			
장애인 특수교육비			

4. 신용카드 등 사용액 : 의료비세액공제와 중복공제 가능

신용카드 등 공제대상금액

▶ 신용카드 등 사용금액 공제액 산출 과정 | 총급여 45,000,000 | 최저사용액(총급여 25%) 11,250,000

구분		대상금액	공제율금액		공제제외금액	공제가능금액	공제한도	일반공제금액	추가공제금액	최종공제금액
전통시장/대중교통 제외	㉮신용카드	15,700,000	15%	2,355,000						
	㉯직불/선불카드		30%							
	㉰현금영수증				1,687,500	1,187,500	3,000,000	1,187,500		1,187,500
㉱도서공연 등 사용분										
㉲전통시장사용분			40%							
㉳대중교통이용분		1,300,000		520,000						
신용카드 등 사용액 합계(㉮~㉳)		17,000,000		2,875,000	아래참조*1	공제율금액-공제제외금액	아래참조*2	MIN[공제가능금액,공제한도]	아래참조*3	일반공제금액+추가공제금액

5. 기부금

종교단체 당해기부금	1,000,000	1,000,000	150,000

6. 주택자금 : 장기주택저당차입금

주택자금

구분			공제한도	불입/상환액	공제금액
①청약저축_연 납입 240만원					
장기주택 저당차입금	2011년 이전 차입금	㉠15년 미만	1+2+㉠ ≤ 600만원		
		㉡15년~29년	1+2+㉡ ≤ 1,000만원		
		㉢30년 이상	1+2+㉢ ≤1,500만원		
	2012년 이후 차입금	㉣고정금리OR비거치상환	1+2+㉣ ≤1,500만원	2,000,000	2,000,000
		㉤기타대출	1+2+㉤ ≤500만원		

83회

[이론시험]

1	2	3	4	5	6	7	8	9	10	11	12	13	14	15
②	①	②	④	③	①	②	①	④	②	③	③	④	③	③

01 ② 후입선출법은 현행수익에 대하여 현행원가가 대응되므로 기말 재고는 과거의 상품원가로 구성된다.

02 ① 선수금은 유동부채로 분류한다.

03 ② 당기발생한 미지급 자동차보험료를 비용으로 계상하면 당기순이익은 7,000원 감소하고 외상매출금의 보통예금수령은 당기손익에는 영향이 없다.

04 ④ 특정 시점의 재무상태를 나타내는 보고서는 재무상태표이다.

05 ③ 연구비는 무형자산이 아닌 발생한 기간의 비용으로 인식한다.

06 ① 고객의 주문에 따라 원가를 집계하여 정확한 원가계산을 하는 것은 개별원가계산이다.

07 ② 예정배부율 × 실제조업도(50시간) = 제조간접비 예정배부액(400,000원) ∴ 8,000원

08 ① 기초원재료(x) + 당기매입원재료(y) = 당기사용원재료(1,000,000) + 기말원재료(x + 200,000)
x + y = x + 1,200,000 ∴ 당기매입원재료 y는 1,200,000원

09 ④ 상호간 용역수수를 가장 잘 반영한 방법은 상호배부법이고, 상호배부법이 단계배부법보다 더 우수하다. 공장 임차료를 배부할 때는 각 부문의 점유면적으로 배부하는 것이 가장 적당하다.

10 ② 가공원가는 직접노무비와 제조간접비의 합을 의미한다.

11 ③ 내국물품 외국반출(직수출) : 수출재화의 선(기)적일

12 ③ 간이과세자도 기본적으로 영세율을 적용 받을 수 있으므로 간이과세를 포기해야만 영세율을 적용 받는 것은 아니다.

13 ④ 작성연월일이 필요적 기재사항에 해당한다.

14 ③ ① 소득세의 과세기간은 1/1~12/31일이 원칙이며 선택에 의하여 변경할 수는 없다. 사망이나 출국으로 비거주자가 되는 경우 등 예외적인 경우에만 변경할 수 있다.
② 거주자의 납세지는 주소지(없는 경우 거소지)로 하며, 비거주자는 주된 국내사업장의 소재지로 한다.
③ 소득세법은 종합과세제도와 분류과세제도, 분리과세제도를 통하여 과세한다.

15 ③ • 총수입금액 2,000,000원 - 필요경비 1,200,000원(2,000,000원×60%) = 기타소득금액 800,000원
• 원천징수세액 : 160,000원 = 800,000원 × 20%

[실무시험]

문제1

01 1월 19일

(차) 외상매입금(㈜바른유통)	50,000,000	(대) 당좌예금	49,000,000
		채무면제이익	1,000,000

02 2월 21일

(차) 이자비용	2,000,000	(대) 예수금	550,000
		현금	1,450,000

03 2월 25일

(차) 외상매입금((주)나라)	1,430,000	(대) 받을어음((주)대신)	1,000,000
		보통예금	430,000

04 3월 17일

(차) 세금과공과(판)	70,500	(대) 보통예금	70,500

05 4월 13일

(차) 보통예금	15,000,000	(대) 자본금	10,000,000
		주식발행초과금	5,000,000

문제2

01 7월 11일

유형 : 57.카과, 공급가액 : 500,000, 부가세 : 50,000, 거래처 : 우리식당, 분개 : 카드(혼합), 카드사 : 국민카드

(차) 복리후생비(판)	500,000	(대) 미지급금(국민카드)	550,000
부가세대급금	50,000		

02 8월 12일

유형 : 53.면세, 공급가액 : 880,000, 부가세 : 0, 거래처 : 영은캐피탈, 전자 : 여, 분개 : 혼합

(차) 임차료(판)	880,000	(대) 미지급금	880,000

03 8월 23일

유형 : 11.과세, 공급가액 : 15,000,000, 부가세 : 1,500,000, 거래처 : (주)모두상사, 전자 : 여, 분개 : 혼합

(차) 보통예금	3,300,000	(대) 제품매출	15,000,000
외상매출금	13,200,000	부가세예수금	1,500,000

04 9월 4일

유형 : 12.영세(구분 3), 공급가액 : 20,000,000, 부가세 : 0, 거래처 : (주)한국, 전자 : 여, 분개 : 현금

(차) 현금	20,000,000	(대) 제품매출	20,000,000

05 9월 30일

유형 : 54.불공(불공제사유 6), 공급가액 : 1,000,000, 부가세 : 100,000, 거래처 : 장앤김법률사무소, 전자 : 부, 분개 : 혼합

(차) 토지	1,100,000	(대) 미지급금	1,100,000

문제3

01 공제받지 못할 매입세액명세서 (4월~6월)

조회기간 : 2021 년 04 월 ~ 2021 년 06 월 구분 : 1기 확정

공제받지못할매입세액내역 | 공통매입세액안분계산내역 | 공통매입세액의정산내역 | 납부세액또는환급세액재계산

산식	구분	(15)총공통매입세액	(16)면세 사업확정 비율			(17)불공제매입세액총액((15)*(16))	(18)기불공제매입세액	(19)가산또는공제되는매입세액((17)-(18))
			총공급가액	면세공급가액	면세비율			
1.당해과세기간의 공급가액기준		18,000,000	750,000,000.00	300,000,000.00	40.000000	7,200,000	3,750,000	3,450,000
합계		18,000,000	750,000,000	300,000,000		7,200,000	3,750,000	3,450,000

가산또는공제되는매입세액 (3,450,000) = 총공통매입세액(18,000,000) * 면세비율(%)(40.000000) - 기불공제매입세액(3,750,000)

02 부가가치세신고서 (10월~12월)

구분				정기신고금액 금액	세율	세액
과세표준및매출세액	과세	세금계산서발급분	1	507,000,000	10/100	50,700,000
		매입자발행세금계산서	2		10/100	
		신용카드 · 현금영수증발행분	3	100,000,000	10/100	10,000,000
		기타(정규영수증외매출분)	4			
	영세	세금계산서발급분	5	10,000,000	0/100	
		기타	6	30,000,000	0/100	
	예정신고누락분		7			
	대손세액가감		8			
	합계		9	647,000,000	㉮	60,700,000
매입세액	세금계산서수취분	일반매입	10	490,000,000		49,000,000
		수출기업수입분납부유예	10			
		고정자산매입	11	30,000,000		3,000,000
	예정신고누락분		12			
	매입자발행세금계산서		13			
	그 밖의 공제매입세액		14			
	합계(10)-(10-1)+(11)+(12)+(13)+(14)		15	520,000,000		52,000,000
	공제받지못할매입세액		16	30,000,000		3,000,000
	차감계 (15-16)		17	490,000,000	㉯	49,000,000
납부(환급)세액(매출세액㉮-매입세액㉯)					㉰	11,700,000
경감공제세액	그 밖의 경감 · 공제세액		18			
	신용카드매출전표등 발행공제등		19	110,000,000		
	합계		20		㉱	
소규모 개인사업자 부가가치세 감면세액			20		㉲	
예정신고미환급세액			21		㉳	
예정고지세액			22		㉴	
사업양수자의 대리납부 기납부세액			23		㉵	
매입자 납부특례 기납부세액			24		㉶	
신용카드업자의 대리납부 기납부세액			25		㉷	
가산세액계			26		㉸	
차가감하여 납부할세액(환급받을세액)㉰-㉱-㉲-㉳-㉴-㉵-㉶-㉷+㉸					27	11,700,000
총괄납부사업자가 납부할 세액(환급받을 세액)						

구분				금액	세율	세액
7.매출(예정신고누락분)						
예정누락분	과세	세금계산서	33		10/100	
		기타	34		10/100	
	영세	세금계산서	35		0/100	
		기타	36		0/100	
	합계		37			
12.매입(예정신고누락분)						
예정누락분	세금계산서		38			
	그 밖의 공제매입세액		39			
	합계		40			
	신용카드매출수령금액합계	일반매입				
		고정매입				
	의제매입세액					
	재활용폐자원등매입세액					
	과세사업전환매입세액					
	재고매입세액					
	변제대손세액					
	외국인관광객에대한환급/					
	합계					
14.그 밖의 공제매입세액						
신용카드매출수령금액합계표		일반매입	41			
		고정매입	42			
의제매입세액			43		뒤쪽	
재활용폐자원등매입세액			44		뒤쪽	
과세사업전환매입세액			45			
재고매입세액			46			
변제대손세액			47			
외국인관광객에대한환급세액			48			
합계			49			

※ • 1,000cc 이상 소형승용자동차는 매입세액 불공제대상이다.

• 간주공급에서 판매목적 타사업장 반출의 과세표준은 원가를 원칙으로 한다.

• 여객운송업(전세버스는 제외)은 세금계산서를 교부할 수 없는 업종으로 신용카드로 결제하더라도 매입세액공제를 받을 수 없으므로 영업사원의 국내항공료는 매입세액 공제를 받을 수 없다.

문제4

01 12월 31일 일반전표 입력

(차) 장기차입금(바른은행) 56,000,000 (대) 유동성장기부채(바른은행) 56,000,000

02 12월 31일 일반전표입력

(차) 단기매매증권평가손실 500,000 (대) 단기매매증권 500,000

※ 계산식 : 2021년 공정가치 12,500,000원 - 2020년 공정가치 13,000,000원 = -500,000원 (평가손실)

03 결산자료입력 메뉴에서 감가상각비(제) 공구와기구란에 1,250,000원, 감가상각비(판) 차량운반구란에 3,500,000원 입력 후 전표추가

(차) 감가상각비(제) 1,250,000 (대) 감가상각누계액(211) 1,250,000

감가상각비(판) 3,500,000 감가상각누계액(209) 3,500,000

04 결산자료입력 메뉴에서 퇴직급여(전입액)(제)란 25,000,000원, 퇴직급여(전입액)(판)란에 11,000,000원 입력 후 전표추가

(차) 퇴직급여(제) 25,000,000 (대) 퇴직급여충당부채 36,000,000

퇴직급여(판) 11,000,000

※ 계산식 : 생산직 40,000,000원 - 15,000,000원 = 25,000,000원 (설정액)

본사사무직 20,000,000원 - 9,000,000원 = 11,000,000원(설정액)

05 결산자료입력 메뉴에서 다음과 같이 입력 후 전표추가

- 기말원재료 : 8,000,000원 • 기말재공품 : 7,000,000원 • 기말제품 : 14,000,000원

※ 선적지 인도조건 운송중인 재료는 원재료재고액에 포함, 수탁자가 보유하고 있는 적송품은 제품재고액에 포함한다.

문제5

01 급여자료입력

1. 수당공제등록

수당공제등록

수당등록

	코드	과세구분	수당명	근로소득유형			월정액	사용여부
				유형	코드	한도		
4	1004	과세	월차수당	급여			정기	부
5	1005	비과세	식대	식대	P01	(월)100,000	정기	부
6	1006	비과세	자가운전보조금	자가운전보조금	H03	(월)200,000	부정기	여
7	1007	비과세	야간근로수당	야간근로수당	001	(년)2,400,000	부정기	여
8	2001	과세	식대	급여			정기	여
9	2002	과세	교육보조금	급여			정기	여

※ 식대 비과세 → 과세, 자가운전보조금 비과세, 야간근로수당 비과세, 교육보조금 과세

2. 급여자료입력 : 귀속연월 2021년 5월, 지급년월일 2021년 5월 31일

급여항목	금액	공제항목	금액
기본급	1,500,000	국민연금	85,500
자가운전보조금	300,000	건강보험	59,280
야간근로수당	200,000	장기요양보험	5,040
식대	100,000	고용보험	12,350
교육보조금	200,000	소득세(100%)	17,180
		지방소득세	1,710
		농특세	
과 세	1,900,000		
비 과 세	400,000	공 제 총 액	181,060
지 급 총 액	2,300,000	차 인 지 급 액	2,118,940

3. 원천징수이행상황신고서 : 2021년 5월~5월

원천징수명세및납부세액 | 원천징수이행상황신고서 부표 | 원천징수세액환급신청서 | 기납부세액명세서 | 전월미환급세액 조정명세서 | 차월이월환급세액 승계명세

		코드	소득지급		징수세액			당월조정 환급세액	납부세액	
			인원	총지급액	소득세 등	농어촌특별세	가산세		소득세 등	농어촌특별세
근로소득	간이세액	A01	1	2,100,000	17,180					
	중도퇴사	A02								
	일용근로	A03								
	연말정산	A04								
	(분납금액)	A05								
	(납부금액)	A06								
	가 감 계	A10	1	2,100,000	17,180			17,180		

전월 미환급 세액의 계산			당월 발생 환급세액				18.조정대상환급(14+15+16+17)	19.당월조정환급세액계	20.차월이월환급세액	21.환급신청액
12.전월미환급	13.기환급	14.차감(12-13)	15.일반환급	16.신탁재산	금융회사 등	합병 등				
150,000		150,000					150,000	17,180	132,820	

02 연말정산추가자료입력

1. 신용카드 등 사용액 : 장애인보장성보험료 중복공제 불가, 교육비는 중복공제 가능

신용카드 등 공제대상금액

▶ 신용카드 등 사용금액 공제액 산출 과정 | 총급여 72,000,000 | 최저사용액(총급여 25%) 18,000,000

구분		대상금액	공제율금액		공제제외금액	공제가능금액	공제한도	일반공제금액	추가공제금액	최종공제금액
전통시장/대중교통 제외	㉮신용카드	23,300,000	15%	3,495,000	2,700,000	1,930,000	2,500,000	1,930,000		1,930,000
	㉯직불/선불카드		30%							
	㉰현금영수증	2,650,000		795,000						
㉱도서공연 등 사용분										
㉲전통시장사용분		350,000	40%	140,000						
㉳대중교통이용분		500,000		200,000						
신용카드 등 사용액 합계(㉮~㉳)		26,800,000		4,630,000	아래참조*1	공제율금액-공제제외금액	아래참조*2	MIN[공제가능금액,공제한도]	아래참조*3	일반공제금액+추가공제금액

2. 보험료 : 저축성보험료는 공제불가

60.보장성보험	일반		600,000	600,000	72,000
	장애인		1,200,000	1,000,000	150,000

3. 의료비 : 건강증진목적 의약품비는 공제 불가, 박세희의 한약 구입비는 질병예방 의료비로 공제 가능

의료비

구분	지출액	실손의료비	공제대상금액	공제금액
난임시술비				
본인	500,000			
65세,장애인.건강보험산정특례자	1,300,000			
그 밖의 공제대상자				

4. 교육비 : 초중고 1인당 300만원이므로 300만원만 입력하거나 공제 대상금액 전체를 입력하여도 됨

교육비

구분	지출액	공제대상금액	공제금액
취학전아동(1인당 300만원)	1,500,000		
초중고(1인당 300만원)	3,000,000		
대학생(1인당 900만원)	5,000,000	9,500,000	1,425,000
본인(전액)			
장애인 특수교육비			

5. 기부금 : 대한적십자사 기부금은 법정기부금에 해당

법정당해기부금	360,000	360,000	54,000

84회

[이론시험]

1	2	3	4	5	6	7	8	9	10	11	12	13	14	15
①	②	②	④	③	④	②	③	②	①	④	③	④	②	①③

01 ① 기말재고가 과소계상되면 순이익이 과소계상되어 이익잉여금이 과소계상되는 효과가 발생한다. 개별법은 원가결정방법 중의 하나이고, 정상적인 감모손실은 매출원가에 포함한다.

02 ② 미교부주식배당금은 자본조정에 해당된다.

03 ② • 기말대손충당금 =기초대손충당금 - 당기대손발생액 + 전기대손금회수액 + 당기설정액

• 210,000원 = 180,000원 - 150,000원 + 10,000원 + 당기설정액

∴ 당기설정액 = 170,000원

04 ④ 감가상각방법을 선택할 때는 경제적 효익이 소멸되는 행태를 반영한 합리적인 방법으로 선택하여야 한다.

05 ③ 전기 이전기간에 발생한 중대한 오류의 수정은 자산, 부채 및 자본의 기초금액에 반영한다.

06 ④ • 기초재공품 완성품환산량 : 1,000개 × 0% = 0개

• 당기착수분 완성품환산량 : 3,000개 × 100% = 3,000개

• 기말재공품 완성품환산량 : 2,000개 × 100% = 2,000개

∴ 완성품환산량은 5,000개이다.

07 ② 조업도가 증가할 때 단위당원가는 일정하고 총원가는 비례적으로 증가하는 원가는 변동비이다.

08 ③ 상호배분법은 배분순서를 결정할 필요가 없는 방법이다.

09 ② 실제개별원가계산에서는 제조간접비를 기말 전에 배부할 수 없으므로 제품원가계산이 지연된다.

10 ① • 당기총제조원가 : 250,000원 = 20,000원(기말재공품) + 240,000원(당기제품제조원가) - 10,000원(기초재공품)

• 당기제품제조원가 : 240,000원 = 30,000원(기말제품) + 270,000원(매출원가) - 60,000원(기초제품)

11 ④ 부동산임대업 : 부동산의 등기부상 소재지

12 ③ 화폐대용증권(수표·어음 등), 지분증권(주식, 출자지분), 채무증권(회사채, 국공채), 상품권은 과세대상 재화로 보지 않는다.

13 ④ 개별소비세 과세대상 자동차가 아닌 사업 관련 트럭에 주유를 무상으로 하는 것은 간주공급(자가공급)에 해당되지 않는다.

14 ② 양도소득과 퇴직소득은 분류과세되는 소득이다.

15 ①, ③ 복수정답 잉여금의 처분에 의한 배당소득의 수입시기는 당해 법인의 잉여금 처분결의일이다.

[실무시험]

문제1

01 7월 21일

(차) 투자부동산	30,000,000	(대) 미지급금(㈜경주)	30,000,000

02 8월 25일

(차) 보통예금	26,000,000	(대) 외상매출금(ABC사)	24,000,000
		외환차익	2,000,000

※ $20,000 × (입금시 1,300원 - 장부가액 1,200원) = 2,000,000원 (외환차익)

03 9월 27일

(차) 차량운반구	80,000	(대) 현금	300,000
단기매매증권	220,000		

※ 승용차 구입시 취득한 공채는 공정가치를 단기매매증권 계정으로 처리하고 차액은 차량운반구의 취득과 관련된 비용으로 차량운반구 계정으로 처리한다.

04 10월 2일

(차) 보통예금 10,200,000 (대) 사채 10,000,000
사채할증발행차금 200,000

05 11월 21일

(차) 미수금((주)에스제이물산) 9,000,000 (대) 단기매매증권 9,500,000
단기매매증권처분손실 500,000

문제2

01 5월 30일

유형 : 17.카과, 공급가액 : 2,000,000, 부가세 : 200,000, 거래처 : (주)우리임대, 분개 : 카드(혼합)

(차) 외상매출금(하나카드) 2,200,000 (대) 제품매출 2,000,000
부가세예수금 200,000

02 6월 24일

유형 : 16.수출(구분 1), 공급가액 : 11,500,000, 부가세 : 0, 거래처 : Y&G사, 분개 : 외상

(차) 외상매출금 11,500,000 (대) 제품매출 11,500,000

※ 선적일 $10,000 × 1,150원 = 11,500,000원 (공급가액)

03 6월 29일

유형 : 55.수입, 공급가액 : 30,000,000, 부가세 : 3,000,000, 거래처 : 인천세관, 전자 : 여, 분개 : 혼합

(차) 부가세대급금 3,000,000 (대) 보통예금 3,000,000

04 7월 10일

유형 : 53.면세, 공급가액 : 15,000, 부가세 : 0, 거래처 : 전자신문사, 전자 : 여, 분개 : 혼합

(차) 도서인쇄비(판) 15,000 (대) 미지급금 15,000

05 8월 11일

유형 : 22.현과, 공급가액 : 1,200,000, 부가세 : 120,000, 거래처 : 장결희, 분개 : 현금

(차) 현금 1,320,000 (대) 제품매출 1,200,000
부가세예수금 120,000

문제3

01 의제매입세액공제신고서 (4월~6월)

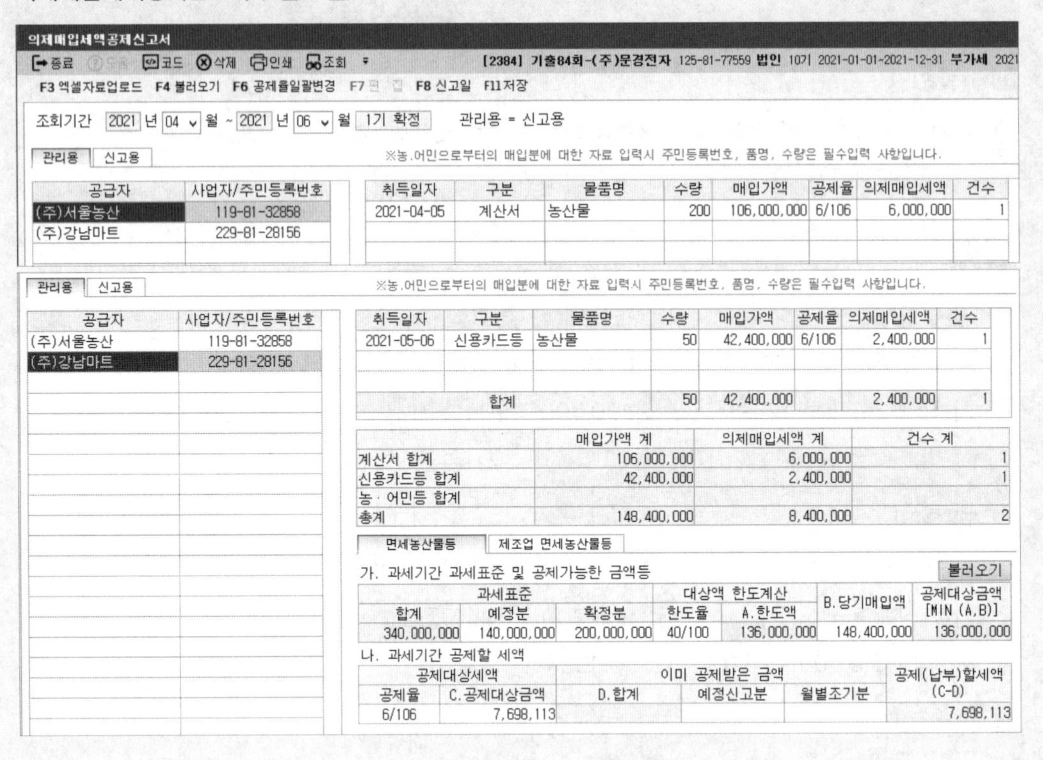

의제매입세액공제신고서

종료 코드 삭제 인쇄 조회 [2384] 기출84회-(주)문경전자 125-81-77559 법인 10기 2021-01-01~2021-12-31 부가세 2021

F3 엑셀자료업로드 F4 불러오기 F6 공제율일괄변경 F7 F8 신고일 F11저장

조회기간 2021 년 04 월 ~ 2021 년 06 월 1기 확정 관리용 = 신고용

관리용 신고용 ※농.어민으로부터의 매입분에 대한 자료 입력시 주민등록번호, 품명, 수량은 필수입력 사항입니다.

공급자	사업자/주민등록번호
(주)서울농산	119-81-32858
(주)강남마트	229-81-28156

취득일자	구분	물품명	수량	매입가액	공제율	의제매입세액	건수
2021-04-05	계산서	농산물	200	106,000,000	6/106	6,000,000	1

관리용 신고용 ※농.어민으로부터의 매입분에 대한 자료 입력시 주민등록번호, 품명, 수량은 필수입력 사항입니다.

공급자	사업자/주민등록번호
(주)서울농산	119-81-32858
(주)강남마트	229-81-28156

취득일자	구분	물품명	수량	매입가액	공제율	의제매입세액	건수
2021-05-06	신용카드등	농산물	50	42,400,000	6/106	2,400,000	1
	합계		50	42,400,000		2,400,000	1

	매입가액 계	의제매입세액 계	건수 계
계산서 합계	106,000,000	6,000,000	1
신용카드등 합계	42,400,000	2,400,000	1
농·어민등 합계			
총계	148,400,000	8,400,000	2

면세농산물등 제조업 면세농산물등

가. 과세기간 과세표준 및 공제가능한 금액등 불러오기

과세표준			대상액 한도계산		B.당기매입액	공제대상금액 [MIN (A,B)]
합계	예정분	확정분	한도율	A.한도액		
340,000,000	140,000,000	200,000,000	40/100	136,000,000	148,400,000	136,000,000

나. 과세기간 공제할 세액

공제대상세액		이미 공제받은 금액			공제(납부)할세액 (C-D)
공제율	C.공제대상금액	D.합계	예정신고분	월별조기분	
6/106	7,698,113				7,698,113

02 부가가치세신고서 (10월~12월)

구분				정기신고금액 금액	세율	세액
과세표준및매출세액	과세	세금계산서발급분	1	250,000,000	10/100	25,000,000
		매입자발행세금계산서	2		10/100	
		신용카드·현금영수증발행분	3	50,000,000	10/100	5,000,000
		기타(정규영수증외매출분)	4			
	영세	세금계산서발급분	5	30,000,000	0/100	
		기타	6	3,500,000	0/100	
	예정신고누락분		7			
	대손세액가감		8			
	합계		9	333,500,000	㉮	30,000,000
매입세액	세금계산서 수취분	일반매입	10	150,000,000		15,000,000
		수출기업수입분납부유예	10			
		고정자산매입	11	35,000,000		3,500,000
	예정신고누락분		12	10,000,000		1,000,000
	매입자발행세금계산서		13			
	그 밖의 공제매입세액		14	30,000,000		3,000,000
	합계(10)-(10-1)+(11)+(12)+(13)+(14)		15	225,000,000		22,500,000
	공제받지못할매입세액		16			
	차감계 (15-16)		17	225,000,000	㉯	22,500,000
납부(환급)세액(매출세액㉮-매입세액㉯)					㉰	7,500,000
경감공제세액	그 밖의 경감·공제세액		18			10,000
	신용카드매출전표등 발행공제등		19			
	합계		20		㉱	10,000
소규모 개인사업자 부가가치세 감면세액			20		㉲	
예정신고미환급세액			21		㉳	1,000,000
예정고지세액			22		㉴	
사업양수자의 대리납부 기납부세액			23		㉵	
매입자 납부특례 기납부세액			24		㉶	
신용카드업자의 대리납부 기납부세액			25		㉷	
가산세액계			26		㉸	
차가감하여 납부할세액(환급받을세액)㉰-㉱-㉲-㉳-㉴-㉵-㉶-㉷+㉸					27	6,490,000
총괄납부사업자가 납부할 세액(환급받을 세액)						

구분				금액	세율	세액
7.매출(예정신고누락분)						
예정누락분	과세	세금계산서	33		10/100	
		기타	34		10/100	
	영세	세금계산서	35		0/100	
		기타	36		0/100	
	합계		37			
12.매입(예정신고누락분)						
예정누락분	세금계산서		38	10,000,000		1,000,000
	그 밖의 공제매입세액		39			
	합계		40	10,000,000		1,000,000
	신용카드매출 수령금액합계	일반매입				
		고정매입				
	의제매입세액					
	재활용폐자원등매입세액					
	과세사업전환매입세액					
	재고매입세액					
	변제대손세액					
	외국인관광객에대한환급/					
	합계					
14.그 밖의 공제매입세액						
신용카드매출 수령금액합계표		일반매입	41	30,000,000		3,000,000
		고정매입	42			
의제매입세액			43		뒤쪽	
재활용폐자원등매입세액			44		뒤쪽	
과세사업전환매입세액			45			
재고매입세액			46			
변제대손세액			47			
외국인관광객에대한환급세액			48			
합계			49	30,000,000		3,000,000

※ 전자신고세액공제 10,000원 반영

문제4

01 12월 31일 일반전표입력

(차) 매도가능증권(178) 100,000 (대) 매도가능증권평가이익 100,000

※ 계산식 : 50주 × (기말 공정가치 12,000원 - 취득단가 10,000원) = 100,000원 (평가이익)

02 12월 31일 일반전표입력

(차) 임대료 4,500,000 (대) 선수수익 4,500,000

※ 계산식 : 6,000,000원 × 9/12 = 4,500,000원 (선수분)

03 12월 31일 일반전표입력

(차) 외화장기차입금(외화은행) 300,000 (대) 외화환산이익 300,000

※ 계산식 : $15,000 × (전기말 1,050원 - 결산 1,030원) = 300,000원 (외화환산이익)

04 12월 31일 일반전표입력

(차) 소모품 200,000 (대) 소모품비(판) 200,000

05 12월 31일 일반전표입력에 다음과 같이 입력 후

(차) 재고자산감모손실(영업외비용) 1,000,000 (대) 제품(적요 8.타계정으로대체액) 1,000,000

※ (500개 - 330개 - 70개) × 10,000원 = 1,000,000원 (감모손실)

결산자료입력 메뉴 기말제품재고액란 3,300,000원으로 입력하고 전표추가

문제5

01 사원등록(105 김미소)

연말관계	성명	나이	기본공제	세대주구분	부녀자	한부모	경로우대	장애인	자녀	출산입양
0	김미소	46	본인		○					
1	김성호	76	부							
1	유미영	74	부							
3	박재민	52	부							
4	박예슬	19	20세이하						○	
4	박호식	13	20세이하						○	
6	김미정	48	부							

※ • 본인(김미소)은 연간 총급여 3,000만원 미만, 20세이하 부양가족이 있는 여성이므로 부녀자공제 가능

• 외국에 거주하는 부모는 공제대상이 아님

• 언니(김미정)은 소득요건은 충족하나 나이요건에 해당되어 기본공제 불가

02 연말정산추가자료입력

1. 월세액 : 월세액,주택임차 → 1 월세액 세액공제 명세
   임대인, 유형, 임대기간 등, 연간월세액란 4,200,000원
2. 보험료 : 일반 배우자 700,000원
3. 기부금 : 5)지정기부금(종교단체)-당해기부금란 모 2,000,000원
4. 의료비 : 65세,장애인.건강보험산정특례자란 장인 4,000,000원
5. 교육비 : 대학생란 2,500,000원
   ※ 논술학원비는 공제불가
6. 신용카드 등 : 신용카드란 사용액 20,000,000원 + 장인 의료비 4,000,000원 = 24,000,000원
7. 연금저축 : 연금저축등I → 2 연금계좌 세액공제(연금저축)
   연금저축 선택 납입금액 2,000,000원

85회

[이론시험]

1	2	3	4	5	6	7	8	9	10	11	12	13	14	15
①	④	②	①	③	②	③	④	①	③	③	④	③	①	②

01 ① 도착지 인도조건인 경우의 미착상품은 판매자의 재고자산에 포함된다.

02 ④ 처분손실 : 2,000,000원 = 8,000,000원(처분가액) - 10,000,000원(장부가액)

03 ② 질권이 설정된 보통예금

04 ① ㉠, ㉡ 재무상태표는 일정시점 자산, 부채, 자본의 정보 제공, 손익계산서는 일정기간 경영성과를 제공

05 ③ 기계장치 취득원가 = 구입가액 + 택배배송료 + 설치비

06 ② ㉡은 고정비에 대한 그래프이다. 조업도가 증가하면 총원가는 일정하지만 단위당 원가는 감소한다.

07 ③ • 당기제품제조원가 = 기초재공품(150,000원) + 직접재료비(160,000원) + 직접노무비(100,000원) + 제조간접비(50,000원) - 기말재공품(110,000원) = 350,000원

• 기말제품재고액(200,000원) = 기초제품(130,000원) + 당기제품제조원가(350,000원) - 제품매출원가 (280,000원)

08 ④ 기초재공품이 없는 경우 평균법과 선입선출법의 완성품환산량은 일치한다.

09 ① 50원/시간당 = [400,000원(실제발생액) + 100,000원(과대배부)] / 10,000시간.

10 ③ 기말 제품원가의 과소계상은 제조원가명세서상의 당기제품제조원가에 영향을 미치지 않고 손익계산서의 매출원가와 재무상태표의 기말재고자산에 영향을 미친다.

11 ③ 폐업일을 재화의 공급시기로 본다.

12 ④ • 산업재산권의 대여, 점포임차권의 양도, 영업권의 대여 등은 기타소득에 해당한다.
• 공장재단의 대여, 상가의 임대, 사무실용 오피스텔의 임대는 부동산임대의 사업소득에 해당한다.

13 ③ 금융소득이 2천만원이하인 경우에는 분리과세 된다.

14 ① 식용으로 제공되지 아니하는 농산물로서 미가공된 것은 우리나라에서 생산된 것만 면세한다.

15 ② 간이과세자로부터 매입한 물품은 매입세액공제를 받을 수 없다.

[실무시험]

문제1

01 7월 16일

차변	금액	대변	금액
(차) 수수료비용(제)	600,000	(대) 예수금	19,800
		보통예금	580,200

02 8월 5일

차변	금액	대변	금액
(차) 선급금(㈜SJH전자)	5,000,000	(대) 보통예금	5,000,000

03 8월 11일

차변	금액	대변	금액
(차) 기계장치	70,000,000	(대) 자산수증이익	70,000,000

04 8월 17일

차변	금액	대변	금액
(차) 보통예금	51,250,000	(대) 외상매출금(볼케이노)	50,000,000
		외환차익	1,250,000

※ 계산식 : 입금시 (1,000개 × $50 × 1,025원) - 판매시(1,000개 × $50 × 1,000원) = 1,250,000원 (외환차익)

05 9월 30일

차변	금액	대변	금액
(차) 세금과공과(판)	700,000	(대) 보통예금	1,900,000
세금과공과(제)	1,200,000		

문제2

01 7월 26일

유형 : 61.현과, 공급가액 : 500,000, 부가세 : 50,000, 거래처 : ㈜우리광고, 분개 : 현금

(차) 광고선전비(판)	500,000	(대) 현금	550,000
부가세대급금	50,000		

02 7월 28일

유형 : 51.과세, 공급가액 : 100,000,000, 부가세 : 10,000,000, 거래처 : ㈜나라물산, 전자 : 여, 분개 : 혼합

(차) 원재료	100,000,000	(대) 당좌예금	33,000,000
부가세대급금	10,000,000	외상매입금	77,000,000

03 8월 2일

유형 : 57.카과, 공급가액 : 150,000, 부가세 : 15,000, 거래처 : ㈜부어주유소, 분개 : 카드(혼합)

(차) 차량유지비(제)	150,000	(대) 미지급금(국민카드)	165,000
부가세대급금	15,000		

04 8월 28일

유형 : 54.불공(불공제사유 4), 공급가액 : 200,000, 부가세 : 20,000, 거래처 : 월화타월, 전자 : 부, 분개 : 혼합

(차) 접대비(판)	220,000	(대) 보통예금	220,000

05 9월 2일

유형 : 11.과세, 공급가액 : 7,100,000, 부가세 : 710,000, 거래처 : (주)다낭, 전자 : 여, 분개 : 혼합

(차) 받을어음((주)중동)	7,810,000	(대) 제품매출	7,100,000
		부가세예수금	710,000

문제3

01 신용카드매출전표등수령명세서 (4월~6월)

1. 인적사항

상호[법인명]	기출85회-(주)공주전자	성명[대표자]	양민구	사업등록번호	143-81-14912
사업장소재지	서울특별시 구로구 안양천로539길 6 (고척동, 고척빌딩)				

2. 신용카드매출전표 등 발행금액 현황

구 분	합 계	신용 · 직불 · 기명식 선불카드	현금영수증	직불전자지급 수단 및 기명식선불 전자지급수단
합 계	7,480,000	7,040,000	440,000	
과세 매출분	7,480,000	7,040,000	440,000	
면세 매출분				
봉 사 료				

3. 신용카드매출전표 등 발행금액중 세금계산서 교부내역

세금계산서발급금액	6,600,000	계산서발급금액	

※ 전자세금계산서와 신용카드매출전표를 발급한 경우 세금계산서발급금액란에도 이중으로 공급대가를 입력한다.

02 부가가치세신고서 (10월~12월)

구분				정기신고금액 금액	세율	세액
과세표준및매출세액	과세	세금계산서발급분	1	160,000,000	10/100	16,000,000
		매입자발행세금계산서	2		10/100	
		신용카드 · 현금영수증발행분	3	6,200,000	10/100	620,000
		기타(정규영수증외매출분)	4			
	영세	세금계산서발급분	5		0/100	
		기타	6		0/100	
	예정신고누락분		7			
	대손세액가감		8			-400,000
	합계		9	166,200,000	㉮	16,220,000
매입세액	세금계산서 수취분	일반매입	10	80,000,000		8,000,000
		수출기업수입분납부유예	10			
		고정자산매입	11	20,000,000		2,000,000
	예정신고누락분		12	4,500,000		450,000
	매입자발행세금계산서		13			
	그 밖의 공제매입세액		14			
	합계(10)-(10-1)+(11)+(12)+(13)+(14)		15	104,500,000		10,450,000
	공제받지못할매입세액		16			
	차감계 (15-16)		17	104,500,000	㉯	10,450,000
납부(환급)세액(매출세액㉮-매입세액㉯)					㉰	5,770,000
경감공제세액	그 밖의 경감 · 공제세액		18			
	신용카드매출전표등 발행공제등		19			
	합계		20		㉱	
소규모 개인사업자 부가가치세 감면세액			20		㉲	
예정신고미환급세액			21		㉳	
예정고지세액			22		㉴	
사업양수자의 대리납부 기납부세액			23		㉵	
매입자 납부특례 기납부세액			24		㉶	
신용카드업자의 대리납부 기납부세액			25		㉷	
가산세액계			26		㉸	100,000
차가감하여 납부할세액(환급받을세액)㉰-㉱-㉲-㉳-㉴-㉵-㉶-㉷+㉸					27	5,870,000
총괄납부사업자가 납부할 세액(환급받을 세액)						

25.가산세명세					
사업자미등록등		61		1/100	
세금계산서	지연발급 등	62	10,000,000	1/100	100,000
	지연수취	63		5/1,000	
	미발급 등	64		뒤쪽참조	
전자세금발급명세	지연전송	65		3/1,000	
	미전송	66		5/1,000	
세금계산서합계표	제출불성실	67		5/1,000	
	지연제출	68		3/1,000	
신고불성실	무신고(일반)	69		뒤쪽	
	무신고(부당)	70		뒤쪽	
	과소·초과환급(일반)	71		뒤쪽	
	과소·초과환급(부당)	72		뒤쪽	
납부지연		73		뒤쪽	
영세율과세표준신고불성실		74		5/1,000	
현금매출명세서불성실		75		1/100	
부동산임대공급가액명세서		76		1/100	
매입자납부특례	거래계좌 미사용	77		뒤쪽	
	거래계좌 지연입금	78		뒤쪽	
합계		79			100,000

12.매입(예정신고누락분)					
예	세금계산서	38	4,500,000		450,000
	그 밖의 공제매입세액	39			
	합계	40	4,500,000		450,000

※ 종이세금계산서 발급가산세 10,000,000원 × 1% = 100,000원

문제4

01 12월 31일 일반전표 입력

(차) 보험료(제) 500,000 (대) 선급비용 500,000

※ 계산식 : 1,200,000원 × 5/12 = 500,000원 (경과분)

02 12월 31일 일반전표 입력

(차) 잡손실 100,000 (대) 현금과부족 100,000

03 12월 31일 일반전표 입력

(차) 부가세예수금 25,000,000 (대) 부가세대급금 35,000,000
미수금 10,010,000 잡이익 10,000

04 결산자료입력 메뉴에서 무형자산상각비 1,000,000원 입력 후 전표추가

(차) 무형자산상각비 1,000,000 (대) 영업권 1,000,000

※ 계산식 : 4,000,000원 ÷ 4년(남은 연수) = 1,000,000원

05 결산자료입력 메뉴에서 결산자료입력 메뉴에 다음과 같이 입력 후 전표 추가

- 외상매출금 : 351,760,000원 × 1% - 1,000,000원 = 2,517,600원
- 단기대여금 : 50,000,000원 × 2% - 0원 = 1,000,000원

(차) 대손상각비(판) 2,517,600 (대) 대손충당금(109) 2,517,600

(차) 기타의대손상각비(954) 1,000,000 (대) 대손충당금(115) 1,000,000

문제5

01 급여자료입력

1. 수당공제등록

수당공제등록

수당등록

	코드	과세구분	수당명	근로소득유형			월정액	사용여부
				유형	코드	한도		
3	1003	과세	직책수당	급여			정기	여
4	1004	과세	월차수당	급여			정기	부
5	1005	비과세	식대	식대	P01	(월)100,000	정기	여
6	1006	비과세	자가운전보조금	자가운전보조금	H03	(월)200,000	부정기	여
7	1007	비과세	야간근로수당	야간근로수당	001	(년)2,400,000	부정기	부
8								

※ 식대와 자가운전보조금은 비과세이므로 그대로 두고 사용하지 않는 항목들은 모두 사용여부를 부로 수정한다.

2. 급여자료입력 : 귀속연월 2021년 7월, 지급년월일 2021년 7월 31일

사번	사원명	감면율
200	오나라	
201	최민호	
총인원(퇴사자)	2(0)	

급여항목	금액
기본급	2,500,000
상여	500,000
직책수당	200,000
식대	100,000
자가운전보조금	200,000
과세	3,200,000
비과세	300,000
지급총액	3,500,000

공제항목	금액
국민연금	112,500
건강보험	80,750
장기요양보험	6,870
고용보험	20,800
소득세(100%)	21,960
지방소득세	2,190
농특세	
공제총액	245,070
차인지급액	3,254,930

3. 원천징수이행상황신고서 : 2021년 7월~7월

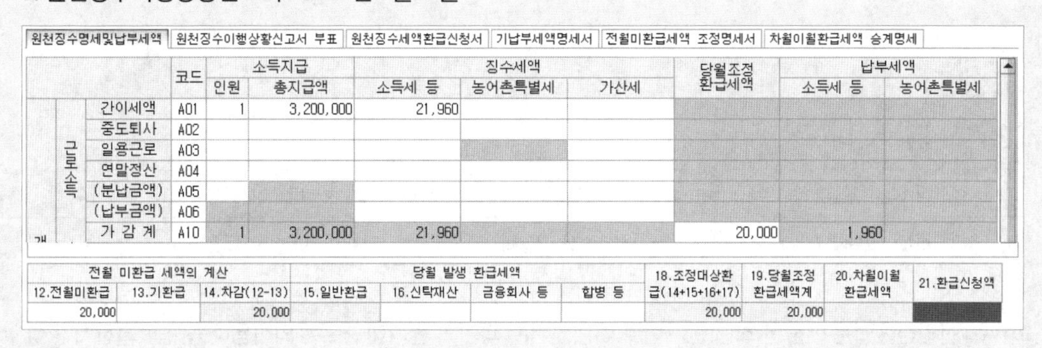

원천징수명세및납부세액 | 원천징수이행상황신고서 부표 | 원천징수세액환급신청서 | 기납부세액명세서 | 전월미환급세액 조정명세서 | 차월이월환급세액 승계명세

구분		코드	소득지급 인원	소득지급 총지급액	징수세액 소득세 등	징수세액 농어촌특별세	징수세액 가산세	당월조정 환급세액	납부세액 소득세 등	납부세액 농어촌특별세
근로소득	간이세액	A01	1	3,200,000	21,960					
	중도퇴사	A02								
	일용근로	A03								
	연말정산	A04								
	(분납금액)	A05								
	(납부금액)	A06								
	가감계	A10	1	3,200,000	21,960			20,000	1,960	

12.전월미환급	13.기환급	14.차감(12-13)	15.일반환급	16.신탁재산	금융회사 등	합병 등	18.조정대상환급(14+15+16+17)	19.당월조정환급세액계	20.차월이월환급세액	21.환급신청액
20,000		20,000					20,000	20,000		

02 연말정산추가자료입력

① 부양가족명세

소득명세 | 부양가족 | 연금저축 등I | 연금저축 등II | 월세,주택임차 | 연말정산입력

연말관계	성명	내/외국인		주민(외국인)번호	나이	기본공제	세대주구분	부녀자	한부모	경로우대	장애인	자녀	출산입양
0	최민호	내	1	700514-1001212	51	본인	세대주						
1	최종원	내	1	480401-1012345	73	60세이상				○			
1	김숙자	내	1	540501-2111111	67	부							
3	신우리	내	1	730909-2063692	48	배우자							
4	최신동	내	1	030401-4012345	18	20세이하						○	

※ 어머니(김숙자)는 부동산임대소득금액 100만원 초과로 기본공제 불가, 배우자(신우리)는 일용근로소득은 분리과세로 납세가 종결되므로 총급여(근로소득)는 5,000,000원만 해당되므로 기본공제 가능

② 연말정산입력

1. 보험료 : 일반 본인 400,000원

   ※ 모는 기본공제 대상자가 아니므로 보험료 공제불가

2. 의료비 : 65세,장애인.건강보험산정특례자란 부 12,000,000원, 그 밖의 공제대상자란 배우자 3,500,000원

   ※ 시력보정용 안경구입비는 50만원이 한도

3. 교육비 : 본인란 5,000,000원, 초중고란 3,000,000원

※ 직계존속의 노인대학학비는 공제불가, 외국 유학생의 자녀교육비는 공제가능하며, 1인당 한도액인 300만원 또는 600만원을 입력하여도 자동계산됨

4. 신용카드 등 : 신용카드란 사용액 12,000,000원, 전통시장사용분란 8,000,000원, 대중교통이용분란 5,000,000원, 도서공연 등 사용분란 1,000,000원

※ 총급여 6,600만원으로 도서공연 사용액 공제가능

86회

[이론시험]

1	2	3	4	5	6	7	8	9	10	11	12	13	14	15
①	④	③	①	④	③	②	④	②	①	②	②	④	③	②

01 ① 선입선출법은 매출은 최근 단가이고 매출원가는 과거의 원가이므로 수익비용대응이 적절하지 않다.

02 ④ 건물의 도색 등 자산의 현상유지를 위한 지출은 수익적 지출로 처리한다.

03 ③ 사채가 할인발행되면 매년 인식하는 이자비용은 증가한다.

04 ① 미교부주식배당금은 자본으로 계상한다.

05 ④ 회계변경이 회계정책의 변경인지 회계추정의 변경인지 구분하기가 어려운 경우에는 이를 회계추정의 변경으로 본다.

06 ③ 가공비는 직접노무비, 제조간접비로 구성된다.

07 ② (1) 당기제품제조원가 : (360,000원 + 480,000원 + 530,000원) - 45,000원 = 1,325,000원

(2) 기말 재고액 : (620,000원 + 1,325,000원) - 1,350,000원 = 595,000원

08 ④ 280,000원

- 배부해야할 S1보조부문 변동원가 : (200,000원 × 0.4) + 400,000원 = 480,000원
- 제조부문 A에 배분해야하는 보조부문 총변동원가 : (200,000원 × 0.2) + (480,000원 × 0.5) = 280,000원

	S1	S2	A	B	합계
배분전원가	400,000원	200,000원			600,000원
S1원가배분	(480,000원)		240,000원	240,000원	0
S2원가배분	80,000원	(200,000원)	40,000원	80,000원	0
배분후원가	0원	0원	280,000원	320,000원	600,000원

* S2의 서비스 제공비율 0.4 : 0.2 : 0.4

S1의 서비스 제공비율(S2 제공서비스 제외) 0.4 : 0.4

09 ② • 제조간접비 배부율 : 6,000,000원 ÷ 40,000시간 = 150원/시간

• 배부차이 : 5,860,000원 - (150원 × 39,000시간) = 10,000원(과소배부)

10 ① 재료비 : 2,000개, 가공비 : 2,000 + 500 × 0.4 = 2,200 개

11 ② 사업자가 자기의 과세사업을 위하여 자기생산 · 취득재화 중 개별소비세 과세대상 승용자동차를 고유의 사업목적(판매용, 운수업용 등)에 사용하지 않고 비영업용 또는 업무용(출퇴근용 등)으로 사용하는 경우는 간주공급에 해당한다.

12 ② 신규사업자는 사업개시일 전이라도 사업자등록을 할 수 있다.

13 ④ • 매출세액 : 1,000,000원

• 매입세액 : 500,000원 - 10,000원 = 490,000원

• 납부세액 : 1,000,000원 - 490,000원 = 510,000원

• 비영업용 소형승용차 관련 비용은 매입세액불공제 사항이다.

14 ③ 사회통념상 타당하다고 인정되는 범위의 경조금은 근로소득으로 보지 아니한다.

15 ② 비영업대금이익의 원천징수세율은 25% 이다.

[실무시험]

문제1

01 1월 17일

(차) 소모품비(제)	22,000	(대) 현금	22,000

02 3월 27일

(차) 보통예금	50,846,000	(대) 정기예금	50,000,000
선납세금	154,000	이자수익	1,000,000

03 6월 25일

(차) 미지급세금	1,500,000	(대) 미지급금(신한카드)	1,616,000
세금과공과(판)	100,000		
수수료비용(판)	16,000		

04 7월 3일

(차) 접대비(제)	500,000	(대) 보통예금	500,000

05 11월 30일

(차) 대손충당금(받을어음) 2,000,000 (대) 받을어음((주)필연) 3,000,000

대손상각비(판) 1,000,000

문제2

01 4월 22일

유형 : 11.과세, 공급가액: 9,000,000, 부가세: 900,000, 거래처: (주)해후, 전자: 여, 분개: 혼합

(차) 감가상각누계액(209) 5,200,000 (대) 차량운반구 12,500,000

보통예금 9,900,000 부가세예수금 900,000

유형자산처분이익 1,700,000

02 4월 30일

유형 : 11.과세, 공급가액 : -7,500,000, 부가세 : -750,000, 거래처 : 중앙상사, 전자 : 여, 분개 : 외상

(차) 외상매출금 -8,250,000 (대) 제품매출 -7,500,000

부가세예수금 -750,000

03 6월30일

유형 : 52.영세, 공급가액 : 15,000,000, 부가세 : 0, 거래처 : ㈜영세상사, 전자 : 여, 분개 : 혼합

(차) 원재료 15,000,000 (대) 현금 5,000,000

외상매입금 10,000,000

04 7월 9일

유형 : 16.수출(구분 1), 공급가액 : 12,000,000, 부가세 : 0, 거래처 : STAR사, 분개 : 외상

(차) 외상매출금 12,000,000 (대) 제품매출 12,000,000

※ $10,000 × 1,200원(선적일) = 12,000,000원 (공급가액)

05 8월 25일

유형 : 53.면세, 공급가액 : 50,000, 부가세 : 0, 거래처 : (주)성일빌딩, 전자 : 여, 분개 : 혼합

(차) 수도광열비(판) 50,000 (대) 미지급금 50,000

문제3

01 신용카드매출전표등수령명세서 (7월~9월)

□➔ 2. 신용카드 등 매입내역 합계

구분	거래건수	공급가액	세액
합 계	2	200,000	20,000
현금영수증	1	150,000	15,000
화물운전자복지카드			
사업용신용카드	1	50,000	5,000
그 밖의 신용카드			

□➔ 3. 거래내역입력

	□	월/일	구분	공급자	공급자(가맹점) 사업자등록번호	카드회원번호	그 밖의 신용카드 등 거래내역 합계 거래건수	공급가액	세액
1	□	07-31	현금	(주)오피스	124-81-04878		1	150,000	15,000
2	□	08-12	사업	이음마트	402-14-33228	1000-2000-3000-4000	1	50,000	5,000

※ 택시요금은 매입세액공제 대상이 아니며, 세금계산서 수취분은 이중공제가 안된다.

02

1. 대손세액공제신고서 (10월~12월)

대손세액공제신고서

종료 도움 코드 삭제 인쇄 조회 [2386] 기출86회-(주)현대기업 610-81-22436 법인 7기 2021-01-01~2021-12-31 부가세 2021

F8 신고일 F11 저장

대손발생 | 대손변제

조회기간 2021 년 10 월 ~ 2021 년 12 월 2기 확정

대손확정일	대손금액	공제율	대손세액	거래처	대손사유	
2021-10-05	44,000,000	10/110	4,000,000	(주)세무	6	소멸시효완성
2021-08-07	55,000,000	10/110	5,000,000	(주)회계	5	부도(6개월경과)

2. 부가가치세신고서 (10월~12월)

구분			번호	정기신고금액 금액	세율	세액
과세표준및매출세액	과세	세금계산서발급분	1	970,000,000	10/100	97,000,000
		매입자발행세금계산서	2		10/100	
		신용카드 · 현금영수증발행분	3	30,000,000	10/100	3,000,000
		기타(정규영수증외매출분)	4	10,500,000		1,050,000
	영세	세금계산서발급분	5		0/100	
		기타	6	70,000,000	0/100	
	예정신고누락분		7			
	대손세액가감		8			-9,000,000
	합계		9	1,080,500,000	㉮	92,050,000
매입세액	세금계산서수취분	일반매입	10	620,000,000		62,000,000
		수출기업수입분납부유예	10			
		고정자산매입	11	90,000,000		9,000,000
	예정신고누락분		12			
	매입자발행세금계산서		13			
	그 밖의 공제매입세액		14			
	합계(10)-(10-1)+(11)+(12)+(13)+(14)		15	710,000,000		71,000,000
	공제받지못할매입세액		16			
	차감계 (15-16)		17	710,000,000	㉯	71,000,000
납부(환급)세액(매출세액㉮-매입세액㉯)					㉰	21,050,000
경감공제세액	그 밖의 경감 · 공제세액		18			
	신용카드매출전표등 발행공제등		19			
	합계		20		㉱	
소규모 개인사업자 부가가치세 감면세액			20		㉲	
예정신고미환급세액			21		㉳	3,000,000
예정고지세액			22		㉴	
사업양수자의 대리납부 기납부세액			23		㉵	
매입자 납부특례 기납부세액			24		㉶	
신용카드업자의 대리납부 기납부세액			25		㉷	
가산세액계			26		㉸	
차가감하여 납부할세액(환급받을세액)㉰-㉱-㉲-㉳-㉴-㉵-㉶-㉷+㉸					27	18,050,000
총괄납부사업자가 납부할 세액(환급받을 세액)						

구분			번호	금액	세율	세액
7.매출(예정신고누락분)						
예정누락분	과세	세금계산서	33		10/100	
		기타	34		10/100	
	영세	세금계산서	35		0/100	
		기타	36		0/100	
	합계		37			
12.매입(예정신고누락분)						
예정누락분	세금계산서		38			
	그 밖의 공제매입세액		39			
	합계		40			
	신용카드매출 수령금액합계	일반매입				
		고정매입				
	의제매입세액					
	재활용폐자원등매입세액					
	과세사업전환매입세액					
	재고매입세액					
	변제대손세액					
	외국인관광객에대한환급/					
	합계					
14.그 밖의 공제매입세액						
신용카드매출 수령금액합계표		일반매입	41			
		고정매입	42			
의제매입세액			43		뒤쪽	
재활용폐자원등매입세액			44		뒤쪽	
과세사업전환매입세액			45			
재고매입세액			46			
변제대손세액			47			
외국인관광객에대한환급세액			48			
합계			49			

문제4

01 12월 31일 일반전표입력

(차) 보통예금 16,965,000 (대) 단기차입금(하나은행) 16,965,000

02 12월 31일 일반전표입력

(차) 미수수익 2,000,000 (대) 이자수익 2,000,000

※ 계산식 : 200,000,000원 × 2% × 6/12 = 2,000,000원

03 12월 31일 일반전표입력

(차) 이자비용 450,254 (대) 보통예금 300,000

사채할인발행차금 150,254

04 결산자료입력 메뉴에서 감가상각(판관비) 차량운반구란 6,000,000원 입력 후 전표추가

(차) 감가상각비(판) 6,000,000 (대) 감가상각누계액(209) 6,000,000

※ 계산식 : 취득가액 30,000,000원 ÷ 내용연수 5년 = 6,000,000원

05

1. 12월 31일 일반전표입력

(차) 재고자산감모손실 400,000 (대) 제품(적요 8.타계정으로 대체액) 400,000

※ 정상감모는 매출원가에서 차감하고 비정상감모는 재고자산감모손실 계정으로 처리한다.

2. 결산자료입력 메뉴에서 해당란에 다음과 같이 입력하고 전표추가

- 원재료 : 5,500,000원 • 제 품 : 14,000,000원 • 상 품 : 16,000,000원

문제5

01 급여자료입력

1. 수당공제등록

수당등록

	코드	과세구분	수당명	근로소득유형			월정액	사용여부
				유형	코드	한도		
1	1001	과세	기본급	급여			정기	여
2	1002	과세	상여	상여			부정기	여
3	1003	과세	직책수당	급여			정기	여
4	1004	과세	월차수당	급여			정기	여
5	1005	비과세	식대	식대	P01	(월)100,000	정기	여
6	1006	비과세	자가운전보조금	자가운전보조금	H03	(월)200,000	부정기	여
7	1007	비과세	야간근로수당	야간근로수당	001	(년)2,400,000	부정기	부
8	2001	비과세	육아수당	육아수당	Q01	(월)100,000	정기	여

2. 급여자료입력 : 귀속연월 2021년 7월, 지급년월일 2021년 7월 31일

□	사번	사원명	감면율
■	101	김민국	
□	301	박기술	
□			
□			
□			
□			
□			
□			
□			
□			
총인원(퇴사자)			2(0)

급여항목	금액
기본급	2,200,000
상여	
직책수당	200,000
월차수당	500,000
식대	100,000
자가운전보조금	
육아수당	200,000
과 세	3,000,000
비 과 세	200,000
지 급 총 액	3,200,000

공제항목	금액
국민연금	135,000
건강보험	96,900
장기요양보험	8,240
고용보험	19,500
소득세(100%)	84,850
지방소득세	8,480
농특세	
공 제 총 액	352,970
차 인 지 급 액	2,847,030

3. 원천징수이행상황신고서 : 2021년 7월~7월

원천징수명세및납부세액 | 원천징수이행상황신고서 부표 | 원천징수세액환급신청서 | 기납부세액명세서 | 전월미환급세액 조정명세서 | 차월이월환급세액 승계명세

		코드	소득지급		징수세액			당월조정 환급세액	납부세액	
			인원	총지급액	소득세 등	농어촌특별세	가산세		소득세 등	농어촌특별세
근로소득	간이세액	A01	1	3,100,000	84,850					
	중도퇴사	A02								
	일용근로	A03								
	연말정산	A04								
	(분납금액)	A05								
	(납부금액)	A06								
	가 감 계	A10	1	3,100,000	84,850			84,850		

전월 미환급 세액의 계산			당월 발생 환급세액				18.조정대상환급(14+15+16+17)	19.당월조정 환급세액계	20.차월이월 환급세액	21.환급신청액
12.전월미환급	13.기환급	14.차감(12-13)	15.일반환급	16.신탁재산	금융회사 등	합병 등				
310,000		310,000					310,000	84,850	225,150	

02 연말정산추가자료입력

① 사원등록-부양가족명세

연말 관계	성명	나이	기본 공제	세대주 구분	부녀자	한부모	경로 우대	장애인	자녀	출산 입양
0	박기술	48	본인	세대주						
3	김배우	46	부							
1	박직계	81	60세이상				○	1		
4	박일번	19	20세이하						○	
4	박이번	9	20세이하						○	

※ 배우자(김배우)는 총급여가 500만원을 초과하므로 기본공제 불가

② 연말정산입력

1. 보험료 : 장애인란 940,000원

2. 교육비 : 초중고란 1,460,000원

   ※ 교복구입비는 50만원 한도

3. 기부금 : 지정기부금(종교단체외)란 120,000원, 지정기부금(종교단체)란 2,400,000원

87회

[이론시험]

1	2	3	4	5	6	7	8	9	10	11	12	13	14	15
④	③	③	②	④	④	②	①	③	②	①	④	②	③	①③

01 ④ 만기보유증권평가손익이 아니라 매도가능증권평가손익을 기타포괄손익누계액으로 표시한다.

02 ③ 감가상각은 자산이 사용 가능한 때부터 하기 때문에, 건설중인자산은 완공 시까지 감가상각을 할 수 없다.

03 ③ (130,000원 - 150,000원) × (20주 - 6주) = -280,000원 (평가손실)

04 ② 40,000,000원 + (1,000원 × 10,000주) = 50,000,000원

05 ④ 비용을 자산으로 계상하게 되면 자산과 당기순이익이 과대 계상되고, 자본이 과대 계상 된다. 현금 유출액에는 영향을 미치지 않는다.

06 ④ 임차료는 관련범위 내에서 고정비에 해당한다.

07 ② 직접노무원가 = 1,200,000원 × 100%/120% = 1,000,000원

08 ① 총원가배부법에 의할 경우에 비해 매출원가 배부법에 의할 경우의 매출원가가 400,000원 증가한다. 따라서 매출총이익은 400,000원 감소한다.

09 ③ 정상 공손원가는 제조원가로 처리하고, 비정상 공손원가는 영업외비용처리 한다.

10 ② 가 → 마 → 라 → 다 → 나

11 ① 외국으로의 직수출과 간주임대료는 세금계산서 발급 면제이고, 견본품의 제공은 재화의 공급으로 보지 아니한다.

12 ④ 영세율 등 조기환급기간별로 당해 조기환급신고기한 경과 후 15일 이내에 환급해야 한다.

13 ② 중간지급조건부로 재화를 공급하는 경우에는 대가의 각 부분을 받기로 한 때이다.

14 ③ 소득세의 과세기간은 사업개시나 폐업에 의하여 영향을 받지 않는다.

15 ①, ③ 복수정답

[실무시험]

문제1

01 1월 20일

(차) 장기대여금(㈜대한) 9,000,000 (대) 보통예금 9,000,000

02 2월 17일

(차) 보통예금 1,710,000 (대) 자기주식 1,012,500
자기주식처분이익 697,500

※ 계산식 : 처분가액 (300주 × 5,700원) - 장부가액 (1,350,000원 × 300주/400주) = 697,500원 (처분이익)

03 2월 25일

(차) 복리후생비(판) 10,000 (대) 미지급금(우리카드(법인)) 10,000

※ 간이과세자로부터 수취한 신용카드매출전표는 매입세액이 공제받지 못하므로 일반전표에 입력한다.

04 3월 21일

(차) 퇴직급여(판) 5,000,000 (대) 보통예금 10,000,000
퇴직급여(제) 5,000,000

05 11월 10일

(차) 보통예금 12,000,000 (대) 자본금 10,000,000
주식발행초과금 1,500,000
현금 500,000

※ 주식발행과 관련된 비용은 주식발행초과금에서 차감하여 처리한다.

문제2

01 4월 11일

유형 : 57.카과, 공급가액 : 1,500,000, 부가세 : 150,000, 거래처 : ㈜컴마트, 분개 : 카드

(차) 비품 1,500,000 (대) 미지급금(하나카드) 1,650,000
부가세대급금 150,000

02 4월 22일

유형 : 22.현과, 공급가액 : 200,000, 부가세 : 20,000, 거래처 : 앤드류, 분개 : 현금

(차) 현금 220,000 (대) 제품매출 200,000
부가세예수금 20,000

03 5월 9일

유형 : 12.영세(구분 3), 공급가액 : 30,000,000, 부가세 : 0, 거래처명 : ㈜영일, 전자 : 여, 분개 : 혼합

(차) 외상매출금 30,000,000 (대) 제품매출 30,000,000

04 5월 16일

유형 : 11.과세, 공급가액 : 5,000,000, 부가세 : 500,000, 거래처 : ㈜선우, 전자 : 여, 분개 : 혼합

(차) 보통예금 5,500,000 (대) 선수금 5,000,000
부가세예수금 500,000

05 7월 3일

유형 : 54.불공(불공제사유 3), 공급가액 : 35,000,000, 부가세 : 3,500,000, 거래처 : ㈜K자동차, 전자 : 여, 분개 : 혼합

(차) 차량운반구	40,740,000	(대) 보통예금	40,740,000

문제3

01

1. 12월 15일 매입매출전표입력

유형 : 16.수출(구분 1), 공급가액 : 54,450,000, 부가세 : 0, 거래처 : Ga.Co.Ltd, 분개 : 외상

(차) 외상매출금	54,450,000	(대) 제품매출	54,450,000

※ 150개 × $300 × 1,210원(선적일) = 54,450,000원 (공급가액)

2. 수출실적명세서 (10월~12월)

수출실적명세서

종료 도움 코드 삭제 인쇄 조회 [2387] 기출87회-(주)미래전자 143-81-17530 법인 8기 2021-01-01~2021-12-31 부가세 2021

F3 입력기간설정 CF4 적요설정 F4 전표처리 SF4 전표불러오기 F6 엑셀작업 F7 마감 F8 신고일 F11 저장

조회기간 : 2021 년 10 월 ~ 2021 년 12 월 구분 : 2기 확정 과세기간별입력

구분	건수	외화금액	원화금액	비고
⑨합계	1	45,000.00	54,450,000	
⑩수출재화[=⑫합계]	1	45,000.00	54,450,000	
⑪기타영세율적용				

No	□	(13)수출신고번호	(14)선(기)적일자	(15)통화코드	(16)환율	금액		전표정보	
						(17)외화	(18)원화	거래처코드	거래처명
1	□	010-05-23-0000010-2	2021-12-15	USD	1,210.0000	45,000.00	54,450,000	00101	Ga.Co.Ltd

02 부동산임대공급가액명세서(10월~12월)

1. (주)고향상사

부동산임대공급가액명세서

종료 | 코드 | 삭제 | 인쇄 | 조회

[2387] 기출87회-(주)미래전자 143-81-17530 법인 8기 2021-01-01~2021-12-31 부가세 2021 원

F3 엑셀업로드 | 불러오기 | SF4 사업장등록 | F6 이자율 | F7 복사 | CF7 이월받기 | F8 재계산(현재라인) | F11저장

조회기간: 2021 년 10 월 ~ 2021 년 12 월 2기 확정 | 일수확인 | 적용이자율 1.8%

No	코드	거래처명(임차인)	동	층	호
1	0131	(주)고향상사		1	102
2	0127	대영		2	201
3					

등록사항

1.사업자등록번호 102-81-95063 2.주민등록번호 ______-_______

3.면적(㎡) 88.00 ㎡ 4.용도 사무실

5.임대기간에 따른 계약 내용

No	계약갱신일	임대기간		
1		2020-11-01	~	2021-10-31
2	2021-11-01	2021-11-01	~	2022-10-31
3				

6.계 약 내 용	금 액	당해과세기간계	
보 증 금	20,000,000	20,000,000	
월 세	1,500,000	3,000,000	
관 리 비	150,000	300,000	
7.간주 임대료	60,164	60,164	61 일
8.과 세 표 준	1,710,164	3,360,164	

6.계 약 내 용	금 액	당해과세기간계	
보 증 금	10,000,000	10,000,000	
월 세	1,000,000	1,000,000	
관 리 비	100,000	100,000	
7.간주 임대료	15,287	15,287	31 일
8.과 세 표 준	1,115,287	1,115,287	

소 계			
월 세	4,000,000	관 리 비	400,000
간주임대료	75,451	과 세 표 준	4,475,451

전 체 합 계					
월세등	6,550,000	간주임대료	98,382	과세표준(계)	6,648,382

2. 대영

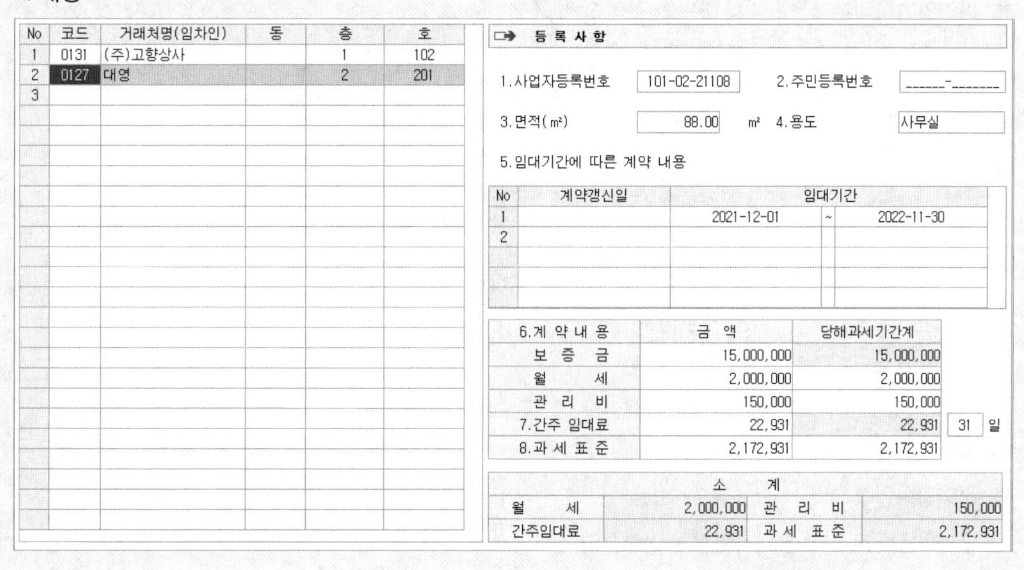

No	코드	거래처명(임차인)	동	층	호
1	0131	(주)고향상사		1	102
2	0127	대영		2	201
3					

등록사항

1.사업자등록번호 101-02-21108 2.주민등록번호 ______-_______

3.면적(㎡) 88.00 ㎡ 4.용도 사무실

5.임대기간에 따른 계약 내용

No	계약갱신일	임대기간		
1		2021-12-01	~	2022-11-30
2				

6.계 약 내 용	금 액	당해과세기간계	
보 증 금	15,000,000	15,000,000	
월 세	2,000,000	2,000,000	
관 리 비	150,000	150,000	
7.간주 임대료	22,931	22,931	31 일
8.과 세 표 준	2,172,931	2,172,931	

소 계			
월 세	2,000,000	관 리 비	150,000
간주임대료	22,931	과 세 표 준	2,172,931

문제4

01 12월 31일 일반전표입력

(차) 부가세예수금	20,000,000	(대) 부가세대급금	18,000,000
		미수금	2,000,000

02 12월 31일 일반전표입력

(차) 장기대여금(RET)	2,000,000	(대) 외화환산이익	2,000,000

※ 계산식 : 평가액 ($10,000 × 1,200원) - 장부가액 10,000,000원 = 2,000,000원 (외화환산이익)

03 12월 31일

(차) 매도가능증권(178)	1,500,000	(대) 매도가능증권평가손실	500,000
		매도가능증권평가이익	1,000,000

※ 계산식 : 2021년 기말 공정가액 26,000,000원 - 2020년 기말 공정가액 24,500,000원 - (2020년도 평가손실 500,000원) = 1,000,000원 (평가이익)

04 결산자료입력 메뉴에서 선납세금란 4,412,000원과 추가계상액 4,088,000원 입력 후 전표추가

- 선납세금 : 956,000원 + 3,456,000원 = 4,412,000원
- 추가계상액 : 8,500,000원 - 4,412,000원 = 4,088,000원

(차) 법인세 등	8,500,000	(대) 선납세금	4,412,000
		미지급세금	4,088,000

05 이익잉여금처분계산서에서 다음과 같이 입력 후 전표추가(F6)

당기처분 예정일 : 2022년 3월 15일, 전기처분 확정일 : 2021년 2월 28일

III.이익잉여금처분액				47,000,000		
1.이익준비금	0351	이익준비금	2,000,000			
2.재무구조개선적립금	0354	재무구조개선적립금				
3.주식할인발행차금상각액	0381	주식할인발행차금				
4.배당금			40,000,000			
가.현금배당	0265	미지급배당금	20,000,000			
주당배당금(률)		보통주	20,000,000			
		우선주				
나.주식배당	0387	미교부주식배당금	20,000,000			
주당배당금(률)		보통주	20,000,000			
		우선주				
5.사업확장적립금	0356	사업확장적립금	5,000,000			
6.감채적립금	0357	감채적립금				
7.배당평균적립금	0358	배당평균적립금				

문제5

01 급여자료입력

1. 사원등록 메뉴에서 퇴사일자를 입력한다.

15.산재보험적용	1	여	16.퇴사년월일	2021	년	3	월	31	일 (이월 여부	0	부	)

2. 급여자료입력 : 귀속연월 2021년 3월, 지급년월일 2021년 3월 31일

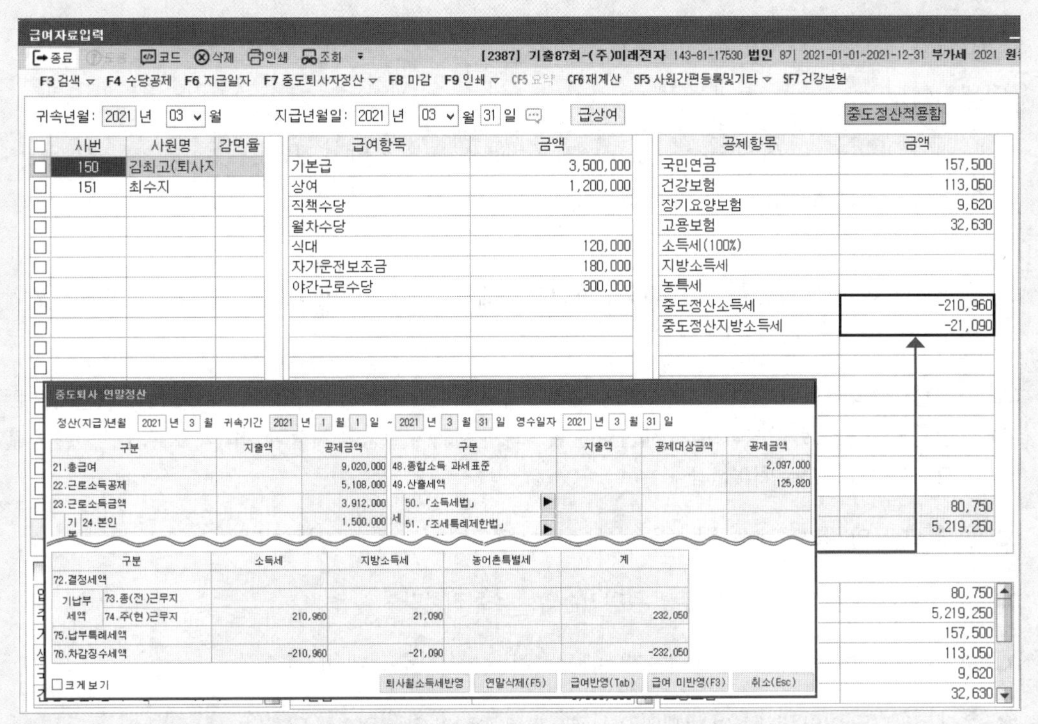

급여자료입력

귀속년월: 2021 년 03 월　지급년월일: 2021 년 03 월 31 일　급상여

사번	사원명	감면율
150	김최고(퇴사자	
151	최수지	

급여항목	금액
기본급	3,500,000
상여	1,200,000
직책수당	
월차수당	
식대	120,000
자가운전보조금	180,000
야간근로수당	300,000

공제항목	금액
국민연금	157,500
건강보험	113,050
장기요양보험	9,620
고용보험	32,630
소득세(100%)	
지방소득세	
농특세	
중도정산소득세	-210,960
중도정산지방소득세	-21,090

중도퇴사 연말정산

정산(지급)년월 2021 년 3 월　귀속기간 2021 년 1 월 1 일 ~ 2021 년 3 월 31 일　영수일자 2021 년 3 월 31 일

구분	지출액	공제금액	구분	지출액	공제대상금액	공제금액
21.총급여		9,020,000	48.종합소득 과세표준			2,097,000
22.근로소득공제		5,108,000	49.산출세액			125,820
23.근로소득금액		3,912,000	50.「소득세법」			
기본 24.본인		1,500,000	세 51.「조세특례제한법」			

구분		소득세	지방소득세	농어촌특별세	계
72.결정세액					
기납부세액	73.종(전)근무지				
	74.주(현)근무지	210,960	21,090		232,050
75.납부특례세액					
76.차감징수세액		-210,960	-21,090		-232,050

크게 보기　퇴사월소득세반영　연말삭제(F5)　급여반영(Tab)　급여 미반영(F3)　취소(Esc)

※ 중도퇴사자 연말정산을 급여에 반영한다.

3. 원천징수이행상황신고서 : 2021년 3월~3월

원천징수명세및납부세액 | 원천징수이행상황신고서 부표 | 원천징수세액환급신청서 | 기납부세액명세서 | 전월미환급세액 조정명세서 | 차월이월환급세액 승계명세

			코드	소득지급 인원	소득지급 총지급액	징수세액 소득세 등	징수세액 농어촌특별세	징수세액 가산세	당월조정 환급세액	납부세액 소득세 등	납부세액 농어촌특별세
개인	근로소득	간이세액	A01	1	5,020,000						
		중도퇴사	A02	1	9,020,000	-210,960					
		일용근로	A03								
		연말정산	A04								
		(분납금액)	A05								
		(납부금액)	A06								
		가 감 계	A10	2	14,040,000	-210,960					
	퇴직	연금계좌	A21								

12.전월미환급	13.기환급	14.차감(12-13)	15.일반환급	16.신탁재산	금융회사 등	합병 등	18.조정대상환급(14+15+16+17)	19.당월조정환급세액계	20.차월이월환급세액	21.환급신청액
			210,960				210,960		210,960	

(12~14: 전월 미환급 세액의 계산 / 15~17: 당월 발생 환급세액)

02 연말정산추가자료입력

1. 보험료 : 일반란 720,000원
2. 의료비 : 본인란 950,000원, 그 밖의 공제대상자란 900,000원
   ※ 미용목적의 성형수술비는 공제 불가
3. 교육비 : 본인란 9,600,000원, 취학전아동란 300,000원
   ※ 본인 대학원등록금은 전액 공제 가능하나 요가학원 수업료는 공제 불가
4. 기부금 : 정치자금 기부금(10만원 이하분)란 100,000원, 정치자금 기부금(10만원 초고분)란 200,000원, 지정기부금(종교단체외)란 360,000원
5. 신용카드 등 ; 신용카드란 15,000,000원, 현금영수증란 250,000원, 대중교통이용분란 150,000원
   ※ 자녀 건강진단비는 의료비세액공제와 중복공제 가능

88회

[이론시험]

1	2	3	4	5	6	7	8	9	10	11	12	13	14	15
①	②	④	①	③	②	②	④	③	①	②	④	③	④	①

01 ① 선입선출법은 후입선출법에 비해 기말재고가 현재의 시가에 근접하며 일반적으로 물가상승 시 당기순이익을 과대계상하게 된다.

02 ② 유형자산의 취득원가는 매입원가 또는 제작원가와 자산을 사용할 수 있도록 준비하는데 직접적으로 관련된 지출 등으로 구성이 된다. 재산세는 취득과 관련되어 발생한 지출이 아니라 보유와 관련된 지출이므로 기간비용으로 처리한다.

03 ④ 무형자산의 합리적인 상각방법을 정할 수 없는 경우에는 정액법을 사용한다.

04 ① 단기매매증권의 미실현보유손익은 당기손익으로 처리한다.

05 ③ 사채할증발행차금은 사채의 액면가액에 부가하는 형식으로 기재한다.

06 ② 매몰원가는 이미 발생하여 현재의 의사결정과는 관련이 없는 원가를 말한다.

07 ② 준변동비에 대한 설명이다. 계단원가는 준고정비라고 한다.

08 ④ 전력부문은 전력사용량으로 배분하는 것이 합리적이다.

09 ③ 100,000원 + 200,000원 - 50,000원 + 150,000원 + 200,000원 + 200,000원 - 100,000원 = 700,000원

10 ①
- 완성품환산량 : 기초재공품(400 × 25% = 100) + 당기투입분(2,800) + 기말재공품(700 × 40% = 280) = 3,180단위
- 당기가공원가발생액 : 완성품환산량(3,180단위) × 단위당원가(12,000원) = 38,160,000원

11 ② 1인당 연간 10만원 이내의 경조사와 관련된 재화는 간주공급에 해당하지 않는다.
- 간주공급에는 자가공급, 개인적 공급, 사업상 증여, 폐업시 잔존재화가 있다.
- 사업자가 실비변상적이거나 복리후생적인 목적으로 그 사용인에게 대가를 받지 않거나 시가보다 낮은 대가를 받고 공급하는 것으로서 아래의 경우는 재화의 공급으로 보지 않는다.
  - 작업복, 작업모, 작업화
  - 직장체육, 직장연예와 관련된 재화
  - 1인당 연간 10만원 이내의 경조사와 관련된 재화

12 ④ 수출업자가 타인의 계산으로 대행위탁수출을 하고 받은 수출대행수수료는 세금계산서를 교부하여야 함, 영세율 아닌 일반세율(10%) 적용

13 ③ 부가가치세법 제39조 제5항, 자동차임대업의 영업에 직접 사용되는 승용자동차는 매입세액공제대상이다.

14 ④ 주식발행액면초과액은 법인세가 과세되지 않기 때문에 이를 재원으로 한 의제배당은 Gross-up 적용 대상이 아니다.

15 ① 25,000,000원 + 10,000,000원 + 15,000,000원 - 40,000,000원 = 10,000,000원
부동산임대업을 제외한 사업소득에서 발생한 이월결손금은 모든 종합소득에서 통산한다.

[실무시험]

문제1

01 1월 15일

(차) 교육훈련비(판)	3,500,000	(대) 예수금	115,500
		보통예금	3,384,500

02 3월 24일

(차) 현 금	26,000,000	(대) 매도가능증권(투자자산)	24,000,000
매도가능증권처분손실	2,000,000	매도가능증권평가손실	4,000,000

※ 처분가액 26,000,000원 - 장부가액 24,000,000원 - 매도가능증권평가손실 4,000,000원 = -2,000,000원(처분손실)

03 6월 11일

(차) 퇴직연금운용자산	150,000	(대) 이자수익	150,000

04 7월 9일

(차) 단기매매증권	13,000,000	(대) 보통예금	13,080,000
수수료비용(984)	80,000		

05 12월 15일

(차) 보통예금	110,000,000	(대) 외상매출금(STAR사)	120,000,000
외환차손	10,000,000		

※ $100,000 × (회수시 1,100원 - 전기말 1,200원) = -10,000,000원(외환차손)

문제2

01 7월 1일

유형 : 61.현과, 공급가액 : 4,000,000, 부가세 : 400,000, 거래처 : ㈜전자상회, 분개 : 현금

(차) 비품	4,000,000	(대) 현금	4,400,000
부가세대급금	400,000		

02 7월 21일

유형 : 51.과세, 공급가액 : 35,000,000, 부가세 : 3,500,000, 거래처 : ㈜서울지게차, 전자 : 여, 분개 : 혼합

(차) 차량운반구	35,000,000	(대) 미지급금	38,500,000
부가세대급금	3,500,000		

03 8월 9일

유형 : 55.수입, 공급가액 : 30,000,000, 부가세 : 3,000,000, 거래처 : 부산세관, 전자 : 여, 분개 : 혼합

(차) 부가세대급금	3,000,000	(대) 보통예금	3,000,000

04 9월 30일

유형 : 51.과세, 공급가액 : 1,000,000, 부가세 : 100,000, 거래처 : 남해식당, 전자 : 부, 분개 : 혼합

F11 → 예정누락분 → 확정신고 개시연월 2021년 10월 입력 → 확인(Tab)

(차) 복리후생비(판)	1,000,000	(대) 미지급금	1,100,000
부가세대급금	100,000		

05 12월 16일

유형 : 14.건별, 공급가액 : 600,000, 부가세 : 60,000, 거래처 : 김전산, 분개 : 혼합

(차) 보통예금	660,000	(대) 제품매출	600,000
		부가세예수금	60,000

문제3

01 부가가치세신고서 (1월~3월)

구분				정기신고금액		
				금액	세율	세액
과세표준및매출세액	과세	세금계산서발급분	1	250,000,000	10/100	25,000,000
		매입자발행세금계산서	2		10/100	
		신용카드 · 현금영수증발행분	3	25,000,000	10/100	2,500,000
		기타(정규영수증외매출분)	4	2,000,000		200,000
	영세	세금계산서발급분	5		0/100	
		기타	6		0/100	
	예정신고누락분		7			
	대손세액가감		8			
	합계		9	277,000,000	㉮	27,700,000
매입세액	세금계산서수취분	일반매입	10	142,000,000		14,200,000
		수출기업수입분납부유예	10			
		고정자산매입	11	38,000,000		3,800,000
	예정신고누락분		12			
	매입자발행세금계산서		13			
	그 밖의 공제매입세액		14			
	합계(10)-(10-1)+(11)+(12)+(13)+(14)		15	180,000,000		18,000,000
	공제받지못할매입세액		16	25,000,000		2,500,000
	차감계 (15-16)		17	155,000,000	㉯	15,500,000
납부(환급)세액(매출세액㉮-매입세액㉯)					㉰	12,200,000
경감공제세액	그 밖의 경감 · 공제세액		18			
	신용카드매출전표등 발행공제등		19	27,500,000		
	합계		20		㉱	
예정신고미환급세액			21		㉲	
예정고지세액			22		㉳	
사업양수자의 대리납부 기납부세액			23		㉴	
매입자 납부특례 기납부세액			24		㉵	
신용카드업자의 대리납부 기납부세액			25		㉶	
가산세액계			26		㉷	300,000
차감.가감하여 납부할세액(환급받을세액)(㉰-㉱-㉲-㉳-㉴-㉵-㉶+㉷					27	12,500,000
총괄납부사업자가 납부할 세액(환급받을 세액)						

25.가산세명세					
사업자미등록등		61		1/100	
세금계산서	지연발급 등	62	30,000,000	1/100	300,000
	지연수취	63		5/1,000	
	미발급 등	64		뒤쪽참조	
전자세금발급명세	지연전송	65		3/1,000	
	미전송	66		5/1,000	
세금계산서합계표	제출불성실	67		5/1,000	
	지연제출	68		3/1,000	
신고불성실	무신고(일반)	69		뒤쪽	
	무신고(부당)	70		뒤쪽	
	과소·초과환급(일반)	71		뒤쪽	
	과소·초과환급(부당)	72		뒤쪽	
납부지연		73		뒤쪽	
영세율과세표준신고불성실		74		5/1,000	
현금매출명세서불성실		75		1/100	
부동산임대공급가액명세서		76		1/100	
매입자납부특례	거래계좌 미사용	77		뒤쪽	
	거래계좌 지연입금	78		뒤쪽	
합계		79			300,000

※ • 지연발급가산세 : 공급가액 30,000,000원 × 1% = 300,000원

• 지연발급가산세는 예정신고시 적용하지 않아도 무관함

02 건물등감가상각자산취득명세서 (4월~6월)

취득내역

감가상각자산종류	건수	공급가액	세 액	비 고
합 계	3	58,000,000	5,800,000	
건물 · 구축물				
기 계 장 치	1	25,000,000	2,500,000	
차 량 운 반 구	1	30,000,000	3,000,000	
기타감가상각자산	1	3,000,000	300,000	

No	거래처별 감가상각자산 취득명세						
	월/일	상호	사업자등록번호	자산구분	공급가액	세액	건수
1	04-15	(주)한세모터스	204-81-12349	차량운반구	30,000,000	3,000,000	1
2	04-18	(주)한세기계	201-81-98746	기계장치	25,000,000	2,500,000	1
3	04-30	(주)한세전자	203-81-55457	기타	3,000,000	300,000	1

문제4

01 12월 31일 일반전표입력

(차) 임대료(0904) 600,000 (대) 선수수익 600,000

※ 3,600,000원 × 1 ÷ 6 = 600,000원(선수분)

02 12월 31일 일반전표입력

(차) 소모품비(판) 2,160,000 (대) 소모품 5,400,000

소모품비(제) 3,240,000

※ • (6,000,000원 - 600,000원) × 40% = 2,160,000원(판관비)

• (6,000,000원 - 600,000원) × 60% = 3,240,000원(제조경비)

03 12월 31일 일반전표입력

(차) 외화환산손실 2,000,000 (대) 외화장기차입금(외환은행) 2,000,000

※ 평가시 ($10,000 × 1,200원) - 장부가액 10,000,000원 = 2,000,000원 (환산손실)

04 결산자료입력 메뉴에서 무형자산 상각비 중 영업권란에 2,000,000원을 입력 후 전표추가

※ • 취득가액 : 6,000,000원 × 5년 ÷ 3년 = 10,000,000원

• 무형자산 상각비 : 10,000,000원 ÷ 5년 = 2,000,000원

05 결산자료입력 메뉴에서 대손상각 중 외상매출금란 3,500,000원, 기타의대손상각 중 단기대여금란 1,200,000원을 입력한 후 전표추가

※ • 대손상각비 : 250,000,000원 × 2% - 1,500,000원 = 3,500,000원

• 기타의 대손상각비 : 200,000,000원 × 1% - 800,000원 = 1,200,000원

문제5

01 급여자료입력

1. 수당등록

수당공제등록

수당등록

No	코드	과세구분	수당명	근로소득유형			월정액	사용여부
				유형	코드	한도		
4	1004	과세	월차수당	급여			정기	부
5	1005	비과세	식대	식대	P01	(월)100,000	정기	부
6	1006	비과세	자가운전보조금	자가운전보조금	H03	(월)200,000	부정기	여
7	1007	비과세	야간근로수당	야간근로수당	001	(년)2,400,000	부정기	부
8	2001	과세	식대	급여			정기	여
9	2002	비과세	육아수당	육아수당	Q01	(월)100,000	정기	여

2. 급여자료입력

급여항목	금액	공제항목	금액
기본급	1,800,000	국민연금	112,500
상여	250,000	건강보험	80,750
직책수당	200,000	장기요양보험	6,870
자가운전보조금	200,000	고용보험	16,250
식대	150,000	소득세(100%)	50,000
육아수당	200,000	지방소득세	5,000
		농특세	
과 세	2,500,000		
비 과 세	300,000	공 제 총 액	271,370
지 급 총 액	2,800,000	차 인 지 급 액	2,528,630

3. 원천징수이행상황신고서 (8월~8월)

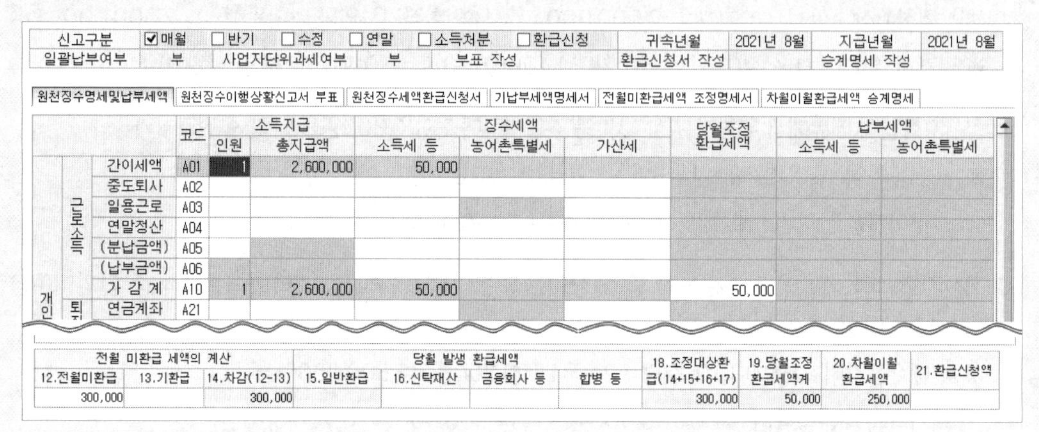

신고구분	☑매월 ☐반기 ☐수정 ☐연말 ☐소득처분 ☐환급신청			귀속년월	2021년 8월	지급년월	2021년 8월
일괄납부여부	부	사업자단위과세여부	부	부표 작성	환급신청서 작성	승계명세 작성	

원천징수명세및납부세액 | 원천징수이행상황신고서 부표 | 원천징수세액환급신청서 | 기납부세액명세서 | 전월미환급세액 조정명세서 | 차월이월환급세액 승계명세

			코드	소득지급		징수세액			당월조정 환급세액	납부세액	
				인원	총지급액	소득세 등	농어촌특별세	가산세		소득세 등	농어촌특별세
개인	근로소득	간이세액	A01	1	2,600,000	50,000					
		중도퇴사	A02								
		일용근로	A03								
		연말정산	A04								
		(분납금액)	A05								
		(납부금액)	A06								
		가 감 계	A10	1	2,600,000	50,000			50,000		
	퇴	연금계좌	A21								

전월 미환급 세액의 계산			당월 발생 환급세액				18.조정대상환급(14+15+16+17)	19.당월조정 환급세액계	20.차월이월 환급세액	21.환급신청액
12.전월미환급	13.기환급	14.차감(12-13)	15.일반환급	16.신탁재산	금융회사 등	합병 등				
300,000		300,000					300,000	50,000	250,000	

02 연말정산추가자료입력

① 소득명세

계속 | 중도 | 총괄 <<종전 | 종전>> | 편리한연말정산 엑셀 | 참고:특별소득(세액)공제 적용분

□	사번	사원명	완료
■	300	장현성	×

소득명세 | 부양가족 | 연금저축 등 I | 연금저축 등 II | 월세,주택임차 | 연말정산입력 | 확대

	구분	합계	주(현)	납세조합	종(전) [1/2]
소	9.근무처명		기출88회-(주)반도전자		(주)삼영전자
	10.사업자등록번호		137-81-87797	___-__-_____	245-81-22547
	11.근무기간		2021-06-01 ~ 2021-12-31	____-__-__ ~ ____-__-__	2021-01-01 ~ 2021-05-31
	12.감면기간		____-__-__ ~ ____-__-__	____-__-__ ~ ____-__-__	____-__-__ ~ ____-__-__
득	13-1.급여(급여자료입력)	38,000,000	18,000,000		20,000,000
	13-2.비과세한도초과액				
	13-3.과세대상추가(인정상여추가)				
	14.상여	10,000,000	5,000,000		5,000,000
명	15.인정상여				
	15-1.주식매수선택권행사이익				
	15-2.우리사주조합 인출금				
세	15-3.임원퇴직소득금액한도초과액				
	15-4.직무발명보상금				
	16.계	48,000,000	23,000,000		25,000,000

총급여액 ▶	48,000,000
비과세총액	
지급명세작성대상 비과세	
결정세액	2,797,890
기납부세액(현)	208,680
기납부세액(종전)	320,000
납부세액	2,269,210
연말(계속근무자)	1
중도(퇴사자)	

		구분	합계	주(현)	납세조합	종(전) [1/2]
공제보험료명세	직장	건강보험료(직장)(33)	1,615,000	807,500		807,500
		장기요양보험료(33)	137,400	68,700		68,700
		고용보험료(33)	312,000	149,500		162,500
		국민연금보험료(31)	2,033,000	1,053,000		980,000
	공적 연금 보험료	공무원 연금(32)				
		군인연금(32)				
		사립학교교직원연금(32)				
		별정우체국연금(32)				
세	기납부세액	소득세	528,680	208,680		320,000
		지방소득세	52,860	20,860		32,000

② 연말정산입력

1. 보험료 : 일반란 880,000원

   ※ 저축성 보험료는 공제불가

2. 교육비 : 본인(전액)란 6,000,000원

3. 의료비 : 본인란 5,000,000원

4. 신용카드 등 : 신용카드란 11,700,000원, 직불/선불카드란 1,530,000원, 현금영수증란 1,200,000원

   ※ 의료비 지출액은 신용카드와 중복공제 가능

5. 월세,주택임차 Tab → 1 월세액 세액공제 명세에 내용과 연간월세액 6,000,000원을 입력

6. 연금저축 등 I Tab → 2 연금계좌 세액공제란 1.퇴직연금의 내용과 납입금액 1,200,000원을 입력

90회

[이론시험]

1	2	3	4	5	6	7	8	9	10	11	12	13	14	15
②	①	③	④	③	③	④	①	②	①	③	②	③	④	①,③

01 ② 자산, 부채, 자본은 총액에 의하여 기재함을 원칙으로 하고, 자산항목과 부채 또는 자본 항목을 상계함으로써 그 전부 또는 일부를 재무상태표에서 제외해서는 안된다.

02 ① 선입선출법

03 ③ 재산세는 당기비용 처리한다.

04 ④ 사채할인발행차금 상각액은 매년 증가한다.

05 ③ 재화의 소유에 따른 유의적인 위험과 보상이 구매자에게 이전된다.

06 ③ 당기제품제조원가는 9,000,000원이고 매출원가는 기초제품 1,000,000원 + 당기제품제조원가 9,000,000원 - 기말제품 2,000,000원 = 8,000,000원이다.

07 ④ 구매부문은 주문횟수, 주문수량으로 배부하는 것이 합리적이다.

08 ① 5,000원 × 1,000시간 + 2,000,000원 = 7,000,000원

09 ② 개별원가는 각 작업별로 원가를 집계하나, 종합원가는 공정별로 원가를 집계한다.

10 ① • 재료비 : 600개 × 100% = 600개

• 가공비 : 200개 × 100% + 400개 × 60% = 440개

11 ③ 부가가치세법에서는 매출금액에 영의 세율을 적용함으로써 매출단계에서도 부가가치세를 면제받고 전단계 거래에서 부담한 매입세액도 환급받게 되어 부가가치세 부담이 전혀 없게 되는 완전면세형태인 영세율제도와 그 적용대상이 되는 단계의 부가가치세만을 단순히 면제해 줌으로써 전단계 거래에서는 부가가치세를 부담(매입세액 불공제)하게 되는 면세제도가 있다.

12 ② 신규로 사업을 시작하려는 자는 사업 개시일 이전이라도 사업자등록을 신청할 수 있다.

13 ③ 전자세금계산서를 발급하여야 하는 사업자가 아닌 사업자도 전자세금계산서를 발급할 수 있다.

14 ④ 퇴직소득은 거주자의 종합소득에 해당하지 않는다.

15 ①, ③ 소득세법은 종합과세제도와 분리과세제도가 병행하여 적용된다.

[실무시험]

문제1

01 3월 13일

(차) 퇴직급여(제)	18,000,000	(대) 보통예금	18,000,000

02 3월 17일

(차) 교육훈련비(판)	400,000	(대) 예수금	35,200
		보통예금	364,800

03 7월 12일

(차) 대손충당금(109)	2,500,000	(대) 외상매출금 (㈜미라컴)	3,000,000
대손상각비	500,000		

※ 합계잔액시산표상 대손충당금 잔액 2,500,000원을 확인한다.

04 10월 11일

(차) 사채	30,000,000	(대) 보통예금	30,850,000
사채상환손실	850,000		

05 12월 10일

(차) 보통예금	20,000,000	(대) 자본금	10,000,000
		주식할인발행차금	500,000
		미지급금(김법무사)	300,000
		주식발행초과금	9,200,000

※ 발행가액 20,000,000원 - 액면가액 (10,000주 × 1,000원) - 주식할인발행차금 500,000원 - 수수료(미지급금) 300,000원 = 9,200,000원 (주식발행초과금)

문제2

01 7월 10일

유형 : 51.과세, 공급가액 : 50,000,000, 부가세 : 5,000,000, 거래처 : ㈜필프리, 전자 : 여, 분개 : 혼합

(차) 원재료	50,000,000	(대) 보통예금	27,500,000
부가세대급금	5,000,000	외상매입금	27,500,000

02 7월 20일

유형 : 51.과세, 공급가액 : -20,000,000, 부가세 : -2,000,000, 거래처 : ㈜두산기공, 전자 : 여, 분개 : 혼합

(차) 기계장치	-20,000,000	(대) 미지급금	-22,000,000
부가세대급금	-2,000,000		

03 8월 2일

유형 : 13.면세, 공급가액 : 2,000,000, 부가세 : 0, 거래처 : ㈜한국, 전자 : 여, 분개 : 외상

(차) 외상매출금	2,000,000	(대) 제품매출	2,000,000

04 9월 9일

유형 : 12.영세(구분 3), 공급가액 : 15,000,000, 부가세 : 0, 거래처 : ㈜영스타, 전자 : 여, 분개 : 외상

(차) 외상매출금	15,000,000	(대) 제품매출	15,000,000

05 9월 16일

유형 : 54.불공(불공제사유 3), 공급가액 : 480,000, 부가세 : 48,000 거래처 : ㈜이영타이어, 전자 : 여, 분개 : 혼합

(차) 차량유지비(판)	528,000	(대) 현금	150,000
		미지급금	378,000

문제3

01 대손세액공제신고서 (4월~6월)

대손세액공제신고서

종료 | 인쇄 | 조회 | [2390] 기출90회-용마물산(주) 110-81-41568 법인 16기 2021-01-01~2021-12-31 부가세 2021

F8 신고일 F11 저장

대손발생 | 대손변제

조회기간 2021 년 04 월 ~ 2021 년 06 월 1기 확정

대손확정일	대손금액	공제율	대손세액	거래처		대손사유
2021-05-01	7,700,000	10/110	700,000	(주)가경	5	부도(6개월경과)
2021-04-01	5,500,000	10/110	500,000	(주)비하	1	파산

※ 저당권이 설정되어 있는 경우 대손세액공제가 불가하다.

02 부가가치세신고서 (10월~12월)

구분		정기신고금액 금액	세율	세액
과세표준및매출세액 과세 세금계산서발급분	1	843,000,000	10/100	84,300,000
과세 매입자발행세금계산서	2		10/100	
과세 신용카드·현금영수증발행분	3		10/100	
과세 기타(정규영수증외매출분)	4	619,045		61,904
영세 세금계산서발급분	5		0/100	
영세 기타	6	45,000,000	0/100	
예정신고누락분	7			
대손세액가감	8			
합계	9	888,619,045	㉮	84,361,904
매입세액 세금계산서수취분 일반매입	10	450,000,000		45,000,000
세금계산서수취분 수출기업수입분납부유예	10			
세금계산서수취분 고정자산매입	11	235,000,000		23,500,000
예정신고누락분	12	10,000,000		1,000,000
매입자발행세금계산서	13			
그 밖의 공제매입세액	14	9,000,000		900,000
합계(10)-(10-1)+(11)+(12)+(13)+(14)	15	704,000,000		70,400,000
공제받지못할매입세액	16			
차감계 (15-16)	17	704,000,000	㉯	70,400,000
납부(환급)세액(매출세액㉮-매입세액㉯)			㉰	13,961,904
경감공제세액 그 밖의 경감·공제세액	18			
신용카드매출전표등 발행공제등	19			
합계	20		㉱	
소규모 개인사업자 부가가치세 감면세액	20		㉲	
예정신고미환급세액	21		㉳	13,500,000
예정고지세액	22		㉴	
사업양수자의 대리납부 기납부세액	23		㉵	
매입자 납부특례 기납부세액	24		㉶	
신용카드업자의 대리납부 기납부세액	25		㉷	
가산세액계	26		㉸	100,000
차가감하여 납부할세액(환급받을세액)㉰-㉱-㉲-㉳-㉴-㉵-㉶-㉷+㉸			27	561,904
총괄납부사업자가 납부할 세액(환급받을 세액)				

구분		금액	세율	세액
7.매출(예정신고누락분)				
예정누락분 과세 세금계산서	33		10/100	
과세 기타	34		10/100	
영세 세금계산서	35		0/100	
영세 기타	36		0/100	
합계	37			
12.매입(예정신고누락분)				
예정누락분 세금계산서	38	10,000,000		1,000,000
그 밖의 공제매입세액	39			
합계	40	10,000,000		1,000,000
신용카드매출수령금액합계 일반매입				
신용카드매출수령금액합계 고정매입				
의제매입세액				
재활용폐자원등매입세액				
과세사업전환매입세액				
재고매입세액				
변제대손세액				
외국인관광객에대한환급/				
합계				
14.그 밖의 공제매입세액				
신용카드매출수령금액합계표 일반매입	41	9,000,000		900,000
신용카드매출수령금액합계표 고정매입	42			
의제매입세액	43		뒤쪽	
재활용폐자원등매입세액	44		뒤쪽	
과세사업전환매입세액	45			
재고매입세액	46			
변제대손세액	47			
외국인관광객에대한환급세액	48			
합계	49	9,000,000		900,000

※ 지연수취가산세(63번란) 20,000,000원 × 0.5% = 100,000원

25.가산세명세					
사업자미등록등		61		1/100	
세 금 계산서	지연발급 등	62		1/100	
	지연수취	63	20,000,000	5/1,000	100,000
	미발급 등	64		뒤쪽참조	

문제4

01 12월 31일 일반전표입력

(차) 보험료(판) 10,000,000 (대) 선급비용 10,000,000

※ 12,000,000원 × 10개월 ÷ 12개월 = 10,000,000원(당기비용)

02 12월 31일, 일반전표입력

(차) 단기매매증권 10,000,000 (대) 단기매매증권평가이익 10,000,000

※ 1,000주 × (당기말 115,000원 - 전기말 105,000원) = 10,000,000원(평가이익)

03 12월 31일 일반전표입력

(차) 외화장기차입금(ABC은행) 5,000,000 (대) 외화환산이익 5,000,000

※ 평가액 ($50,000 × 1,200원) - 장부가액 65,000,000원 = -5,000,000원(환산이익)

04 결산자료입력 메뉴에서 선납세금란에 6,500,000원, 추가계상액 13,500,000원을 입력한 후 전표추가

05 결산자료입력 메뉴에서 경비 중 일반상각비 기계장치란 4,510,000원을 입력한 후 전표추가

※ 30,000,000원 × 0.451 × 4월 ÷ 12월 = 4,510,000원(감가상각비)

문제5

01 사원등록

① 기본사항

사번 : 107, 성명 : 박민해, 입사년월일 : 2021년 8월 1일, 내국인, 주민등록번호 : 751003-2549756, 거주자, 한국, 국외근로제공 : 부, 생산직여부 : 부

② 부양가족명세

연말 관계	성명	나이	기본 공제	세대주 구분	부녀자	한부모	경로 우대	장애인	자녀	출산 입양
0	박민해	46	본인	세대주	○					
3	김영광	42	부							
1	박노현	74	부							
4	김예슬	18	20세이하						○	
4	김예찬	15	20세이하						○	
6	박민호	48	부							

※ • 본인 종합소득금액이 3천만원 이하이고 배우자가 있으므로 부녀자 공제 가능

• 배우자 양도소득금액 100만원 초과로 기본공제 불가

• 부 미국에 거주하므로 주거형편에 따라 별거한 것으로 볼 수 없어 기본공제 불가

• 오빠 나이제한으로 기본공제 불가

02 연말정산추가자료입력

① 부양가족명세

연말 관계	성명	나이	기본 공제	세대주 구분	부녀자	한부모	경로 우대	장애인	자녀	출산 입양
0	강호성	40	본인	세대주						
1	강민철	69	부							
1	이금희	59	장애인					1		
3	안윤정	40	배우자							
6	안윤석	22	부							
4	강지희	12	20세이하						○	
4	강샘물	6	20세이하							

※ • 부 양도소득금액 100만원 초과로 기본공제 불가

• 처남 나이제한으로 기본공제 불가

② 연말정산입력

1. 보험료 : 일반란 400,000원

※ 부(강민철) 기본공제 대상자가 아니므로 공제 불가

2. 의료비 : 65세,장애인,건강보험산정특례자란 1,500,000원, 그 밖의 공제대상자란 1,300,000원

3. 교육비 : 대학생란 4,000,000원, 초중고란 600,000원, 취학전아동란 2,700,000원

※ 체험학습비는 30만원 한도이며, 대학교 교육비는 나이제한이 없으므로 공제 가능

4. 기부금 : 정치자금(10만원이하)란 100,000원, 정치자금(10만원초과)란 100,000원, 법정기부금란 500,000원

※ 기부금은 나이제한이 없으므로 처남 안윤석이 지출한 기부금은 공제대상이며, 국군장병 위문금품은 법정기부금에 해당한다.

5. 신용카드 등 : 신용카드란 22,000,000원, 현금영수증란 1,300,000원, 전통시장사용분란 400,000원, 대중교통이용분란 600,000원

※ 회사경비로 처리한 신용카드 사용액은 공제대상에 제외되며, 취학전아동의 교육비는 중복공제가 가능하다. 또한 현금영수증을 수령한 중고자동차 구입비의 10%만 공제가 가능하다.

6. 월세,주택임차 Tab → 1 월세액 세액공제 명세에 내용과 연간월세액 9,600,000원을 입력

※ 총급여액이 7천만원 이하임으로 월세액 세액공제가 가능하다.

91회

[이론시험]

1	2	3	4	5	6	7	8	9	10	11	12	13	14	15
①	②,③	③	③	④	②	③	④	②	④	①	④	①	①	③

01 ① 매출채권 이외의 채권에서 발행한 대손처리 비용은 영업외 비용으로 처리한다.

02 ②, ③국공채의 매입가액과 현재가치와의 차액을 해당 자산가액에 합산한다.

03 ③ • 단기매매증권인 경우 : 단기매매증권평가이익 500,000원(1,000주×500원). 따라서 당기손익은 500,000원 증가

• 매도가능증권인 경우 : 매도가능증권평가이익은 기타포괄손익누계액으로 처리하므로 당기손익에는 영향이 없음 따라서 단기매매증권으로 분류되는 경우와 매도가능증권으로 분류되는 경우의 당기손익 차이는 500,000원이 된다.

04 ③ 선적지 인도조건인 경우에는 상품이 선적된 시점에 소유권이 매입자에게 이전되기 때문에 미착상품은 매입자의 재고자산에 포함된다.

05 ④ 기타포괄손익누계액이 아닌 이익잉여금에 대한 설명이다.

06 ② 간접재료비 250,000원 + 제조공장화재보험료 50,000원 + 제조공장장급여 85,000원 + 제조 기계감가상각비 75,000원 + 제조 공장임차료 120,000원 = 580,000원

07 ③ 보조부문의 용역수수관계까지 고려하므로 가장 정확성이 높은 방법은 상호배분법이다.

08 ④ 원가계산이 기말까지 지연되는 문제를 해결하고자 정상개별원가계산이 도입되었다.

09 ② • 정상공손량 : 800개 × 5% = 40개

• 비정상공손량 : (200개 + 900개) - (800개 + 150개) - 40개 = 110개

10 ④ 실제발생액 10,000원 + 과대배부 2,500원 = 예정배부액 12,500원

11 ① 재화의 이동이 필요하지 않은 경우 : 재화가 이용가능하게 되는 때

12 ④ 공급품목은 임의적 기재사항이다.

13 ① • 공급시기 이후에 외화 대금을 수령시 공급시기(선적일)의 기준환율 또는 재정환율을 적용한다.

• $50,000 × 1,000원 = 50,000,000원

14 ① 기본공제대상자 1명당 연 150만원이다.

15 ③ 보통예금 : 실제로 이자를 지급 받는날, 통지예금 : 인출일, 비영업대금의 이익 : 약정에 따른 이자지급일

[실무시험]

문제1

01 4월 20일

(차) 단기매매증권	40,000,000	(대)보통예금	40,300,000
수수료비용(984)	300,000		

02 5월 2일

(차) 보통예금	19,200,000	(대) 사채	20,000,000
사채할인발행차금	800,000		

03 5월 9일

(차) 미지급세금	1,200,000	(대) 보통예금	1,210,000
세금과공과(판)	10,000		

04 7월 30일

(차) 복리후생비(제)	20,000	(대) 미지급금(현대카드)	20,000

05 8월 21일

(차) 보통예금	48,000,000	(대) 외상매출금(NewYork Co. Ltd.)	46,000,000
		외환차익	2,000,000

※ $40,000 × (입금시 1,200원 - 인식시 1,150원) = 2,000,000원 (외환차익)

문제2

01 7월 10일

유형 : 54.불공(불공제사유 6), 공급가액 : 10,000,000, 부가세 : 1,000,000, 거래처 : 백두건설㈜, 전자 : 여, 분개 : 혼합

(차) 토지	11,000,000	(대) 보통예금	11,000,000

02 8월 10일

유형 : 12.영세(구분 3), 공급가액 : 40,000,000, 부가세 : 0, 거래처 : ㈜대일통상, 전자 : 여, 분개 : 혼합

(차) 현금	10,000,000	(대) 제품매출	40,000,000
받을어음	30,000,000		

03 9월 3일

유형 : 11.과세, 공급가액 : 3,000,000, 부가세 : 300,000, 거래처 : ㈜대운상사, 전자 : 여, 분개 : 혼합

(차) 미수금	3,300,000	(대) 기계장치	6,000,000
감가상각누계액(207)	2,000,000	부가세예수금	300,000
유형자산처분손실	1,000,000		

04 9월 9일

유형 : 51.과세, 공급가액 : 13,000,000, 부가세 : 1,300,000, 거래처 : (주)서울, 전자 : 여, 분개 : 혼합

(차) 원재료	13,000,000	(대) 보통예금	13,300,000
부가세대급금	1,300,000	선급금	1,000,000

05 10월 08일

유형 : 53.면세, 공급가액 : 80,000, 부가세 : 0, 거래처 : 제이슨꽃화원, 전자 : 여, 분개 : 혼합

(차) 접대비(판)	80,000	(대) 미지급금	80,000

문제3

01 의제매입세액공제신고서 (4월~6월)

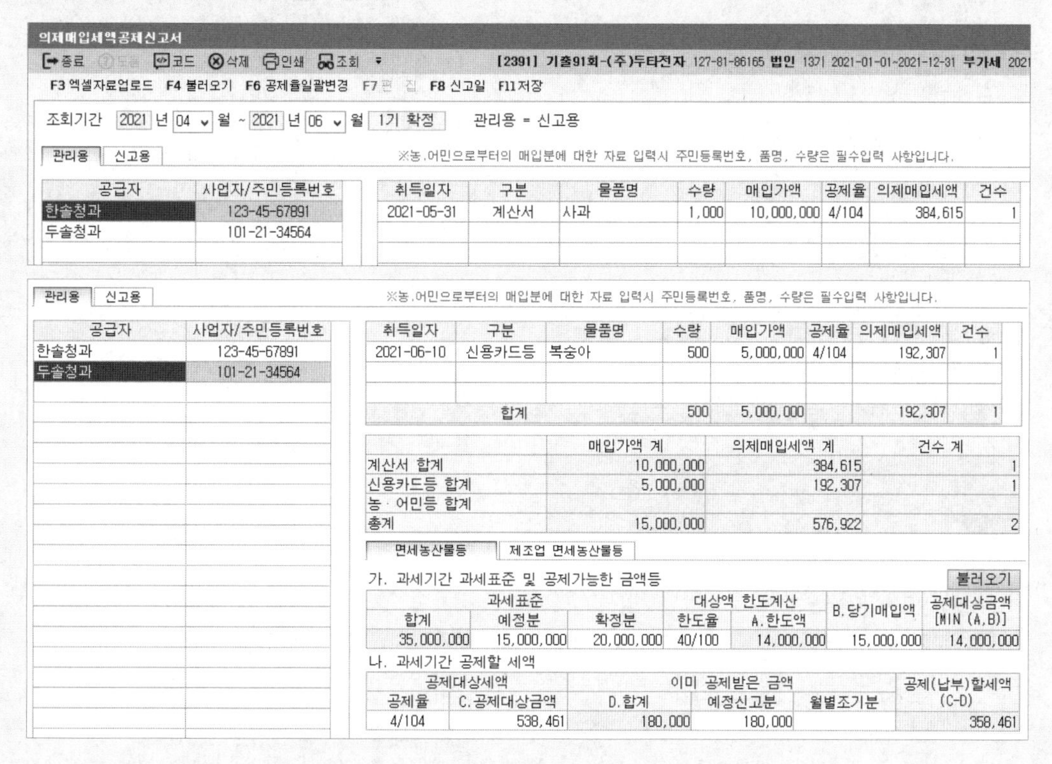

의제매입세액공제신고서

종료 | 코드 | 삭제 | 인쇄 | 조회 | [2391] 기출91회-(주)두타전자 127-81-86165 법인 13기 2021-01-01-2021-12-31 부가세 2021

F3 엑셀자료업로드 | F4 불러오기 | F6 공제율일괄변경 | F7 편집 | F8 신고일 | F11저장

조회기간 2021 년 04 월 ~ 2021 년 06 월 1기 확정 관리용 = 신고용

관리용 | 신고용 ※농.어민으로부터의 매입분에 대한 자료 입력시 주민등록번호, 품명, 수량은 필수입력 사항입니다.

공급자	사업자/주민등록번호
한솔청과	123-45-67891
두솔청과	101-21-34564

취득일자	구분	물품명	수량	매입가액	공제율	의제매입세액	건수
2021-05-31	계산서	사과	1,000	10,000,000	4/104	384,615	1

관리용 | 신고용 ※농.어민으로부터의 매입분에 대한 자료 입력시 주민등록번호, 품명, 수량은 필수입력 사항입니다.

공급자	사업자/주민등록번호
한솔청과	123-45-67891
두솔청과	101-21-34564

취득일자	구분	물품명	수량	매입가액	공제율	의제매입세액	건수
2021-06-10	신용카드등	복숭아	500	5,000,000	4/104	192,307	1
	합계		500	5,000,000		192,307	1

	매입가액 계	의제매입세액 계	건수 계
계산서 합계	10,000,000	384,615	1
신용카드등 합계	5,000,000	192,307	1
농·어민등 합계			
총계	15,000,000	576,922	2

면세농산물등 | 제조업 면세농산물등

가. 과세기간 과세표준 및 공제가능한 금액등 불러오기

과세표준			대상액 한도계산		B.당기매입액	공제대상금액 [MIN (A,B)]
합계	예정분	확정분	한도율	A.한도액		
35,000,000	15,000,000	20,000,000	40/100	14,000,000	15,000,000	14,000,000

나. 과세기간 공제할 세액

공제대상세액		이미 공제받은 금액			공제(납부)할세액 (C-D)
공제율	C.공제대상금액	D.합계	예정신고분	월별조기분	
4/104	538,461	180,000	180,000		358,461

※ 의제매입세액 계산시 기계공급가액은 과세표준에 포함하지 않는다.

02 부가가치세신고서 (10월~12월)

구분				정기신고금액		
				금액	세율	세액
과세표준및매출세액	과세	세금계산서발급분	1	200,000,000	10/100	20,000,000
	과세	매입자발행세금계산서	2		10/100	
	과세	신용카드 · 현금영수증발행분	3	60,000,000	10/100	6,000,000
	과세	기타(정규영수증외매출분)	4			
	영세	세금계산서발급분	5	50,000,000	0/100	
	영세	기타	6	120,000,000	0/100	
	예정신고누락분		7			
	대손세액가감		8			-2,000,000
	합계		9	430,000,000	㉮	24,000,000
매입세액	세금계산서수취분	일반매입	10	157,700,000		15,770,000
	세금계산서수취분	수출기업수입분납부유예	10			
	세금계산서수취분	고정자산매입	11			
	예정신고누락분		12	9,000,000		900,000
	매입자발행세금계산서		13			
	그 밖의 공제매입세액		14	8,000,000		800,000
	합계(10)-(10-1)+(11)+(12)+(13)+(14)		15	174,700,000		17,470,000
	공제받지못할매입세액		16	7,700,000		770,000
	차감계 (15-16)		17	167,000,000	㉯	16,700,000
납부(환급)세액(매출세액㉮-매입세액㉯)					㉰	7,300,000
경감공제세액	그 밖의 경감 · 공제세액		18			10,000
	신용카드매출전표등 발행공제등		19	66,000,000		
	합계		20		㉱	10,000
소규모 개인사업자 부가가치세 감면세액			20		㉲	
예정신고미환급세액			21		㉳	
예정고지세액			22		㉴	
사업양수자의 대리납부 기납부세액			23		㉵	
매입자 납부특례 기납부세액			24		㉶	
신용카드업자의 대리납부 기납부세액			25		㉷	
가산세액계			26		㉸	
차가감하여 납부할세액(환급받을세액)㉰-㉱-㉲-㉳-㉴-㉵-㉶-㉷+㉸					27	7,290,000
총괄납부사업자가 납부할 세액(환급받을 세액)						

구분				금액	세율	세액
7.매출(예정신고누락분)						
예정누락분	과세	세금계산서	33		10/100	
	과세	기타	34		10/100	
	영세	세금계산서	35		0/100	
	영세	기타	36		0/100	
	합계		37			
12.매입(예정신고누락분)						
예정누락분	세금계산서		38	9,000,000		900,000
	그 밖의 공제매입세액		39			
	합계		40	9,000,000		900,000
	신용카드매출수령금액합계	일반매입				
	신용카드매출수령금액합계	고정매입				
	의제매입세액					
	재활용폐자원등매입세액					
	과세사업전환매입세액					
	재고매입세액					
	변제대손세액					
	외국인관광객에대한환급/					
	합계					
14.그 밖의 공제매입세액						
신용카드매출수령금액합계표		일반매입	41	8,000,000		800,000
신용카드매출수령금액합계표		고정매입	42			
의제매입세액			43		뒤쪽	
재활용폐자원등매입세액			44		뒤쪽	
과세사업전환매입세액			45			
재고매입세액			46			
변제대손세액			47			
외국인관광객에대한환급세액			48			
합계			49	8,000,000		800,000

구분		금액	세율	세액
16.공제받지못할매입세액				
공제받지못할 매입세액	50	7,700,000		770,000
공통매입세액면세등사업분	51			
대손처분받은세액	52			
합계	53	7,700,000		770,000
18.그 밖의 경감·공제세액				
전자신고세액공제	54			10,000
전자세금계산서발급세액공제	55			
택시운송사업자경감세액	56			
대리납부세액공제	57			
현금영수증사업자세액공제	58			
기타	59			
합계	60			10,000

문제4

01 12월 31일 일반전표입력

(차) 부가세예수금	20,000,000	(대) 부가세대급금	12,000,000
		잡이익	10,000
		미지급세금	7,990,000

02 12월 31일 일반전표입력

(차) 임대료수입(411)	800,000	(대) 선수수익	800,000

※ 1,200,000원 × 4개월 ÷ 6개월 = 800,000원 (선수분)

03 12월 31일 일반전표입력

(차) 이자비용	334,700	(대) 보통예금	550,000
사채할증발행차금	215,300		

※ 사채할증발행차금상각액은 이자비용에서 차감(-)하여 회계처리한다.

04 결산자료입력 메뉴에서 노무비 중 퇴직급여(전입액)란 50,000,000원, 판관비 퇴직급여(전입액)란에 35,000,000원을 입력한 후 전표추가

※ • 생산직 퇴직급여추계액 100,000,000원 - 퇴직급여충당부채 잔액 50,000,000원 = 50,000,000원 (설정액)

• 관리직 퇴직급여추계액 60,000,000원 - 퇴직급여충당부채 잔액 25,000,000원 = 35,000,000원 (설정액)

05 결산자료입력 메뉴에서 대손상각 중 외상매출금란 9,392,360원, 미수금란 1,614,000원을 입력한 후 전표추가

※ • 대손충당금(외상매출금) : 451,412,000원 × 3% - 4,150,000원 = 9,392,360원

• 대손충당금(미수금) : 53,800,000원 × 3% =1,614,000원

문제5

01 급여자료입력

① 수당등록

수당공제등록

수당등록

No	코드	과세구분	수당명	근로소득유형			월정액	사용여부
				유형	코드	한도		
3	1003	과세	직책수당	급여			정기	부
4	1004	과세	월차수당	급여			정기	여
5	1005	비과세	식대	식대	P01	(월)100,000	정기	여
6	1006	비과세	자가운전보조금	자가운전보조금	H03	(월)200,000	부정기	부
7	1007	비과세	야간근로수당	야간근로수당	001	(년)2,400,000	부정기	부
8	2001	비과세	육아수당	육아수당	Q01	(월)100,000	정기	여

② 급여자료입력 (5월 31일)

급여항목	금액	공제항목	금액
기본급	2,300,000	국민연금	112,500
상여	200,000	건강보험	80,750
월차수당	100,000	장기요양보험	8,270
식대	100,000	고용보험	20,800
육아수당	100,000	소득세(100%)	50,190
		지방소득세	5,010
		농특세	
과세	2,600,000		
비과세	200,000	공제총액	277,520
지급총액	2,800,000	차인지급액	2,522,480

③ 원천징수이행상황신고서 (5월~5월)

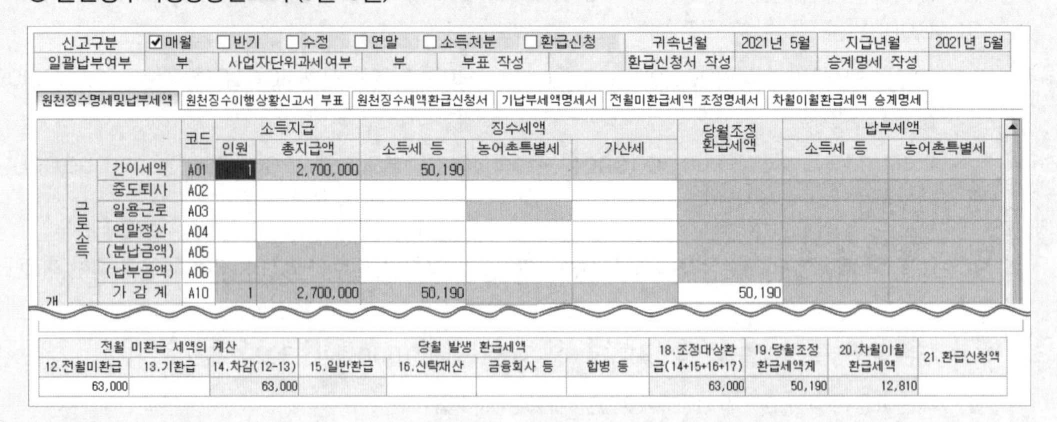

신고구분	☑매월	☐반기	☐수정	☐연말	☐소득처분	☐환급신청	귀속년월	2021년 5월	지급년월	2021년 5월
일괄납부여부	부	사업자단위과세여부	부	부표 작성			환급신청서 작성		승계명세 작성	

원천징수명세및납부세액 | 원천징수이행상황신고서 부표 | 원천징수세액환급신청서 | 기납부세액명세서 | 전월미환급세액 조정명세서 | 차월이월환급세액 승계명세

		코드	소득지급		징수세액			당월조정 환급세액	납부세액	
			인원	총지급액	소득세 등	농어촌특별세	가산세		소득세 등	농어촌특별세
근로소득	간이세액	A01	1	2,700,000	50,190					
	중도퇴사	A02								
	일용근로	A03								
	연말정산	A04								
	(분납금액)	A05								
	(납부금액)	A06								
	가 감 계	A10	1	2,700,000	50,190			50,190		
개										

전월 미환급 세액의 계산			당월 발생 환급세액				18.조정대상환급(14+15+16+17)	19.당월조정 환급세액계	20.차월이월 환급세액	21.환급신청액
12.전월미환급	13.기환급	14.차감(12-13)	15.일반환급	16.신탁재산	금융회사 등	합병 등				
63,000		63,000					63,000	50,190	12,810	

02 연말정산추가자료입력

① 부양가족

배우자, 자녀는 기본공제대상자이며, 모친은 부동산 임대소득 100만원 초과로 기본공제 대상자가 아니다.

② 연말정산입력

1. 보험료 : 일반란 본인 자동차 550,000원 + 배우자 보장성 720,000원 + 자녀 보장성 240,000원 = 1,510,000원

   ※ 저축성 보험료는 공제 불가

2. 의료비 : 본인란 700,000원, 65세,장애인.건강보험산정특례자란 2,200,000원, 그 밖의 공제대상자란 2,000,000원
3. 교육비 : 본인(전액)란 6,000,000원, 취학전아동란 1,000,000원

   ※ 모친의 노인대학등록금은 공제 불가

4. 기부금 : 지정기부금(종교단체)란 3,000,000원

   ※ 배우자 명의의 정치자금기부금은 공제대상이 아님

5. 신용카드 등 : 신용카드란 18,000,000원, 대중교통란 1,050,000원, 전통시장란 1,000,000원

92회

[이론시험]

1	2	3	4	5	6	7	8	9	10	11	12	13	14	15
③	②	①	②	①	③	③	②	④	④	②	①	③	④	①

01 ③ 피드백가치에 대한 설명이다.

02 ② 만기보유증권으로 분류되지 아니하는 채무증권은 단기매매증권과 매도가능증권 중의 하나로 분류한다.

03 ① 우발자산은 자산으로 인식하지 않는다.

04 ② 자기주식을 처분하는 경우 처분금액이 장부금액보다 크다면 그 차액을 자기주식처분이익으로 하여 자본잉여금으로 회계처리한다.

05 ① 취득당시 만기가 3개월 이내에 도래하는 양도성예금증서(CD)는 현금및현금성자산에 속한다.

06 ③ 기회비용(기회원가)은 현재 이 대안을 선택하지 않았을 경우 포기한 대안 중 최대 금액 또는 최대 이익이다.

07 ③ 기말재공품은 재무상태표에 반영된다.

08 ②
- 수선부문이 절단부문에 배분한 금액 : 400,000원 × 200 ÷ 800 = 100,000원
- 전력부문이 절단부문에 배분한 금액 : 200,000원 × 500 ÷ 1,000 = 100,000원
- 절단부문 총원가 : 100,000원 + 100,000원 + 500,000원 = 700,000원

09 ④ 종합원가계산에 대한 설명이다.

10 ④
- 정상공손량 : 650개 × 10% = 65개
- 비정상공손량 : (200개 + 600개) - (650개 + 50개) - 65개 = 35개

11 ② 법인의 경우 본점만 주된 사업장이 가능하다.

12 ① 재화의 공급이 수출에 해당하면 영세율을 적용한다.

13 ③ 처음 공급한 재화가 환입된 경우: 재화가 환입된 날을 작성일로 적고 비고란에 처음 세금계산서 작성일자을 덧붙여 적은 후 붉은색 글씨로 쓰거나 음(陰)의 표시를 하여 발급한다.

14 ④ 비거주자란 거주자가 아닌 개인을 말한다.

15 ① 해당 과세기간의 소득금액에 대하여 추계신고를 하거나 추계조사 결정하는 경우에는 이월결손금공제 규정을 적용하지 아니한다. 다만, 천재지변이나 그 밖의 불가항력으로 장부나 그 밖의 증명서류가 멸실되어 추계신고하거나 추계조사 결정을 하는 경우에는 그러하지 아니한다.

[실무시험]

문제1

01 3월 21일

(차) 외상매입금(㈜SJ컴퍼니)	11,000,000	(대) 받을어음(㈜영동물산)	6,000,000
		보통예금	5,000,000

02 4월 30일

(차) 퇴직연금운용자산	3,000,000	(대) 보통예금	3,000,000

03 5월 12일

(차) 외상매입금(㈜상생유통)	40,000,000	(대) 보통예금	38,000,000
		채무면제이익	2,000,000

04 5월 25일

(차) 보통예금	200,000,000	(대) 자본금	250,000,000
주식발행초과금	20,000,000		
주식할인발행차금	30,000,000		

05 6월 15일

(차) 보통예금	46,955,000	(대) 단기매매증권	50,000,000
단기매매증권처분손실	3,045,000		

문제2

01 6월 13일

유형 : 11.과세, 공급가액 : 15,000,000, 부가세 : 1,500,000 거래처 : (주)대한, 전자 : 여, 분개 : 외상

(차) 외상매출금	16,500,000	(대) 제품매출	15,000,000
		부가가치세예수금	1,500,000

02 7월 25일

유형 : 57.카과, 공급가액 : 2,000,000, 부가세 : 200,000, 거래처 : ㈜카이마트, 분개 : 카드

(차) 비품	2,000,000	(대) 미지급금(세무카드)	2,200,000
부가세대급금	200,000		

03 9월 15일

유형 : 54,불공(불공제사유 4), 공급가액 : 1,500,000, 부가세 : 150,000, 거래처 : ㈜영선, 전자 : 여, 분개 : 혼합

(차) 접대비(제)	1,650,000	(대) 보통예금	300,000
		미지급금	1,350,000

04 9월 22일

유형 : 14.건별, 공급가액 : 1,000,000, 부가세 : 100,000, 거래처 : 김길동, 분개 : 혼합

(차) 보통예금	1,100,000	(대) 제품매출	1,000,000
		부가세예수금	100,000

05 9월 28일

유형 : 51.과세, 공급가액 : 50,000,000, 부가세 : 5,000,000, 거래처 : (주)진행상사, 전자 : 여, 분개 : 혼합

(차) 원재료	50,000,000	(대) 보통예금	15,000,000
부가세대급금	5,000,000	외상매입금	40,000,000

문제3

01 수출실적명세서 (4월~6월)

수출실적명세서

종료 코드 삭제 인쇄 조회 [2392] 기출92회-용인전자(주) 122-81-04585 법인 10기 2021-01-01-2021-12-31 부가세 2021

F3 입력기간설정 CF4 적요설정 F4 전표처리 SF4 전표불러오기 F6 엑셀작업 F7 마감 F8 신고일 F11 저장

조회기간 : 2021 년 04 월 ~ 2021 년 06 월 구분 : 1기 확정 과세기간별입력

구분	건수	외화금액	원화금액	비고
⑨합계	3	810,000.00	244,300,000	
⑩수출재화[=⑫합계]	3	810,000.00	244,300,000	
⑪기타영세율적용				

No		(13)수출신고번호	(14)선(기)적일자	(15)통화코드	(16)환율	금액 (17)외화	금액 (18)원화	전표정보 거래처코드	전표정보 거래처명
1	☐	13042-10-044689X	2021-04-06	USD	1,150.0000	50,000.00	57,500,000	00238	ABC사
2	☐	13045-10-011470X	2021-05-01	USD	1,130.0000	60,000.00	67,800,000	00239	DEF사
3	☐	13064-25-247041X	2021-06-29	CNY	170.0000	700,000.00	119,000,000	00240	베이징사

※ 공급시기(선적일)가 되기 전에 원화로 환가한 경우 그 공급가액은 환가한 금액이다.

02 부가가치세신고서 (10월~12월)

구분		정기신고금액 금액	세율	세액
과세표준 및 매출세액 과세 세금계산서발급분	1	800,000,000	10/100	80,000,000
과세 매입자발행세금계산서	2		10/100	
과세 신용카드 · 현금영수증발행분	3	60,000,000	10/100	6,000,000
과세 기타(정규영수증외매출분)	4			
영세 세금계산서발급분	5	60,000,000	0/100	
영세 기타	6	20,000,000	0/100	
예정신고누락분	7			
대손세액가감	8			-2,000,000
합계	9	940,000,000	㉮	84,000,000
매입세액 세금계산서수취분 일반매입	10	610,000,000		61,000,000
세금계산서수취분 수출기업수입분납부유예	10			
세금계산서수취분 고정자산매입	11	90,000,000		9,000,000
예정신고누락분	12	10,000,000		1,000,000
매입자발행세금계산서	13			
그 밖의 공제매입세액	14			
합계(10)-(10-1)+(11)+(12)+(13)+(14)	15	710,000,000		71,000,000
공제받지못할매입세액	16	30,000,000		3,000,000
차감계 (15-16)	17	680,000,000	㉯	68,000,000
납부(환급)세액(매출세액㉮-매입세액㉯)			㉰	16,000,000
경감공제세액 그 밖의 경감 · 공제세액	18			
경감공제세액 신용카드매출전표등 발행공제등	19	66,000,000		
경감공제세액 합계	20		㉱	
소규모 개인사업자 부가가치세 감면세액	20		㉲	
예정신고미환급세액	21		㉳	3,000,000
예정고지세액	22		㉴	
사업양수자의 대리납부 기납부세액	23		㉵	
매입자 납부특례 기납부세액	24		㉶	
신용카드업자의 대리납부 기납부세액	25		㉷	
가산세액계	26		㉸	15,000
차가감하여 납부할세액(환급받을세액)㉰-㉱-㉲-㉳-㉴-㉵-㉶-㉷+㉸			27	13,015,000
총괄납부사업자가 납부할 세액(환급받을 세액)				

구분		금액	세율	세액
7.매출(예정신고누락분)				
예정누락분 과세 세금계산서	33		10/100	
예정누락분 과세 기타	34		10/100	
예정누락분 영세 세금계산서	35		0/100	
예정누락분 영세 기타	36		0/100	
합계	37			
12.매입(예정신고누락분)				
예정누락분 세금계산서	38	10,000,000		1,000,000
그 밖의 공제매입세액	39			
합계	40	10,000,000		1,000,000
신용카드매출 수령금액합계 일반매입				
신용카드매출 수령금액합계 고정매입				
의제매입세액				
재활용폐자원등매입세액				
과세사업전환매입세액				
재고매입세액				
변제대손세액				
외국인관광객에대한환급/				
합계				
14.그 밖의 공제매입세액				
신용카드매출 수령금액합계표 일반매입	41			
신용카드매출 수령금액합계표 고정매입	42			
의제매입세액	43		뒤쪽	
재활용폐자원등매입세액	44		뒤쪽	
과세사업전환매입세액	45			
재고매입세액	46			
변제대손세액	47			
외국인관광객에대한환급세액	48			
합계	49			

구분		금액	세율	세액
16.공제받지못할매입세액				
공제받지못할 매입세액	50	30,000,000		3,000,000
공통매입세액면세등사업분	51			
대손처분받은세액	52			
합계	53	30,000,000		3,000,000

25.가산세명세					
사업자미등록등		61		1/100	
세 금 계산서	지연발급 등	62		1/100	
	지연수취	63		5/1,000	
	미발급 등	64		뒤쪽참조	
전자세금 발급명세	지연전송	65	5,000,000	3/1,000	15,000
	미전송	66		5/1,000	
세금계산서 합계표	제출불성실	67		5/1,000	
	지연제출	68		3/1,000	

문제4

01 12월 31일 일반전표입력

(차) 선급비용 5,000,000 (대) 보험료(판) 5,000,000

※ 10,000,000원 × 6개월 ÷ 12개월 = 5,000,000원

02 12월 31일 일반전표 입력

(차) 이자비용 2,000,000 (대) 미지급비용 2,000,000

※ 200,000,000원 × 3% × 4개월 ÷ 12개월 = 2,000,000원

03 결산자료입력 메뉴에서 기말원재료재고액란 3,440,000원, 기말재공품재고액란 6,300,000원, 기말제품재고액란 11,350,000원을 입력한 후 전표추가

04 결산자료입력 메뉴에서 대손상각 중 외상매출금란 -1,400,600원을 입력한 후 전표추가

※ 659,940,000원 × 1% - 8,000,000원 = -1,400,600원(환입액)

05 결산자료입력 메뉴에서 무형자산상각비 영업권란 4,000,000원을 입력한 후 전표추가

※ 30,000,000원 ÷ 5년 × 8개월 ÷ 12개월 = 4,000,000원

문제5

01 급여자료입력

① 수당등록

수당공제등록

수당등록

No	코드	과세구분	수당명	근로소득유형			월정액	사용여부
				유형	코드	한도		
4	1004	과세	월차수당	급여			정기	부
5	1005	비과세	식대	식대	P01	(월)100,000	정기	여
6	1006	비과세	자가운전보조금	자가운전보조금	H03	(월)200,000	부정기	여
7	1007	비과세	야간근로수당	야간근로수당	001	(년)2,400,000	부정기	부
8	2001	과세	연장수당	급여			정기	여
9	2002	비과세	연구보조비	[기업연구소]연구보:	H10	(월)200,000	부정기	여

② 급여자료입력 (귀속년월 9월, 지급년월 10월 10일)

급여항목	금액	공제항목	금액
기본급	2,500,000	국민연금	146,250
직책수당	300,000	건강보험	104,970
식대	150,000	장기요양보험	10,750
자가운전보조금	300,000	고용보험	26,000
연장수당	200,000	소득세(100%)	110,430
연구보조비	300,000	지방소득세	11,040
		농특세	
과　　세	3,250,000		
비 과 세	500,000	공 제 총 액	409,440
지 급 총 액	3,750,000	차 인 지 급 액	3,340,560

③ 원천징수이행상황신고서 (9월~10월)

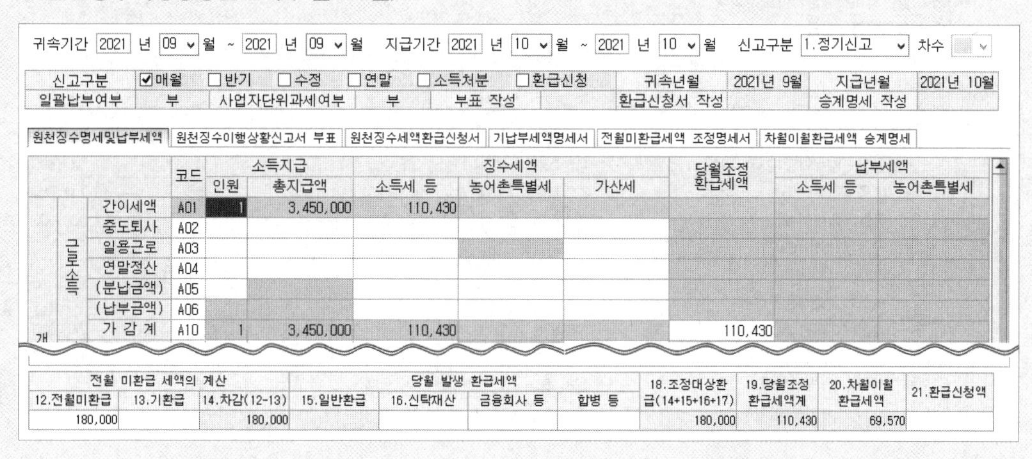

귀속기간 2021 년 09 월 ~ 2021 년 09 월 지급기간 2021 년 10 월 ~ 2021 년 10 월 신고구분 1.정기신고 차수

신고구분	☑매월	☐반기	☐수정	☐연말	☐소득처분	☐환급신청	귀속년월	2021년 9월	지급년월	2021년 10월
일괄납부여부	부	사업자단위과세여부	부	부표 작성			환급신청서 작성		승계명세 작성	

원천징수명세및납부세액 | 원천징수이행상황신고서 부표 | 원천징수세액환급신청서 | 기납부세액명세서 | 전월미환급세액 조정명세서 | 차월이월환급세액 승계명세

		코드	소득지급		징수세액			당월조정 환급세액	납부세액	
			인원	총지급액	소득세 등	농어촌특별세	가산세		소득세 등	농어촌특별세
근로소득	간이세액	A01	1	3,450,000	110,430					
	중도퇴사	A02								
	일용근로	A03								
	연말정산	A04								
	(분납금액)	A05								
	(납부금액)	A06								
	가 감 계	A10	1	3,450,000	110,430			110,430		

전월 미환급 세액의 계산			당월 발생 환급세액				18.조정대상환급(14+15+16+17)	19.당월조정 환급세액계	20.차월이월 환급세액	21.환급신청액
12.전월미환급	13.기환급	14.차감(12-13)	15.일반환급	16.신탁재산	금융회사 등	합병 등				
180,000		180,000					180,000	110,430	69,570	

02 연말정산추가자료입력

① 소득명세

소득명세 | 부양가족 | 연금저축 등I | 연금저축 등II | 월세,주택임차 | 연말정산입력 | 확대

	구분	합계	주(현)	납세조합	종(전) [1/2]
소득명세	9.근무처명		기출92회-용인전자(주)		(주)안전양회
	10.사업자등록번호		122-81-04585	----------	114-86-06122
	11.근무기간		2021-06-01 ~ 2021-12-31	----------~----------	2021-01-01 ~ 2021-05-31
	12.감면기간		----------~----------	----------~----------	----------~----------
	13-1.급여(급여자료입력)	37,200,000	19,200,000		18,000,000
	13-2.비과세한도초과액				
	13-3.과세대상추가(인정상여추가)				
	14.상여	2,000,000			2,000,000
	15.인정상여				
	15-1.주식매수선택권행사이익				
	15-2.우리사주조합 인출금				
	15-3.임원퇴직소득금액한도초과액				
	15-4.직무발명보상금				
	16.계	39,200,000	19,200,000		20,000,000
	18.국외근로				

			합계	주(현)	납세조합	종(전)
공제보험료명세	직장	건강보험료(직장)(33)	1,425,320	640,320		785,000
		장기요양보험료(33)	115,200	65,600		49,600
		고용보험료(33)	287,600	153,600		134,000
		국민연금보험료(31)	1,824,000	864,000		960,000
	공적연금보험료	공무원 연금(32)				
		군인연금(32)				
		사립학교교직원연금(32)				
		별정우체국연금(32)	245,876			245,876
세액	기납부세액	소득세	1,314,267	1,289,680		24,587
		지방소득세	128,960	128,960		
		농어촌특별세				

② 연말정산입력

1. 의료비 : 본인란 4,100,000원

   ※ 치료목적이 아닌 한약 구입비는 공제 불가, 안경 구입비는 50만원이 한도

2. 교육비 : 본인란 10,000,000원

   ※ 업무관련성이 없는 본인 학원비용은 공제 불가

3. 기부금 : 지정기부금(종교단체)란 3,000,000원, 지정기부금(종교단체외)란 100,000원

4. 신용카드 등 : 신용카드란 26,000,000원, 현금영수증 2,080,000원, 도서공연 등 사용분란 120,000원, 대중교통이용분란 300,000원

   ※ • 총급여 7천만원 이하자임으로 도서공연 사용분 공제 가능하며, 법인의 비용해당분은 공제불가, 의료비 사용액은 중복공제 가능

   • 저축성보험료는 공제 불가

5. 월세,주택임차 Tab → [1] 월세액 세액공제 명세에 내용과 연간월세액 8,400,000원을 입력

   ※ 총급여액이 7천만원 이하이므로 월세액 세액공제가 가능하다.

NOTE